谨以此书纪念我的父亲 银明诵先生

湖南省一流建设学科法学（湖南师范大学）建设项目；

2018年湖南省高校创新平台开放基金项目"国际投资仲裁'程序滥用'及其规制研究"（18K022）；

2019年度湖南省社会科学成果评审委员会课题"'一带一路'倡议下中非双边投资条约的革新研究"（XSP19YBZ178）。

| 国 | 研 | 文 | 库 |

人类命运共同体构建中的
国际投资仲裁反腐法治

银红武 —————— 著

光明日报出版社

图书在版编目（CIP）数据

人类命运共同体构建中的国际投资仲裁反腐法治 /
银红武著 . -- 北京：光明日报出版社，2021.6
ISBN 978 - 7 - 5194 - 6118 - 8

Ⅰ.①人… Ⅱ.①银… Ⅲ.①国际投资法学—国际仲
裁—研究 Ⅳ.①D996.4

中国版本图书馆 CIP 数据核字（2021）第 090303 号

人类命运共同体构建中的国际投资仲裁反腐法治
RENLEI MINGYUN GONGTONGTI GOUJIAN ZHONG DE GUOJI TOUZI ZHONGCAI FANFU FAZHI

著　　者：银红武			
责任编辑：宋　悦		责任校对：陈永娟	
封面设计：中联华文		责任印制：曹　净	

出版发行：光明日报出版社

地　　址：北京市西城区永安路 106 号，100050

电　　话：010-63169890（咨询），010-63131930（邮购）

传　　真：010 - 63131930

网　　址：http://book.gmw.cn

E - mail：songyue@ gmw.cn

法律顾问：北京德恒律师事务所龚柳方律师

印　　刷：三河市华东印刷有限公司

装　　订：三河市华东印刷有限公司

本书如有破损、缺页、装订错误，请与本社联系调换，电话：010-63131930

开　　本：170mm×240mm

字　　数：269 千字　　　　　　印　　张：16.5

版　　次：2021 年 6 月第 1 版　　印　　次：2021 年 6 月第 1 次印刷

书　　号：ISBN 978 - 7 - 5194 - 6118 - 8

定　　价：95.00 元

序　言

　　营造公正有序的国际投资秩序与环境，促进各国经济发展是国际投资法力求实现的目标之一。作为国际投资活动的组成因素，譬如外国资本、先进技术与成功的企业经营管理经验等均为资本输入国所急切渴望的。但是，考察一国经济是否能实现可持续健康发展并非仅看该国基础设施的完善程度与现代化水平及其客观真实的 GDP 数据。事实上，评估经济的自我健康发展有一个关键指标：基于一国政治生态不可或缺部分的法治制度中的"善治"原则。就投入资金、技术与企业经营经验，对意在攫取利润的国际投资者而言，东道国"善治"法律环境是他们筹划国际商业活动时必须考虑的因素——从这个意义上讲，"善治"已成为商业机会的核心要素。众所周知，作为国际法分支的国际投资法致力于实现外国直接投资活动便利化并以此促进资本接受国的经济快速发展。有鉴于此，一国的官员贿赂行为与腐败的司法系统就成为国际投资法必须予以认真应对的重要理论与实践问题。历经二十余年的巨大发展变化后，表现为国际规范和国家措施的全球反腐法治标准方兴未艾。

　　跨国投资腐败是全球经济一体化的自然伴生与道德异化现象。反腐法治问题亦逐渐发展成为新近国际投资仲裁的焦点议题之一。作为一个基本事项，投资仲裁庭应否在国际公共政策的指导下对跨国投资腐败实行"零容忍"？假若答案是肯定的，则仲裁庭在应对投资争端方所提出的腐败抗辩时一个不可回避的、需查明的事实就是：腐败是否存在。当今国际投资仲裁庭在查证腐败行为的过程中，反腐行为的明确道德标准与仲裁庭在贯彻这样一条基本原则方面却略显单薄的能力之间本身就产生矛盾：在一项双边交易活动中双方均罪行相当，但仅有一方当事人（如外国投资者）受罚，而另一方（如东道国政府官员）却逍遥法外？如此司法的实际后果只会是刺激更多政府官员向外国投资者索取更大的贿赂。现行国际投资仲裁涉腐案一般裁判法理为：鉴于跨国投资腐败行为有悖于一般法理原则或国际/跨国公共政策，或者涉腐投资不符合具体双边投资条约"遵照东道国法律法规"条款，相关投资不受双边投资条约保护（相应地，争端双方并未达成仲裁合意），故投资仲裁庭拒绝行使管辖权——这样的裁判结果果真符合公平公正价值？此外，即便是投资仲裁庭未拒绝行使管辖权，但在查明跨国投资腐败事实的程序中，仲裁庭所主张的证明标准是否统一、明确？举证责任是否分配得合理得当？反腐法治的裁决处罚结果能否在实践中得到真正切实有效的承认与执行？凡此种种疑问的出现，很显然现行涉腐国际投资仲裁实践并未能提供令各方满意（或至少引发较少争议）的解决路径与方案解答。

人类命运共同体理念是中华民族参与和构思全球治理蓝图而贡献的中国智慧与具体方案。构建人类命运共同体，是习近平新时代中国特色社会主义思想的重要组成部分，是新时代坚持和发展中国特色社会主义的基本方略之一。我国国际法学研习者应在当今国际经贸规则（制度）完善与重塑之际以加强人类命运共同体理论的研究与实践为己任，为推动构建"持久和平、普遍安全、共同繁荣、开放包容、清洁美丽"的人类命运共同体贡献学术智慧，进一步提高我国国际影响力、感召力、塑造力，提升我国构建国际经贸规则（制度）的话语权。

现行国际投资仲裁法理饱受诟病，外国投资者与东道国权益失衡的实践处理对国际投资行为所造成的负面效应不容小觑。构建 ICSID 与内国执法机关间的反腐法治协作机制无疑对于目前投资仲裁庭所面临的腐败应对困境的解决具有重要理论意义与实践价值。

"人类命运共同体"理念考察下的国际投资仲裁反腐法治协作机制构建是国际投资腐败问题全球法治的中国方案，而中国特色国际投资反腐法治协作机制构建是中国特色社会主义法治体系建设的有机组成部分。通过示范性建构 ICSID 与我国国家机关间反腐法治协作机制，将我国的成功经验向其他国家推广，完成人类命运共同体理念的国际投资法制度化具体实践，既是中国推动构建人类命运共同体的应有担当与大国使命，亦是在当今国际投资法规范转型的关键时期提升我国的国际投资法范式创新话语权的具体表现与实际举措。

我们欣喜地看到，中国于 2018 年 10 月 26 日颁布实施的《国际刑事司法协助法》为 ICSID 与中国国家机关间反腐法治协作机制的构建提供了较好的法律基础与立法典范。

目　录
CONTENTS

引　论 ……………………………………………………………… 1

第一章　人类命运共同体理念的国际投资法宏观引领与创新要求 ………… 8

　第一节　人类命运共同体理念的国际法核心内涵 ……………… 10

　第二节　人类命运共同体理念对国际投资法的创新引领 ……… 28

　第三节　人类命运共同体理念的国际投资法制度化 …………… 35

第二章　国际投资法的全球行政法本质 …………………………… 80

　第一节　国际投资法的"国际性" ……………………………… 80

　第二节　国际投资法的多边化 …………………………………… 85

　第三节　国际投资法的趋同化：创建一个投资保护的普遍性制度 ……… 98

　第四节　国际投资法的全球行政法外观特征与宪法因素 …… 104

第三章　国际投资法的全球公共利益保护 ……………………… 109

　第一节　国际投资法的全球公共利益考量 …………………… 110

　第二节　全球公共利益与外国投资者权利的均衡：比例分析 ………… 118

第四章　国际投资仲裁"程序滥用"与腐败抗辩 ……………… 124

　第一节　国际投资仲裁"程序滥用"及其规制 ……………… 124

　第二节　国际投资争端方腐败抗辩的"程序滥用"甄别 …… 144

第五章　国际投资仲裁反腐法治的概念证成 ·········· 150

第一节　跨国投资腐败的界定与范围 ·········· 151

第二节　国际投资仲裁反腐法治：概念及其证成 ·········· 156

第六章　国际投资仲裁反腐法治的现实困难与因应路径 ·········· 161

第一节　国际投资仲裁反腐法治的现实困难 ·········· 161

第二节　国际投资仲裁反腐法治的因应路径 ·········· 181

第七章　ICSID与内国国家机关间反腐法治协作机制的构建 ·········· 192

第一节　ICSID与内国国家机关间构建反腐法治协作机制的法律基础 ····· 193

第二节　ICSID仲裁庭与内国国家机关间反腐法治协作机制的具体运作 ····

·········· 197

第三节　ICSID与内国国家机关间反腐法治协作机制的构建：以中国为示例

·········· 209

结　语 ·········· 214

附录一　主要涉腐国际投资仲裁案的裁决关键考察点 ·········· 218

附录二　其他涉腐国际投资仲裁案要览 ·········· 238

参考文献 ·········· 241

后　记 ·········· 252

引　论

一、本选题研究的目的与意义

2020 年新冠肺炎疫情全球肆虐与国际资本市场"多米诺骨牌"式重创的现实再次以鲜活事例强力佐证了"人类命运共同体"的客观存在。放眼未来，如何在"全球治理体系变革与霸权强权政治背道""世界经济全球化与逆全球化并存""国际社会相互依赖与不断分化交错"的现实世界中公平实现人类共同利益？如何在一味追求国家利益优先、投资贸易保护主义抬头以及区域冲突不断的纷争世界里，有效规制国家单边逐利行为？人类命运共同体理念为这些国际法难题的解决提供了"中国方法"：它是中国传统文化与中国共产党执政理念合璧的结晶，是西方国际关系理论和国际法思想"扬弃"的结果，是新时代全球治理的先进理念和中国方案，将对国际法理论产生重要影响，推动国际法从"和处国际法""合作国际法"走向"共享国际法"的新阶段。

2012 年召开的中国共产党第十八次全国代表大会报告中首次强调，人类只有一个地球，各国共处一个世界，要倡导"人类命运共同体"意识。2017 年 1 月 18 日，习近平主席在日内瓦万国宫出席"共商共筑人类命运共同体"高级别会议，并发表题为《共同构建人类命运共同体》的主旨演讲，深刻、全面、系统阐述人类命运共同体理念。2017 年 2 月 10 日，联合国社会发展委员会第 55 届会议协商一致通过"非洲发展新伙伴关系的社会层面"决议，呼吁国际社会本着合作共赢和构建人类命运共同体的精神，加强对非洲经济社会发展的支持。同时，决议欢迎并敦促各方进一步促进非洲区域经济合作进程，推进"丝绸之路经济带和 21 世纪海上丝绸之路"倡议等便利区域互联互通的举措。联合国决议首次写入"构建人类命运共同体",体现了这一理念已经得到广大会员国的普遍认同,也彰显了中国对全球治理的巨大贡献。2017 年 10 月 18 日,习近平同志在党的十九大报告中提出,坚持和平发展道路,推动构建人类命运共同体。人类命运共同体这一全球价值观包含相互依存的国际权力观、共同利益观、可持续发展观和全球治理观。

贪污腐败是全人类的公敌,任何具有正义良知的国家与个人均无法容忍它的滋生与蔓延。在经济全球化的发展浪潮下,商业腐败行为的跨国性特征日益彰显。历经二十余年的巨大发展变化后,表现为国际规范和国家措施的全球反腐法治标准方兴未艾。跨国投资腐败是全球经济一体化的自然伴生与道德异化现象。反腐法治问题亦逐渐发展成为新近国际投资仲裁的焦点议题之一。在国际社会"推动构建人类命运共同体"与廉洁"一带一路"建设纵深推进的当今,反思以 ICSID 为代表的国际投资仲裁机构的反腐法治实践,无论是对跨国投资腐败问题全球法治还是中国特色国际投资反腐法治协作机制的创建都具有重要的启示意义与实际价值。人类命运共同体理念考察下的国际投资仲裁反腐法治协作机制创建是跨国投资腐败问题全球法治的中国方案与智慧贡献。创建 ICSID 与中国国家机关间的跨国投资反腐法治协作机制是中国特色社会主义法治体系建设的有机组成部分。

二、本选题的国内外研究现状

鉴于"人类命运共同体"理念的丰富内涵,在"推动构建人类命运共同体"日益获得国际社会共鸣的大背景下,人类命运共同体理论研究已成为国内外哲学、政治学、经济学、社会学与法学等多学科的时代使命与热点现象。从国内外现有文献来看,关涉"人类命运共同体理念考察下的国际投资仲裁反腐法治"问题的研究主要表现在两个方面:一是关于人类命运共同体理念的研究;二是关于国际投资仲裁腐败应对实践的研究。

(一) 国内研究现状

截至 2020 年 5 月,通过对中国学术期刊网络出版总库进行检索,篇名含有"人类命运共同体"的记录共有 2027 条(包括期刊与报纸论文以及硕博士毕业论文)。总体而言,在人类命运共同体理念的研究上,国内学术界主要围绕理念提出的历史背景、思想渊源、面临挑战以及制度化路径展开了多视角、多学科、多层面的深入研究。研究者们深刻思考了什么是人类命运共同体、为什么要构建人类命运共同体、怎样构建人类命运共同体、人类命运共同体的构建已经和将要给世界带来什么影响等重大理论和实践问题。这些成果系统梳理了人类命运共同体理论从古希腊苏格拉底、柏拉图、亚里士多德到近代欧洲霍布斯、卢梭、康德、黑格尔，从斐迪南·滕尼斯的《共同体与社会——纯粹社会学的基本概念》到卡尔·马克思《德意志意识形态》等的思想渊源和发展脉络，深刻揭示了人类命运共同体从国家共同体、区域共同体、国际共同体到人类命运共同体，从经济共同体、政治共同体、文化共同体到人类命运共同体的不同发展阶段与演进路径及其现实挑战与困境，指出人类命运共同体理念是对马克思"真正共同体"思想的践行和超越，是和平共处五项原则与和谐世界等中国外交理论在实践中的深化与发展，其内涵为"共存、共生、共利"。

作为一个事关全球治理、充盈天下情怀的宏大话语框架，"人类命运共同体"迅速成为国内学界热词。相较于其他哲学社会科学的大量专题研究著述而言，法学作品仅占微小比例（且主要集中于国际法研究领域）。这种状况凸显了当前中国法学基础理论研究薄弱，从政治话语向法理话语的识别、转化与阐释能力略显不足的窘境。我国国际法学者的研究成果主要聚焦于思考建设人类命运共同体的国际法原理与制度化具体路径，结合国际经济贸易实践（特别是中国"一带一路"建设）积极倡导国际法治和国内法治的衔接与互动，践行国际经贸活动各当事方利益均衡理念，探索国际经贸争端解决体制、方式和规则创新，关注环境、劳工和资源保护问题，推动国际经贸条约的精细化和法典化，取得了丰硕的成果：如黄瑶载于《中国社会科学》（2019年第2期）的《论人类命运共同体构建中的和平搁置争端》论文，张乃根载于《甘肃社会科学》（2018年第6期）的《人类命运共同体入宪的若干国际法问题》论文，张辉载于《中国社会科学》（2018年第5期）的《人类命运共同体：国际法社会基础理论的当代发展》论文与载于《武大国际法评论》（2018年第1期）的《构建人类命运共同体：新时代的中国国际体系观》论文，车丕照载于《吉林大学社会科学学报》（2018年第6期）的《"人类命运共同体"理念的国际法学思考》论文，龚柏华载于《东方法学》（2018年第1期）的《"三共"原则是构建人类命运共同体的国际法基石》论文，肖永平载于《武汉大学学报（哲学社会科学版）》（2018年第6期）的《论迈向人类命运共同体的国际法律共同体建设》

论文,"人类命运共同体与国际法"课题组黄惠康、何志鹏、张辉、余敏友、易显河、秦天宝、黄志雄载于《武大国际法评论》(2019 年第 1 期)的《人类命运共同体的国际法构建》论文,徐宏载于《国际法研究》(2018 年第 5 期)的《人类命运共同体与国际法》论文等。

关于跨国投资腐败的国际投资仲裁应对实践方面,国内学界的研究成果主要包括:(1)国际投资腐败行为的可仲裁性问题研究,如马迅载于《武大国际法评论》(2014 年第 4 期)的《论国际投资仲裁中腐败问题的可仲裁性》论文,孙韵载于《池州学院学报》(2019 年第 2 期)的《试论涉及腐败问题的国际投资争端的可仲裁性》论文,李凌的 2016 年华东政法大学硕士毕业论文《跨国商业腐败治理之国际投资仲裁可仲裁性研究——兼谈仲裁证明标准》等。(2)国际投资腐败行为的证明标准与举证责任分配问题研究,如王海浪载于《法律科学》(2012 年第 1 期)的《论国际投资仲裁中贿赂行为的证明标准》论文,马迅载于《现代法学》(2016 年第 5 期)的《论"干净的手"原则在国际投资仲裁中的适用》论文等。(3)国际投资仲裁中的腐败抗辩处理对策研究,如侯鲜明载于《学术交流》(2017 年第 3 期)的《国际投资仲裁视角下腐败抗辩的演变及启示》论文,王宇石载于《湘潭大学学报(哲学社会科学版)》(2020 年第 2 期)的《论国际投资仲裁中的腐败抗辩及其处理》论文等。(4)区域性的国际投资腐败仲裁案例研究,如王晓峰、阿迪拉·阿布里克木载于《国际法研究》(2018 年第 4 期)的《中亚国家国际投资仲裁中腐败问题研究——以以色列金属技术有限公司诉乌兹别克斯坦案为例》论文等。

(二)国外研究现状

透过人类命运共同体话语已被联合国社会发展委员会与人权理事会载入决议等事件亦可感知其所引起的热烈国际反响。国外学者则整体上围绕人类命运共同体理论的"动机·行为·影响"的逻辑主线展开,同时对习近平总书记人类命运共同体理念的提出背景及意义进行了广泛研究(如 ZWART T. Building a Community of Shared Future for Mankind by Adopting a Comprehensive Southern Vision on Human Rights, Building a Community of Shared Future for Human Beings: New Opportunity for South-South Human Rights Development Paper Collection [R]. 2017; VAN DER BRAAK A. F. M. What Would a Community of Shared Future for Mankind Look Like in the Area of Human Rights? Cross Cultural Human Rights Forum

Paper Contributions ［N］. 5-6 December 2017 等）。然而不可否认的是，国外学者关于人类命运共同体理念的认识总体上仍存在着学理研究不足以及惯用"西式结盟共同体""零和博弈"理论解读"人类命运共同体"理念与中国国际战略的局限性。

难能可贵的是，国外学者对国际投资仲裁庭应对争端方腐败抗辩的现实困难与裁决法理局部诟病进行了深刻与全面的反思，并且已经开始探索与找寻解决国际投资仲裁腐败应对实际困难的具体路径。其中代表性的著述为：（1）有关现行国际投资仲裁庭的腐败应对仲裁法理诟病研究（如 LLAMZON A P. Corruption in International Investment Arbitration ［M］. Oxford：Oxford University Press，2014；BULOVSKY A T. Promises Unfulfilled：How Investment Arbitration Tribunals Mishandle Corruption Claims and Undermine International Development ［J］. Mich. L. Rev. ，2019（118）：117-148）。（2）国际投资仲裁腐败应对困境的解决路径研究——譬如，建议对东道国成功主张腐败抗辩设置前提条件（如 KULICK A. Global Public Interest in International Investment Law ［M］. Cambridge：Cambridge University Press，2012）；仲裁庭采纳均衡测试路径，裁决东道国对国际投资腐败行为需承担责任（如 HABAZIN M. Investor Corruption as a Defense Strategy of Host States in International Investment Arbitration：Investors´ Corrupt Acts Give an Unfair Advantage to Host States in Investment Arbitration ［J］. Cardozo J. Conflict Resol. ，2017（18）：805-828）；建议构建美国《海外腐败行为法》与 ICSID 间的互动机制等（如 LOSCO M A. Streamlining the Corruption Defense：A Proposed Framework for FCPA-ICSID Interaction ［J］. Duke L. J. ，2014（63）：1201-1241）。

纵观国内外关于"人类命运共同体理念与国际投资仲裁反腐法治"问题的研究，应该承认现有学术成果存在一定的完善与创新空间：首先，将人类命运共同体理念与国际投资仲裁实践（特别是涉腐国际投资仲裁）相结合进行讨论的学术著述并不多见；其次，对国际投资仲裁"碎片化"的腐败应对策略有所探讨，但系统性与可行性研究有待加强，更没有站在人类命运共同体理念高度倡议国际投资仲裁反腐法治具体机制的建构并开展实务操作流程设计；最后，中国学者亟待提升在国际投资法规制创新与重构方面的学术话语权。

三、本选题的主要研究方法与创新点

有鉴于此，作为国家社会科学基金项目《2018 年度课题指南（法学）》第 100 号课题（"人类命运共同体"理论与国际法发展研究）、《2019 年度课题指南（法学）》第 27 号课题（人类命运共同体理念的制度化研究）的具体细化，本课题通过深刻揭示"推动构建人类命运共同体"这一国际法基本原则对国际投资法规则变革的影响和要求，将在一定程度上弥补当前人类命运共同体理念与国际投资法实践研究不太紧密的缺陷；课题将立足于人类命运共同体理念制高点，突出强调国际投资仲裁的反腐法治功能；以中国为示例，拟从现实缘起、法律基础与具体运作方面深入探索以 ICSID 为代表的国际投资仲裁机构与内国国家机关间跨国投资反腐法治协作机制的构建，并尝试将我国关于国际投资仲裁反腐法治协作机制构建的成功经验向其他国家推广，打通国际投资仲裁反腐法治与国际刑事司法协助的"最后一公里"，为中国推动构建人类命运共同体和提升我国的国际投资法范式创新话语权贡献学术智慧。

（一）主要研究方法

1. 理论与实践相结合方法

揭示"人类命运共同体"理念对国际投资法的引领与创新要求，展示国际投资法理论发展与国际投资仲裁反腐法治实践的互动关系。

2. 多学科交叉研究方法

以国际投资法学理论为主，借鉴法律语言学、法哲学、刑法学、行政法学与民商法学以及国际政治经济学等理论阐释以 ICSID 为代表的国际投资仲裁机构与内国国家机关间跨国投资反腐法治协作机制构建的法律制度基础与具体反腐法治协动策略。

3. 比较法研究方法

比较和分析中国投资协议与区域投资规则（CPTPP/TTIP/ CAFTA/USMCA）中的反腐法治条款以及国际投资腐败治理的国内外立法实践，为本课题研究提供参考和启示。

4. 案例实证研究方法

具体研究国际投资仲裁机构解决涉腐跨国投资争端的近 30 个案例，剖析仲裁庭仲裁法理与裁判趋向，为课题论证提供案例分析实证支撑。

（二）创新点

在学术创新方面，本选题力求做出以下几点努力：

第一点，本课题将深入研究"人类命运共同体"话语的国际投资法法学范式转换及其对国际投资法的引领与创新意义，尝试阐明人类命运共同体理念考察下的国际投资反腐法治协作机制构建是跨国投资腐败问题全球治理的中国方案，从而为提升中国在当前国际投资法规制变革与重构关键转型期的国际投资法话语权贡献学术智慧。

第二点，本课题拟对国际投资仲裁的腐败应对现实困难进行有针对性的具体研究，倡议国际投资仲裁庭反腐法治的创新路径选择，在利用中国现有法制基础上探索 ICSID 与中国国家机关间反腐法治协作机制的构建，其论证结果既有望丰富国际投资法的已有理论研究积累，而且将是对国内外已有研究成果的一定意义上的超越。

第三点，本课题将对国际投资仲裁机构与内国国家机关间的跨国投资反腐法治职能重合特征和功能贯通意义进行现实反思，在联合国毒品与犯罪问题办公室所倡议的"国际反腐论坛"基础上进行具体的国际投资仲裁反腐法治协作机制构架，积极探索 ICSID 与我国国家机关间的反腐法治互动协作策略，课题具有重要的国际法研究价值与现实意义。

在研究特色问题上，课题尝试以国际法学理论为主要阐释工具，将人类命运共同体理念引进国际投资法研究框架之内，同时借鉴法律语言学、法哲学、刑法学、行政法学与民商法学以及国际政治经济学等理论，多学科交叉研究国际投资仲裁的反腐法治问题，通过示范性建构 ICSID 与我国国家机关间反腐法治协作机制，将我国的成功经验向其他国家推广，完成人类命运共同体理念的国际投资法制度化具体实践，提升我国的国际投资法范式创新话语权。

第一章

人类命运共同体理念的国际投资法宏观引领与创新要求

2011 年 9 月,《中国的和平发展》白皮书首先提出"命运共同体"这一关键词。① 2012 年 11 月,"人类命运共同体意识"首次出现于中国共产党的第十八次代表大会报告中。② 之后,人类命运共同体理念凝练为全党举国共识,体现了我国完善和发展中国特色社会主义制度的民族自信与决心,闪烁着我党率领全国人民推进国家治理体系和治理能力现代化的智慧光芒。2017 年 10 月,人类命运共同体理念被写进《中国共产党章程》的总纲部分,成为我党领导全国人民发展社会主义经济、提升全民福祉的指导思想之一。③ 在 2017 年 10 月举行的中国共产党第十九次全国代表大会上,习近平总书记再次呼吁"各国人民同心协力,构建人类命运共同体"。2018 年 3 月,人类命运共同体理念被写进《中

---

① 新华社. 国务院新闻办发表《中国的和平发展》白皮书(全文)[EB/OL]. 中华人民共和国中央人民政府, 2019-09-26. 该白皮书第四部分"中国和平发展是历史的必然选择"提道:"经济全球化成为影响国际关系的重要趋势。不同制度、不同类型、不同发展阶段的国家相互依存、利益交融,形成'你中有我、我中有你'的命运共同体。人类再也承受不起世界大战,大国全面冲突对抗只会造成两败俱伤。"
② 中国共产党十八大报告写道:"合作共赢,就是要倡导人类命运共同体意识,在追求本国利益时兼顾他国合理关切,在谋求本国发展中促进各国共同发展,建立更加平等均衡的新型全球发展伙伴关系,同舟共济,权责共担,增进人类共同利益。"
③ 2017 年《中国共产党章程》总纲第 23 自然段修订为:"在国际事务中,坚持正确义利观,维护我国的独立和主权,反对霸权主义和强权政治,维护世界和平,促进人类进步,推动构建人类命运共同体,推动建设持久和平、共同繁荣的和谐世界。"

华人民共和国宪法修正案》，成为具有最高效力的法律规范。① 可以说，人类命运共同体理念作为国际法治和国内法治衔接与互动的"连接点"已发展成为新时代中国特色社会主义法治体系建设的内在要求与检视标准。

当今世界正经历百年未有之大变局。全球治理面临着复杂形势，国际秩序处在关键路口。中国从未像今天这样如此接近世界舞台的中央，从未像如今这样全面参与国际上的各种事务，也从来没有像当今这样承担着维护世界和平与发展的重要责任。人类命运共同体理念是全球治理的中国方案与智慧贡献，是中国提升其在推动重塑国际政治经济新秩序进程中话语权的具体体现与大国应有的担当。

中国领导人曾在不同国际场合多次重申和阐释这一理念。2013 年 3 月，习近平主席出访俄罗斯进行国事访问，他在演讲中提道："这个世界，各国相互联系、相互依存的程度空前加深，人类生活在同一个地球村里，生活在历史和现实交汇的同一个时空里，越来越成为你中有我、我中有你的命运共同体。"② 此次演讲堪称人类命运共同体理念作为中国最强音发声于世界舞台的一场"首秀"。之后，习近平主席在其他重大国际场合多次提及并阐释这一科学理念。③随着人类命运共同体理念的内涵不断丰富和完善，多个周边命运共同体概念亦创新性地"喷薄而出"，如"中非命运共同体""中拉命运共同体""亚太命运共同体"等。念念不忘，必有回响。中国大力倡导的人类命运共同体理念逐渐得到国际社会热爱和平与发展的正义力量的热烈拥护与普遍认可，喜闻乐见的是：犹如希望的种子，纵使偶遇国际政治局势风云诡谲，经济形势变幻莫测，

---

① 2018 年《中国宪法修正案》序言第 12 自然段规定，"中国坚持独立自主的对外政策，坚持互相尊重主权和领土完整、互不侵犯、互不干涉内政、平等互利、和平共处的五项原则，坚持和平发展道路，坚持互利共赢开放战略，发展同各国的外交关系和经济、文化交流，推动构建人类命运共同体；坚持反对帝国主义、霸权主义、殖民主义，加强同世界各国人民的团结，支持被压迫民族和发展中国家争取和维护民族独立、发展民族经济的正义斗争，为维护世界和平和促进人类进步事业而努力"。
② 习近平. 顺应时代前进潮流 促进世界和平发展——在莫斯科国际关系学院的演讲 [EB/OL]. 人民网, 2013-03-23.
③ 习近平. 携手建设更加美好的世界——在中国共产党与世界政党高层对话会上的主旨讲话 [N]. 光明日报, 2017-12-02 (2). 习主席提道："人类命运共同体，顾名思义，就是每个民族、每个国家的前途命运都紧紧联系在一起，应该风雨同舟，荣辱与共，努力把我们生于斯、长于斯的这个星球建成一个和睦的大家庭，把世界各国人民对美好生活的向往变成现实。"

只要不乏国际和平春风之吹抚、正义阳光之普照与良知雨露之滋润,人类命运共同体理念定能最终在全世界范围内开出最绚烂的花,结出最丰硕的果。有事实为证,2017 年 2 月 10 日,"构建人类命运共同体"被写入联合国社会发展委员会《非洲发展新伙伴关系的社会层面决议》;同年 3 月 17 日,人类命运共同体理念被写进联合国安理会关于阿富汗问题的第 2344 号决议;2017 年 3 月 23 日,联合国人权理事会关于"经济、社会、文化权利"和"粮食权"两个决议将人类命运共同体理念推崇为指导原则之一;2017 年 11 月 2 日,这一理念又被写入联合国大会"防止外空军备竞赛进一步切实措施"和"不首先在外空放置武器"两份安全决议中。

毋庸置疑,研究人类命运共同体理念的国际法的科学内涵和指导意义已成为国际法研习者的一项重要理论课题与实践任务。

第一节　人类命运共同体理念的国际法核心内涵

构建人类命运共同体思想契合当代国际法发展大势,富含中国传统法治文化底蕴,体现新时代中国共产党推进国际法治的责任担当,为国际法指明了以人类为中心、以人类社会整体利益和共同的前途命运为依归的新的价值目标。人类命运共同体思想包括"持久和平、普遍安全、共同繁荣、开放包容、清洁美丽"五大支柱,都具有丰富的国际法内涵。①

一、持久和平

人类社会从野蛮走向文明、对抗走向对话、武力走向和平是历史发展的规律总结——"符合世界各国整体权利的终极目标"是永久和平。当然,这一目标的达成绝非易事(也许永久和平永远不可能完全实现):鉴于国际法仅在各国意愿合作并保持共同维护的前提下才产生效力,而一些国家甚至对与他国在公平条件下开展合作也不感兴趣;即便是抱合作态度的国家也有足够的理由不完全放弃其主权或即刻放弃其大部分主权;各国间的强制执行法律系统很难在短

---

① 徐宏. 人类命运共同体与国际法 [J]. 国际法研究, 2018 (5): 3-14.

期内（或通过武力方式）创设起来。① 但是，人类社会至少可以持续努力设法分步接近这一理想目标。可以说，通过建立国家间的适当联盟以便实现不断接近这一目标是"基于人类与国家权利（同时亦为义务）基础的一项使命"。世界的持久和平应通过法律方法确保内国个人的基本权利得以实现。国际法哲学需考虑的一个重要问题就是如何在各国间创建这样一套公共权利法律制度。国际范围内各国应加强为实现永久和平所需的人类理智与道义方面的共识与凝聚力，在相互交往中约定以确保个人基本权利的法律手段来实现或无限接近这一目标。具体而言，各国际法主体应承诺创设和平的法律程序以解决相互间的纠纷，共同捍卫这一"法治"联盟，并通过接纳所有意愿遵守联合体原则与规则的国家以发展壮大该联盟。②

（一）禁止以武力相威胁或使用武力原则

在人类社会漫长的历史中，战争曾经是国家推行其内外政策的工具，其合法性得到以往国际社会的长期肯定。譬如，武力征服就被传统国际法视为领土取得的方式之一。此后，历经19世纪末与20世纪初的第一次与第二次海牙和平国际会议，随着和平解决国际争端制度的萌兴，国家的"诉诸战争权"得到了限制。鉴于第一次世界大战所带来的灾难性惨痛教训，国际社会在废弃将战争作为国家政策工具的道路上做着不懈努力与抗争。

《联合国宪章》是第一个明文规定禁止以武力相威胁或使用武力的国际公约。宪章第2条第4款规定，所有会员国在其国际关系上不得以武力相威胁或使用武力来侵害任何其他国家的领土完整或政治独立，亦不得以任何其他与联合国宗旨不符的方式以武力相威胁或使用武力。从这一规定及其史料来看，"禁止武力"是一项具有强行法性质的规范，其含义不仅在原则上重申禁止正规的侵略战争，而且进一步确认一切武装干涉、进攻或占领以及以武力相威胁的其他行为，都是违反国际法的。③

在《联合国宪章》的基础上，1970年《国际法原则宣言》郑重宣布，禁止

---

① BERNSTEIN A R. Kant, Rawls, and Cosmopolitanism: Toward Perpetual Peace and the Law of Peoples [J]. JRE, 2009 (17): 3-52.

② KANT I. Toward Perpetual Peace (1795) [C] //KANT I. The Cambridge Edition of the Works of Immanuel Kant: Practical Philosophy, Cambridge: Cambridge University Press, 1996: 337-339.

③ 梁西. 国际法（修订第二版）[M]. 武汉：武汉大学出版社，2002：65.

以武力相威胁或使用武力是各国建立友好关系及合作的国际法原则，并将其列为七项原则之首。宣言明确指出，侵略战争构成危害和平之罪行，使用威胁或武力构成违反国际法及联合国宪章的行为，永远不应用作解决国际争端的方法。

1987 年《加强在国际关系上不使用武力或进行武力威胁原则的效力宣言》更为具体地规定，"每个国家都有义务在其国际关系上不进行武力威胁或使用武力……武力威胁或使用武力构成对国际法与《联合国宪章》的违反，应承担国际责任"。

（二）和平解决国际争端原则

各国基于各自所享有的国家权利并出于避免战争目的而自由创建一个永久的和平联合体称得上是实现国家公共权利的理想路径。现代国际法义务亦要求国家摆脱弱肉强食的自然状态，并且各国"并非仅寻求获得一国权力，而是出于确保实现自身自由以及愿意与之建立联盟关系的其他国家的自由之目的"进行和平同盟的构建。只有建立和平共同体，"才能实现全球公共权利，各国才能以文明方式（譬如诉讼）解决相互争端，而不是通过诸如战争之类的野蛮方式来达成分歧的消除"[1]。

在历经了"今代人类两度惨不堪言之战祸"以后，痛定思痛，1945 年 6 月 25 日由在第二次世界大战中英勇共同抗击德、意、日法西斯的 50 个国家一致通过的《联合国宪章》将"维护国际和平与安全"作为联合国的首要目标，对和平解决国际争端进行了明确规定。宪章第 1 条第 1 款规定"……并以和平方法且依正义及国际法之原则，调整或解决足以破坏和平之国际争端或情势"；第 2 条第 3 款规定"各会员国应以和平方法解决其国际争端，避免危及国际和平、安全及正义"；宪章第六章还规定了和平解决国际争端的原则、方法和程序。此后，联合国在通过的一系列重要决议和宣言[2]中都重申和确认了和平解决国际

---

[1] BERNSTEIN A R. Kant, Rawls, and Cosmopolitanism: Toward Perpetual Peace and the Law of Peoples [J]. J. R. E., 2009 (17): 3-52.

[2] 如 1970 年"联合国 25 周年纪念宣言""关于各国依《联合国宪章》建立友好关系及合作的国际法原则宣言"、1982 年"关于和平解决国际争端的马尼拉宣言"、1995 年"国家之间和解争端的联合国示范规则"和 1998 年"国际谈判原则和准则草案"等。

争端的原则。许多重要的国际组织、区域性国际组织章程①和多边条约②、区域性条约③都明确规定了以和平方法解决成员国或缔约国之间争端的义务。和平解决国际争端原则与其他一些国际关系基本准则、国际法基本原则密切相关，相辅相成，共同构成国际关系和国际法的基础。由于世界各国的反复实践和确认，和平解决国际争端已发展为一项国际关系的基本准则和国际法基本原则，成为国际法的强行法规则，不仅对有关国际组织或区域组织的成员国、有关条约或国际公约的缔约国有法律拘束力，而且对国际社会的其他成员都有法律拘束力。

事实上，和平解决国际争端原则不仅赋予国家一种法律义务，同时也给予国家一种法律权利，即国家不仅有权要求与其存在分歧或争端的国家以和平方法解决他们之间的争端，而且还有权自由选择和平解决国际争端的具体方法。国家有权根据自己的意愿，依据争端的具体情况，通过与其他争端当事国的协议，选择和决定自己认为适当的争端解决方法。④

自冷战结束以来，国际社会不断发展和平解决国际争端的各种机制和方法，对维护世界和平与安全起到了积极作用。然而，现有的国际争端解决方法存在的局限性也是显而易见的，特别是随着国际实践的发展，其局限性愈加明显，和平解决国际争端原则的内涵亟待丰富。面对目前国际争端解决实践所遭遇的诸多困境，需要探索创新国际争端处理的新模式和新思路。如有学者主张，和平搁置争端是对现有国际争端解决方式的重要补充。从法律视角对和平搁置争端实践进行概括和理论化，将人类命运共同体理念作为支撑和平搁置争端的理论资源，有助于丰富并指导国际法实践；同时，和平搁置争端在推动构建人类命运共同体进程中亦可发挥积极作用。⑤

（三）国际刑事法院（法庭）的维和使命

国际法的主体主要是作为法律人格者的国家，并不意味着个人不是国际法

---

① 1948 年《美洲国家组织宪章》、1963 年《非洲统一组织宪章》与 1994 年《世界贸易组织章程》等。

② 1982 年《联合国海洋法公约》等。

③ 1957 年《欧洲和平解决国际争端条约》等。

④ 邵津. 国际法（第五版）[M]. 北京：北京大学出版社，2016：442.

⑤ 黄瑶. 论人类命运共同体构建中的和平搁置争端 [J]. 中国社会科学，2019（2）：113-136.

的主体。这仅仅表明，个人只是以特殊的方式成为国际法的主体，并且只是作为例外情形直接地、个别地构成国际法义务主体。① 譬如，个人作为国际法主体可具体表现为国际刑事法庭对那些犯有战争罪行以及危害人类罪行的个人进行审判惩处。

就维持世界永久和平而言，美国学者凯尔森认为有必要创建一支有别于并独立于联合国各成员国内国武装部队的国际警察队伍，但他也丝毫不掩饰这一构想的现实严峻性。但是退而求其次，在世界范围内创设一套与发挥国际警察力量相类似作用的国际法院（法庭）系统却是切实可行的。一旦这套司法系统取得各国政府的普遍信任，再加之其判决的公正性，这样一支"高效的国际警察部队"是完全有可能创建起来的。② 从这一角度讲，确保国际和平的最行之有效的方法之一就是各国对违反国际战争法的个人（无论其为政府官员抑或国家代表）进行追责。国际法院（或法庭）不应基于"绝对责任"原则仅授权对一国公民采用集体制裁，同时应将对战争罪行负有个人责任的自然人公民进行公开审判并让其接受法律严惩。当然，战争罪嫌疑犯所属的国家也有义务将涉嫌严重违反国际法原则的当事人移交给国际刑事法院（或法庭）。战争嫌疑犯一旦罪名成立，必须接受法律制裁（包括在特定情形下被宣判死刑）。③

联合国建立不久，便成立了两个国际军事法庭（纽伦堡国际军事法庭与远东国际军事法庭），审判那些对在第二次世界大战中所犯暴行负有责任的德国和日本战犯。两个军事法庭的司法审判可以被看作依据国际法对战争罪行进行惩处的一种早期实践和努力。此后，自联合国安全理事会提倡联合国会员国特别是安全理事会常任理事国之间进行合作以来，旨在对严重的反人类罪、种族灭绝罪与战争犯罪行为进行审判，安全理事会已在实现"积极和平"（positive peace）这一进程中表现出了相当大的影响力。因此出现了由联合国安全理事会建立的"前南斯拉夫国际刑事法庭"和"卢旺达国际刑事法庭"。此外，在1993 年至 1994 年间，国际社会有呼声建议建立新的临时法庭审判在车臣、布隆

---

① 汉斯·凯尔森. 国际法原理［M］. 王铁崖，译. 北京：华夏出版社，1989：96.
② ZOLO D. Hans Kelsen：International Peace through International Law［J］. E. J. I. L.，1998（9）：306-324.
③ KELSEN H. Peace through Law［M］. Chapel Hill：The University of North Carolina Press，1973：66-67.

迪和扎伊尔（现称刚果民主共和国）的战争罪犯。① 尽管这两个特别法庭在创设章程和实际运作中仍存在一些缺陷，但均为国际社会实现全球和平与正义的宝贵尝试，为今后创建常设性的国际刑事法院做了有益和必要的前期准备。

经过各国多年的艰苦努力，1998 年国际社会终于取得了一个重大的成就——作为建立常设国际刑事法院基石的文件《国际刑事法院罗马规约》（以下简称为《罗马规约》）在意大利罗马召开的外交大会上得以通过。各缔约国通过多年的协商与谈判所取得的这一成就可以被看作国际刑事司法历史发展中的一大飞跃。首先，以前在国际范围内虽出现一些零散的关于防止与惩治诸如种族灭绝罪等严重反人类罪的国际法规范，但它们主要存在于由联合国主持起草的条约中——虽然条约也涵括有对其进行监督履约的机制，但直至《罗马规约》才使这些规范真正定型化。国际刑事法院起码为确保代表整个国际社会来惩处类似的罪行提供了一种可能性。其次，有别于前南斯拉夫和卢旺达等特设国际刑事法庭，国际刑事法院是常设性的，实现了司法实践的稳定性和连续性，使其发展成为一种具体的、切实的、能够施行的国际刑事司法执行机制。最后，在一定程度上，《罗马规约》反映了国际社会希望通过一种相对固定和有效的机制来实现全球和平与正义这样一种共同愿景。

众望所归，国际刑事法院于 2002 年 7 月 1 日在海牙成立。该法院的 18 名法官于 2003 年 3 月 11 日在海牙正式宣誓就职，这标志着国际法历史上第一个负责审理反人道罪、灭绝种族罪和战争罪等罪行的常设性国际刑事审判机构开始启动运作。正如作为国际刑事法院组织章程的《罗马规约》在其序言中所宣称的，各缔约国"认识到这种严重犯罪危及世界的和平、安全与福祉，申明对于整个国际社会关注的最严重犯罪，绝不能听之任之不予处罚，为有效惩治罪犯，必须通过国家一级采取措施并加强国际合作"。如果说把避免战争称为"消极和平"（negative peace）的话，那么对战争罪等一系列严重侵害国际社会根本利益的罪行进行公正审判以实现国际正义就可以被称为"积极和平"。②

（四）基于和平目的之国际共有资源的开发利用与技术创新

外层空间、公海及其底土、南北极等疆域均为全人类的共同财产，是国际

---

① 鲍尔·塔维尔涅尔. 前南斯拉夫和卢旺达国际刑事法庭的经验［M］//李兆杰. 国际人道主义法文选. 北京：法律出版社，1999：115.

② 盛红生. 国际刑事法院在实现国际正义和维护世界和平方面的作用［J］. 世界经济与政治论坛，2003（3）：60-63.

社会共同所有、共同保护的资源，并不能成为具体某一国家的私有财产。各国应携起手来加强与联合国等相关国际组织与机构的合作与联系，共同促进人类社会对国际共有区域与资源的和平利用和合理开发。事实上，1959 年的《南极条约》即强调了"为全人类的利益和平利用"南极这一总原则。该条约规定："承认了为了全人类的利益，南极应永远专为和平目的而使用，不应成为国际纷争的场所和对象；认识到在国际合作下对南极的科学调查，为科学知识做出了重大贡献；确信建立坚实的基础，以便按照国际地球物理年期间的实践，在南极科学调查自由的基础上继续和发展国际合作，符合科学和全人类进步的利益。"

1. 基于和平目的之国际共有资源的开发利用

在国际空间法中也有"全人类共同财产"的概念。1967 年联合国大会通过了《关于各国探索和利用包括月球和其他天体在内外层空间活动的原则条约》（简称《外层空间条约》），其序言中提出："确认为和平目的发展探索和利用外层空间，是全人类的共同利益。"1979 年《指导各国在月球和其他天体上活动的协定》（简称《月球公约》）重申了《外层空间条约》有关规定，并在其第 11 条宣告"月球及其自然资源均为全体人类的共同财产""月球不得由国家依据主权要求，通过利用和占领，或以其他任何方式据为己有"。中国一贯主张和平利用外空，反对外空武器化和外空军备竞赛。多年来，中国与其他爱好世界和平的国际社会成员一道积极致力于推动形成国际法律文书，从根本上防止外空武器化和外空军备竞赛。近一段时间以来，外空安全领域确实出现一些消极动向。尤其令人警惕和关注的是，美国将外空定性为"作战疆域"，宣布组建独立的"外空部队"，不断开展外空作战演习。这些行为导致外空武器化、战场化危险日益成为现实。尽管如此，美国却在不断渲染所谓的别国的"外空安全威胁"，这种掩耳盗铃、自欺欺人的伎俩实质上是为自身推进外空军力建设和先进武器研发寻找借口。① 众所周知，如果美国真正关心外空安全，就应该加强与其他爱好世界和平力量间的合作与沟通，积极参与到外空军控进程中来，为维护外空安全做出应有的贡献，而不是背道而行。

实践中，在国际海洋法中亦存在"人类共同继承财产"的概念。1982 年《联合国海洋法公约》将国际海底区域界定为"人类共同遗产"，而不是简单的

---

① 杨阳. 美渲染中俄挑战"太空自由" 外交部：外空并不是哪一家私有财产［EB/OL］. 环球网，2019-02-13.

各国共同财产，这意味着在国际海底区域同样强调人类整体利益。这些规定的主要目的在于防止单个国家或个人对某些资源的占有权，但也允许在特定情况下并基于考虑环境保护代价的前提，为了全人类利益加以和平开发利用这些资源。《联合国海洋法公约》被称为"世界海洋宪章"，在推动构建公正、合理的世界海洋新秩序，维护世界和平与发展等方面发挥积极作用。此外，大陆架和"区域"制度也可称得上是《联合国海洋法公约》所确定的现代国际海洋法的重要内容。中国高度重视大陆架和"区域"事务，将继续高举和平、发展、合作、共赢的旗帜，与其他国家一起，致力于推动大陆架工作有序开展，平衡处理沿海国利益和国际社会的整体利益，积极参与国际海底事务，坚决捍卫"人类共同继承财产"原则，努力为维护公平、公正的国际海洋秩序做出应有的贡献。对于与邻国有争议的大陆架等海洋区域，中国向来倡议依据和平原则，搁置争议进行共同开发，建立合作平台，促进共同发展，这将有利于维护和平稳定的地区环境。

总体来说，对海底资源的勘探深受各国重视。但国际海洋事务复杂、敏感，各议题彼此密切相连，各国应将加强与其他海洋国家的沟通与交流，支持大陆架和国际海底区域的国际合作，为海底资源勘探、深海环境保护做出应有的贡献。只有各国和有关国际机构加强协调与合作，才能有效维护《联合国海洋法公约》的完整性，合理平衡各方面利益，共同应对海洋利用和海洋保护中遇到的各种挑战，建立和谐海洋秩序，共谋海洋可持续发展。

在国际海底资源的勘探事务上，以历经十余年实践发展的多金属结核的勘探开发为例，虽然不少国家提交了关于多金属结核的勘探开发计划（值得注意的是，中国政府已于 2012 年 7 月率先向国际海底管理局提交了一份请求核准"区域"内富钴结壳勘探工作计划的申请书，这是国际海底管理局收到的第一份此类申请），但截至目前在国际范围内成果并不丰富，各国与其他开发主体还处在研发和学习阶段，法律架构的建设仍是制约其发展的主要因素。尽管国际海底管理局希望能够批准越来越多的国家的开发申请，但前提是这些国家需具备明确的合同架构，开采资金和融资计划，还应对项目海洋环境影响作出评估，防止盲目开采导致的海洋环境破坏。

2. 基于和平目的之国际科学技术创新

为天地立心，为生民立命，为往圣继绝学，为万世开太平。自从 20 世纪 80

年代以来，我国最高领导人基于新的国际形势的判断，确定以和平与发展作为时代的主题，同时积极参与国际活动和联合国相关活动。在国际社会各方的推动与努力下，1988 年 12 月联合国大会通过第 43/61 号决议促请各会员国、政府间国际组织和非政府组织鼓励有关机构、协会和个人赞助有利于研究和传播关于科技进展与维持和平与安全之间关系的资料的活动，倡议会员国促进科学家间的国际合作，从而联合国"国际科学与和平周"活动于 1989 年得以正式确定。作为联合国"国际科学与和平周"活动的两大主题，国际科学与和平发展要求世界各国应以科学来谋和平、以科学促发展、以科学创美好或者创人类的未来，以科学来实现人类的普世和平。

核科学技术的发展和核能的和平利用是 20 世纪人类最伟大的成就之一。经过半个多世纪的发展，核能技术已经渗透到能源、工业、农业、医疗、环保等各个领域，为提高人类的生活质量做出了重要贡献。核能技术的不断发展和进步，从利用裂变能到开发聚变能，寄托着人类对未来的期望，它将成为最终解决全球可持续发展问题的主要能源。我国政府已经批准《京都议定书》，在提高能源效率的同时，将优先发展清洁能源，其中包括核能。核能作为一种技术成熟、可大规模利用的清洁能源，在应对未来能源短缺、减排温室气体方面将发挥不可替代的重要作用。

再者，人工智能技术的成长依靠的是世界各国科研人员分享思想、相互借鉴，是全球协作的产物，跨国企业构建的人工智能平台也在快速扩展。要想规范这个进程，各国需要制定互通的道德规范和行业规则。在人工智能国际治理的讨论和共识构建方面，世界各国应努力加强相互联通与协调，扩大共识、缩小差异，秉持开放态度。人工智能治理应着眼于国际共同规则制定，探讨人工智能综合性治理的全球宏观制度化框架构建。人工智能的发展应服务于人类共同福祉和利益，其设计与应用须遵循人类社会基本伦理道德，符合人类的尊严和权利。在安全性要求方面，人工智能不得伤害人类，要保证人工智能系统的安全性、可适用性与可控性，保护个人隐私，防止数据泄露与滥用。保证人工智能算法的可追溯性与透明性，防止算法歧视。此外，人工智能创造的经济繁荣应服务于全体人类，构建合理机制，使更多人受益于人工智能技术的发展、享受便利，避免数字鸿沟的出现。对于人工智能技术的突飞发展，特别要强调和平原则，即人工智能技术须用于和平目的，致力于提升透明度和建立信任措施，倡导和平利用人工智能，防止开展致命性自主武器军备竞赛。人工智能技术的运用，应符合《联合国宪章》的宗旨以及各国主权平等、和平解决争端、禁止使用武力、不干涉内政等现代国际法基本原则。世界各国应秉承国际合作原则，促进人工智能的技术交流和人才交流，在开放的环境下推动和规范技术的提升。

二、普遍安全

当今世界，和平与发展仍然是时代主题，但霸权主义、民粹主义和保护主义势力大行其道，传统和非传统安全问题相互交织，特别是网络安全、外空、恐怖主义等非传统安全威胁日益凸显，人类的安危和利益更为紧密地联系在一起。中国提倡坚持共同、综合、合作、可持续的新安全观，建设普遍安全的人类命运共同体，为世界人民和谐共处、有效解决安全问题提供了中国方案。

普遍安全是构建人类命运共同体的根本保障，也是国际法的首要任务。一个人也好，一个国家也好，一旦自身安全得不到保障，一切都无从谈起，因此各国都将安全问题置于关乎自身生死存亡的高度。这方面的国际法规则和制度也不断发展。《联合国宪章》将"维护国际和平与安全"作为联合国的首要宗旨①，规定了一系列原则，确立了以"大国一致"为基础的集体安全体制。一些区域国际组织也建立了地区安全机制。随着恐怖主义、环境、能源、难民、传染性疾病、粮食安全等非传统领域安全问题日益突出，国际社会制定了一系列新的国际条约，并依托相关国际组织开展合作。然而，安全问题并没有得到有效解决。当前国际安全形势动荡复杂，传统安全威胁和非传统安全威胁相互交织。而一些国家仍然固守冷战思维、军事同盟，把自身绝对安全置于他国安全和国际社会普遍安全之上，其结果只能是使这个世界更不安全。习近平总书记指出："我们要摒弃一切形式的冷战思维，树立共同、综合、合作、可持续安全的新观念。"② 这就要求在国际法上，切实落实《联合国宪章》的规定，充分

---

① 《联合国宪章》第 1 条规定，联合国的首要宗旨是"维持国际和平及安全；并为此目的采取有效集体办法，以防止且消除对于和平之威胁，制止侵略行为或其他和平之破坏；并以和平方法且依正义及国际法之原则，调整或解决足以破坏和平之国际争端或情势"。

② 习近平. 携手构建合作共赢新伙伴，同心打造人类命运共同体［M］// 习近平. 习近平谈治国理政（第二卷）. 北京：外文出版社，2017：523.

发挥联合国及其安理会在止战维和方面的核心作用，遵守并发展安全领域的国际规则，反对动辄诉诸武力或以武力相威胁，反对简单的"以暴制暴""以战止战"，而要以和平、法治、对话和建设性的方式，不断推进安全领域的合作。①

要在全球更好地宣传和推进人类命运共同体普遍安全观，就要让国际社会充分意识到普遍安全观相对于传统安全观的优越性。具体而言，围绕习近平普遍安全思想的全球传播，应聚焦于以民心相通和政策相通为核心的深度沟通，从打造沟通共同体开始，分别从习近平普遍安全观的文化理念和内涵、实施的手段、保障的机制和安全话语体系等层面，全方位、立体式展开传播，从而使普遍安全成为在全球范围内占主导地位、操作性强、时效性高的新安全秩序。

1. "和而不同"文化的传播和实践

"和而不同"文化是习近平普遍安全观的历史文化基因和基本理念。由于"人类命运共同体"的构建受到利益因素、历史因素、政治因素、意识形态等的影响，这就要求不同国家、不同民族、不同文化组织秉持"和而不同"的交流理念，在全球治理中实现利益"最大公约数"。应当承认，不同国情、不同制度、不同文化是现实层面。但是，与西方文化观念所主张的"因差异而导致冲突"不同，中国历来推崇的是"因差异而走向和谐"的文明观。这种"和而不同"的文明观既尊重了不同国家的异质性，又肯定了差异构建和谐的积极力量。习近平指出："我们应该维护各国各民族文明多样性，加强相互交流、相互学习、相互借鉴，而不应该相互隔膜、相互排斥、相互取代。"②

2. "对话协商"手段的传播和实施

"对话协商"是构建普遍安全的基本手段和方式。面对不可回避的矛盾摩擦，习近平主张在全球倡导通过对话协商构建一个普遍安全的世界。协商是民主的重要形式，也应该成为现代国际治理的重要方法，要倡导以对话解争端、以协商化分歧。为促进不同安全机制之间协调包容、互补合作，中国通过提倡新的合作理念、增进战略互信、扩大合作领域、创新合作方式等举措，为实现普遍安全做出了大量努力。比如，向不发达国家提供人道主义援助，大力支持国际刑警组织执法能力建设等。

---

① 徐宏. 人类命运共同体与国际法 [J]. 国际法研究，2018（5）：3-14.
② 习近平. 在纪念孔子诞辰 2565 周年国际学术研讨会暨国际儒学联合会第五届会员大会开幕式上的讲话 [N]. 人民日报，2014-09-25.

3. "多边安全"机制的建设和传播

传播和践行普遍安全理念，构建人类命运共同体，需要完善的安全机制支撑与保障。在全球治理过程中，中国一贯支持并推进以联合国为核心的多边安全机制在维护人类普遍安全与发展中的重要地位和作用。在联合国成立 70 周年之际，中国外交部明确指出，要推动联合国成为国际和平与安全的有力维护者、世界发展与繁荣的积极促进者；要推动安理会作为国际集体安全机制的核心，在维护国际和平与安全上承担首要责任。中国坚持多边主义，以维护多国或地区普遍安全的责任和义务，抵制单边主义破坏行为。这是中国国际战略实践的智慧结晶。其中包括通过上海合作组织、东亚峰会、20 国集团、金砖国家以及朝核六方会谈等，加强构建与美国、俄罗斯、欧盟、印度、朝鲜等发达国家和发展中国家多边安全友好合作机制。

4. "普遍安全"话语体系的构建与传播

"普遍安全"理论话语体系是习近平普遍安全观传播的主要内容。自进入 21 世纪以来，围绕国家安全问题，中国比以往任何时候都更加注重构建国家安全话语体系。长期以来，中国处于"失语"和"寡语"的被动应对状态。由于缺乏一套强有力的话语体系，所以中国总是处于被西方按照自己的意志加以表述、抹黑和质疑的不利地位。安全是发展的前提和保障，是世界各国关注的共同话题。因为普遍安全话语体系既是普遍安全实践的组成部分，又是指导安全实践的重要指针，我国应当构建广泛适应的"普遍安全"话语体系。①

三、共同繁荣

共同繁荣是构建人类命运共同体的物质基础，也是国际法的根本目标。各国共同分享人类命运共同体构建的现实成果，在国际治理过程中实现互利共赢。目前世界范围出现的逆全球化现象的一个重要原因就是全球发展成果没有惠及全民，出现了赢者通吃的问题。共同繁荣价值追求的是共赢，倡导的是双赢、多赢、共赢的新理念，摒弃你输我赢、赢者通吃的旧思维。

以作为构建人类命运共同体先行试验与区域化实践的"一带一路"建设而言，共同繁荣的具体表现就是"政策沟通，设施联通，贸易畅通，资金融通，

---

① 贾文山，王丽君，赵立敏. 习近平普遍安全观及其对构建人类命运共同体的意义［J］. 中国人民大学学报，2019（3）：86-94.

民心相通"。归纳而言就是互联互通，这已经成为有别于传统全球化、地区一体化的新时代全球治理的特征。中国已经和"一带一路"相关国家一道，共同加速推进一大批互联互通项目，一个复合型的基础设施网络正在形成。"一带一路"倡议的要义就是要以中国发展为契机，让更多国家，特别是欠发达国家搭上中国发展的快车，帮助他们实现发展目标。中国要在发展自身利益的同时，更多地考虑和照顾其他国家的利益。中国今天的发展水平得益于国际社会、得益于全球化，中国也要为国际社会发展、为全球化的理念做出更多的贡献。共同繁荣原则要求中国继续奉行互利共赢的开放战略，将自身发展机遇与"一带一路"沿线国家，甚至世界各国分享，让相关国家搭乘中国发展的"顺风车"。

基于人类社会共同繁荣价值追求，有学者提出了"共进国际法"概念。①在冷战的顶峰时期，国际法精神的主题是共处（co-existence）；在缓和时期，是合作（co-operation）；而在后冷战时期的今天，则是共进（co-progressiveness）。共进国际法描述的是一种以这样的精神为特征的国际法：包罗万象，因而是"共同的"（co-）；在促进道德或伦理适度进步方面比在其他方面更为关注，且以人类繁荣为其终极目标，因而是"进步的"（progressiveness）。共进国际法的系统规则或层次规则包括：

1. 处理具体问题时，国际法要尽可能地带有共进的倾向或偏向，也就是这样的一种精神：包罗万象，在道德伦理适度进步方面比在其他方面更为专注，且以人类共同繁荣为其终极目标。

2. 进步将被同时从两个方面来衡量，即对内和自身历史上的成就相比较，对外在全世界与体系的其他参与者的成就相比较，但只要国际法的最基本义务得到遵守，那这一进步的内容和步调应当考虑每个国家或适格参与者的特殊情况而最终由该国或该参与者去调整。这样的话，世界将保持丰富多彩，这本身即一项最为重要的价值。进步应当由每个国家或参与者内在发动或自我驱动，也可由外部诱发（但不是胁迫）。

3. 内在价值和工具性价值之间的冲突应当由决策者有意识地、明确地去解决，尽可能优先选择一项更为重要但同时亦是一项适用的内在价值。

4. 国际体系中每个国家或适格参与者（包括国际组织、区域性组织，或许

① 易显河. 共进国际法：实然描绘、应然定位以及一些核心原则［J］. 法治研究，2015（3）：117-125.

还有个人）均是权利的享有者或义务的承担者，这些权利义务在它们之间相互产生，也在它们与国际体系，或者命运或利益共同的国际社会之间产生。每个国家或参与者均有责任对国家利益或私利做一开明的评估和计算。国际体系是一项公共产品。对这一体系的维护，以及保持这一体系的较好的、适当的和稳定的运转，是绝对必要的。国际法律体系是国际体系的脊柱。《联合国宪章》则是国际法律体系的脊柱，而基于《联合国宪章》第 103 条，联合国安理会则成为这一脊柱因而亦是这一体系的终极保护者。创立联合国体系的目的无疑是保护"共同利益"和实现某些"共同目标"，这可从宪章的序言和第 1 条第 4 款得到体现。宪章第 103 条是国际体系整体，或共同利益，或共同目标的重要性之终极体现，这是因为，该条将产生于宪章的义务置于产生于所有其他协定的义务之上。

5. 欲追求的平等应当是开明而非机械的或表面的平等；它的每一个步骤均应基于一个与特定的待决事项和场合相匹配的恰当和进步的标准，以期同等情形能够得到最大限度的同等处理或精确处理，即所谓的"同样情况同样对待"和"不同的情况区别对待"同时得到最大限度的尊重。

6. 伟大国家和领袖型国家在国际体系中享有特殊的权利同时承担特殊的责任。它们对体系整体应做出特殊和重大的贡献，并确保其生存和正常运转。领袖型国家必须做出表率，遵守国际法并帮助规划或完善一个适当的世界远景并将之构建起来，从而使人类繁荣可以得到最大限度的实现。

7. 国际体系中的每个国家或适格参与者必须在每个方面遵守法治，在做出每个重要决定时最大限度地考虑法治因素。理想的状态是完美法治，意即在这种状态下，法律被遵守只是出于其为法律，法律是自觉行为的根本动因。这需要法律的存在或法律概念与构成行为根本动因的法律以及被称之为完美法治的状态同时存在。①

四、开放包容

目前，国际社会面临着诸多困境与挑战。此情之下，中国本着兼济天下的担当和荣辱与共的情怀，适时地提出了构建人类命运共同体的思想，建设性地

---

① 易显河. 共进国际法：实然描绘、应然定位以及一些核心原则［J］. 法治研究，2015（3）：117–125.

指明了人类进步和世界发展的前进方向，以期全人类携手共进，共渡难关。在构建人类命运共同体的思想中，开放包容作为其文化层面，以中国传统文化中"和而不同"等理念为文化内核，进一步发展出求同存异、搁置争议、共同开发等理论与实践内涵。开放包容强调文明交流互鉴和文化多样性，并因此与传统西方对待不同文明、文化的范式存在着根本性差异。同时，在国际法层面，开放包容也就主权问题和人权问题的处理给出了方案。这些无不表明开放包容对中国外交和国际法理念的重要意义，也是我国强调和坚守开放包容的根本原因。

中国所提倡的开放包容尊重现有国际法框架和以《联合国宪章》为基础的主权国家体系。这不仅尊重了文明之间的平等地位和文化的不同表现形式，还意味着从世界发展的大局出发，破除冷战思维、避免党同伐异、摒弃旧式军事同盟和封闭式经济同盟。以此思路发掘开放包容的国际法内涵，可以归结为两个方面。

（一）文化层面的主权考量

国家间交往的基石在于尊重主权。文明的交流互鉴也同样无法绕过主权。开放包容承继了包括和平共处五项原则在内的中国一以贯之的主张，其中强调的"互相尊重"不仅针对主权、领土等具体方面，更反映一种文化态度，是对其他国家人格尊严、文化地位和发展模式的尊重，是对一个国家发展及享受发展成果的权利的认可，是对国际社会平等相待、求同存异、共同发展模式的倡导。"各国互尊互信、和睦相处，广泛开展跨国界、跨时空、跨文明的交往活动"必须以主权为前提和基础。因此，开放包容始终强调对国家地位和心理的尊重，而不干涉内政原则便是对这些内容最直观的体现。

中国在国际社会中反复表明"国强必霸"的旧论调并不适用于中国，中国始终奉行独立自主的和平外交政策，以维护世界和平、促进共同发展为宗旨，不称霸、不扩张、不干涉别国内政；中国的周边外交基本方针就是坚持与邻为善、以邻为伴，坚持睦邻、安邻、富邻，突出体现亲、诚、惠、容的理念，倡导包容的思想。世界之大，足以为所有国家提供发展空间，中国也必定身体力行，以更开放的胸襟和更积极的态度参与国际合作，促使开放包容等观念成为被国际社会所共同遵循和秉持的准则。

（二）文化层面的人权考量

构建人类命运共同体是对人类的关怀和期许，其中的开放包容更是从文化层面考虑不同国家、民族之间的交往，自然对植根于人类文明、伴随人类社会发展至今的人权十分关注。自产生至今，人权始终不是一个单纯的法律概念，不仅包含着明显的政治性、地域性和文化性，而且还会存在实际应用和内在精神的偏差甚至悖离。① 即使是路易斯·亨金也承认，人权是"富于雄辩"甚至难免"有些伪善"的概念。② 因此，如何在开放包容中对人权定位，是一个至关重要的问题。

首先，人权确有普遍性，体现为各国、各民族的共同努力和追求，但这并不意味着所有国家、民族都必须奉行完全一致的人权模式，并不意味着只能以西方标准衡量一切国家和民族的历史，"合之则称有人权、违之则称无人权"；相反，要充分认识到人权的特殊性，认识到不同背景下人权差异的必然性，在认同西方文明在人权领域贡献的同时，也需明确西方文化传统仍只是人类众多传统的一部分。对人权及其评判标准的认识也应当如此。因此，开放包容要求实现人权普遍性和特殊性的辩证统一，这不仅是对人的关怀，也体现了和而不同、求同存异的理念。

其次，作为上一层面的延伸，考虑开放包容在平衡人权与主权关系中的作用。在当前国际事务和交往中，开放包容着重强调尊重各国自主选择发展道路、治理方式和在联合国等国际组织的地区代表性，避免简单武断地主张"人权高于主权"或"主权高于人权"，要在人权问题上秉持共同目标、分别路径的思路，确保各文明都有机会按照自己的方式尊重、保护和实现人权，避免以某种单一文化的人权认知和标准作为唯一的衡量尺度，而将其他人权保护方式视为对人权的破坏和压制，并以此为借口和武器破坏他国主权。③ 只有发自内心地相信并坚持开放包容，才能妥善协调人权和主权的关系，并对二者间延续数十年的争论作出合理的回应。④

---

① 张文显. 张文显法学文选·卷三：权利与人权 [M]. 北京：法律出版社，2011：326-328.

② 路易斯·亨金. 国际法：政治与价值 [M]. 张乃根，等译. 北京：中国政法大学，2004：52.

③ 郭道晖. 人权论要 [M]. 北京：法律出版社，2014：36-38.

④ 何志鹏，魏晓旭. 开放包容：新时代中国国际法愿景的文化层面 [J]. 国际法研究，2019（5）：3-18.

五、清洁美丽

"清洁美丽世界"是习近平总书记提出的人类命运共同体的重要一环，它既是对工业文明发展模式的反思，也蕴含了对未来人类发展方向的思考。当前环境恶化、气候变暖、能源短缺等问题不断凸显，全球环境治理体系面临领导力缺失、治理碎片化等问题。在此背景下，中国提出清洁美丽世界的愿景和中国方案，标志着中国将在更广、更深层面介入全球环境治理，并运用中国方案和中国智慧开拓一条生产发展、生活富裕、生态良好的文明发展道路。

构建清洁美丽世界既应发挥中国的建设性作用，也要做好义利平衡，量力而行。具体来说，要从完善全球环境治理的价值观、治理体系、治理机制、治理格局入手，以周边环境共同体为切入点，实现循序渐进发展。

（一）整合、协调各方利益，形成义利兼顾的全球环境治理观

在以往的环境治理实践中，面对全球气候治理领导力缺失、机制碎片化的挑战，中国积极承担其作为全球气候治理核心国家的责任，协同推进国内、国际环境治理，形成了义利兼顾、义利平衡的环境治理观。在国际上，中国始终坚持正确的义利观，提倡"共同但有区别的责任"原则，积极参与气候变化国际合作。面对特朗普政府宣布退出《巴黎协定》对全球气候治理造成的冲击，中国释放明确信号，将继续执行甚至超额完成减排目标，担当全球气候治理的引领者和示范者。

今后，中国应当继续承担其作为最大发展中国家以及全球气候治理核心国家的责任，协调各方利益，带头推进气候减排协议的落实。在国内通过科技创新和体制机制创新，实施优化产业结构、构建低碳能源体系、发展绿色建筑和低碳交通、建立全国碳排放交易市场等政策措施，形成人与自然和谐发展的新格局。在国际上，应为广大发展中国家特别是最不发达国家、内陆发展中国家、小岛屿发展中国家争取更多的资金、技术支持，以最大限度地保持全球气候治理的公平与公正。

（二）凝聚、调动各方力量，形成多元参与的全球环境治理体系

全球环境治理的主体不仅限于主权国家，还存在大量的非国家行为体。不容忽视的是，非国家行为体在影响环境议程设定、规则提出、监督评估等方面的作用日益凸显。非国家行为体凭借其组织形式的弹性和应对战略的灵活性等

优势，通过网络合作模式将其影响力嵌入多个层面，提升了全球环境治理的密度和治理形式的多样性。鉴于环境合作跨越政治、经济、金融、科技等多个领域，非国家行为体由于其独立性、跨国性、组织灵活性等特征在这一领域往往比国家具有某种创新比较优势。在某种程度上，非国家行为体在全球环境治理的特定领域如低碳生活方式转变、城市节能建筑设计以及绿色债券发行等掌握了更多的话语权。

（三）创新利用双多边平台机制，形成合理高效的全球环境治理机制

在全球气候治理领域面临机制碎片化、领导力缺失的背景下，国际社会应继续将 G20 机制作为当前气候治理的核心，继续利用 G20 机制进行紧密合作应对气候变化及其影响，推动《巴黎协定》的落实，不断提升气候变化问题在 G20 机制议程中的地位，以实现更有效的全球气候治理。

在今后的行动中，中国政府应寻求与在特定环境议题上持相同立场的国家组成议题性联盟，通过协调立场、共同发声扭转自身在全球环境话语权中的被动局面，推动全球环境治理机制更加合理和高效。

（四）尊重发展中国家、小岛屿国家诉求，形成公正、全面的全球环境治理格局

在历次气候谈判中，中国始终坚持旨在保障广大发展中国家核心利益的谈判主张，认为西方发达国家应对气候变化承担历史责任，强调共同但有区别的责任原则、人均历史累计排放、实现可持续发展的公平性问题等。在推动构建清洁美丽人类共同体框架下，我国一方面应延续"共同但有区别的责任"原则，坚定维护广大发展中国家利益；另一方面应形成环境治理的长期战略布局，将环境治理纳入低碳经济的发展布局中。当下，加快转变国内经济与社会发展方式，提升低碳核心技术和可持续发展能力，增强在低碳经济体系中的竞争力，努力谋求创设公正与合理的国际经济新秩序显得十分紧迫、必要。

（五）坚持由近及远、由易至难的推进思路，从周边起步推动构建"清洁美丽世界"

清洁美丽世界的构建应从中国周边起步。从周边起步推动构建清洁美丽世界有其合理性。一方面，环境治理领域有其特殊性，生态环境并不为国界所割裂，中国及其周边共为一个完整的生态系统，开展跨境环境合作既有必要性，又有其生态基础。另一方面，中国与周边国家近年来已经开展了广泛的生态合

作，有扎实的环境、合作的基础。例如，中日已开展了形式多样的环境合作专案，涉及大气和水污染治理、生态保护、农林业、水资源、环境监控和生态城市建设等多个领域。中国和韩国也开展了黄海水质调查、检测以及海洋洋流运动、海洋生态变化、海洋污染治理等方面的基础研究。中俄在松花江流域水污染防治规划、联合检测等工作上也取得了较大进展。中蒙两国在防治沙漠化、可再生能源开发利用、跨境自然保护区建设等领域也开展了具体合作。①

第二节 人类命运共同体理念对国际投资法的创新引领

"人类命运共同体"概念并非"正宗"法学话语。当我们讨论人类命运共同体概念，并要将此概念"并入"或"移植"到国际法各领域的时候，我们似乎有必要暂时停下来，认真而冷静地仔细想一想，这种成功的可能性到底有多大。而且，一旦其真的被并入到国际法某一领域，甚至多个领域，其与国际法诸领域既存的一些重要概念（如"对一切义务"概念②等）之间，到底将会是何种关系？此种关系，在实践层面，其法律含义为何？

总体上讲，超越于国际法领域现有的一些概念的破碎性，人类命运共同体思想的提出是系统的、明确的，它具有强烈的问题导向与责任意识，将国内与国际问题加以综合，将全球以及全人类作为一个反思单位；超越国际法上主流的国家本位主义，或是西方文化中的民族、个人本位主义思维；倡导"命运不可分"的世界整体价值观和"以世界观世界"的方法论；弥补分裂主义、极端

---

① 卢光盛，吴波汛. 人类命运共同体视角下的"清洁美丽世界"构建——兼论"澜湄环境共同体"建设 [J]. 国际展望，2019（2）：64-83.

② "对一切的义务"作为一个国际法概念提出源于20世纪70年代国际法院在"巴塞罗那牵引公司案"（"Case Concerning the Barcelona Traction"，Light and Power Co.，Ltd.）判决中的表述。该案中，比利时政府要求西班牙政府赔偿因其法院宣布巴塞罗那牵引公司破产而给拥有该公司股份的比利时股民造成的损失，因为西班牙政府对于保护外国投资者的利益具有"对一切的义务"的性质。国际法院没有支持比利时的诉求，在判决书中称：在外交保护领域，一国对整个国际社会所承担的义务与一国单独对另一国所承担的义务是有本质的区别的，前者是所有国家关切的事项，是一种对所有国家的普遍义务，就其所涉权利的重要性而言，所有国家都被认为保护它们享有法律利益。人类命运共同体与"对一切的义务"相比较，尽管存在一些共同点，也存在一些重要差异。罗欢欣. 人类命运共同体思想对国际法的理念创新——与"对一切的义务"的比较分析 [J]. 国际法研究，2018（2）：3-20.

个人主义思维的不足,将国家利益与人类整体利益、长久利益视为一个共同体;重新定义大国责任,倡议主动为国际社会的和平与发展秩序投资,而不是为对抗与均势投资。下文将具体就国际投资法领域的国家经济主权、可持续发展原则与人类命运共同体概念进行甄别。

一、人类命运共同体理念与国家经济主权原则

国家对自然资源永久主权原则是国家主权原则在国际经济法领域内的具体表现。如联合国大会先后通过的《关于自然资源永久主权的决议》《各国经济权利与义务宪章》《建立新的国际经济秩序宣言》《行动纲领》等文件,都明确宣示:每一个国家对自己的自然资源和一切经济活动,都拥有充分的永久主权。为保卫自然资源,每一个国家有权采取适合于自身的手段,对本国资源及其开发实行有效的控制,包含有权实行国有化或把所有权转移给自己的国民。这种权利是国家的充分的永久主权的一种表现,任何一国都不应遭受经济、政治和其他任何形式的胁迫,以致不能自由地充分地行使这一不容剥夺的权利。国家基于公益采取国有化、征用、征收措施,应给予适当赔偿。因赔偿问题引起的争执,原则上由国有化国家国内诉讼或仲裁解决。这一原则肯定了国有化的合法性、合理补偿原则和国内管辖权原则。人类命运共同体原则是对传统国际法中国家主权原则的继承和发展,就国际投资法制度而言,人类命运共同体思想对国家经济主权原则有所超越,前者旨在国际共同利益的基础上关注国际社会的整体义务,其受益者超越了国家个体,扩大到"国际社会整体",代表了全球治理理念与规则的进步。

(一)人类命运共同体理念主张"主体不可分性",超越国家本位主义来看待世界问题

中国所提出的人类命运共同体思想虽不否定国家本位主义,但是已经实现对其的一种实然超越。人类已经成为你中有我、我中有你的命运共同体,利益高度融合,相互依存。每个国家都有发展权利,同时都应该在更加广阔的层面考虑自身利益,不能以损害其他国家利益为代价。从中国传统哲学来分析人类命运共同体思想的深刻含义,其结论为:人类命运共同体的构建是超越国家命运来看人类命运,超越国家单方的价值来看世界共同价值的必然选择,从而国家利益并非作为国际法主体的各个国家的当然与终极追求。

在西方主流所倡导的国际法理念下，以国家的利益与意志作为表达，是主权国家进行国际交往的惯常形态。国家经济主权原则所依赖的传统形态上的国际法范式，仍然主要停留在国家单位，兼及国际组织与个人。经济永久主权的落实在事实上也是各国自己的事情，这种逻辑进路在一定程度上构成对世界霸权主义的纵容机会。因为，在形成国际法规则的条约协商或是习惯法的意识与实践过程中，各国理所当然地以国家利益为衡量标尺，各自对国家经济主权的阐释也有可能不同。

老子的《道德经》第54章云"修之于邦，其德乃丰；修之于天下，其德乃普"，"以邦观邦，以天下观天下"。既然存在比国家更大的世界，那么就存在着不属于国家的世界利益，需要顾及不属于部分人类的全人类利益、不属于国家短期利益的人类恒久利益。与国家经济主权原则不同，人类命运共同体更进了一步，强调世界的不可分性，依据的是中国传统文化中所反映的朴素的"自然法"。它并不否定国家的主权平等地位，而是从综合的视角，重新定义人类世界的长久利益、价值和责任。这种"以世界观世界"的视角超越了"以国家观世界"的国家本位主义价值观，超越了经济永久主权视角之局限，既看到国家利益，也看到世界利益，并且不仅仅以国家利益来表述世界利益。可以说，在全球化发展遇到困难，个别国家高举国家利益与民族利益优先的现实背景下，"人类命运共同体"的提出更加具有积极意义，人类命运共同体理念对解决全球问题意义重大。

（二）人类命运共同体理念强调世界一体与人类共性，避免国家间对立、隔离与分裂的危险思维

建立在各国协调意志基础上的国际法，在现实层面，仍然只是在最基本的限度内维持着法治秩序。联合国以及其他的很多国际组织，虽然也强调普遍性的目标和价值，但仍然没有超越以民族国家为主体的思维框架。国际关系主要被视为一种国家间（inter-national）的关系，国际法也是一种以条约和习惯为基础的国家间的法（international law）。因此，面对大规模的复杂性国际冲突与全球普遍性问题时，世界仍然处于基本无序的状态。

但人类命运共同体反对单边主义，创造了一种新的思考世界的方式，从更高层面去衡量国家本位主义所无法衡量的大规模问题。既然人类世界是命运共同体，那就必然包容多边主义，不刻意划分内外、没有不可兼容的"异类"。不

同的民族国家可能陌生、遥远或疏离，但并非要先验地对立、不可容忍和需要征服。按照人类命运共同体理念，世界的完整性不是由"排外"的同质化形成，而恰好是依靠内在的多样性和谐来维持的。在中华文化里面，同一的事物不能构成"和"，只有容纳"不同"才能"和"。"和"才能相生，这也是中国《易经》所揭示的"阴阳互生""孤阳不生""孤阴不长"的"自然法"。"惟齐非齐""和而不同"，要想做到真的平等，需要承认不平等的现实；要想实现真的和谐，需要尊重不同的存在。这种思想忠实于世界多元一体、真实并存的自然现实，可以从根源上避免西方文化中的"异端"观念产生。

（三）主动投资和平与发展的秩序建设，而不是投资武装对抗与均势

国家本位主义的国际关系形态主要是一种国家间形态，这使得各国往往把统一世界按照亲疏类别理解为分裂的至少两个或多个世界，在这些世界间再进行残酷的排异斗争。沿此逻辑，更进一步，强国并不为世界整体的秩序建设投资，而是为建立分裂性的利益集团以及开展军备竞赛和武装干涉投资，他们不是让弱者不想反抗，而是采取"扼制""强行干涉"等强权办法，使弱者没有能力反抗。这种强权逻辑只会助长弱肉强食的丛林规则，让弱者丧失信任感并促使极端主义滋生。与此相关，在分裂性思维与强权制度框架下，弱者既没有义务，也不会心甘情愿地与强者合作去维护强者的压迫与剥削，而是最终奋不顾身、不择手段地进行反抗。很大意义上，这是当前世界大规模战争、民族冲突以及霸权主义和恐怖主义的难解之结。

相比之下，人类命运共同体提供了一种从根本上和平团结、扼制分裂主义的行动方案。按照习近平主席的论述，"构建人类命运共同体，关键在行动。我认为，国际社会要从伙伴关系、安全格局、经济发展、文明交流、生态建设等方面作出努力"。① 人类命运共同体思想的世界蓝图描绘的是天下一家，各国命运相通、利益共存，从而重新定义大国责任、关注人类长久利益，倡导大国在其能力范围内率先投资区域乃至全球的秩序建设，而不是短视性地对"他者"进行扼制和干涉。为此，中国大力推动"一带一路"这一宏大的愿景与行动。2015 年 3 月 28 日，中国国家发展改革委、外交部、商务部经国务院授权联合发布《推动共建丝绸之路经济带和 21 世纪海上丝绸之路的愿景与行动》。中国政

---

① 习近平．习近平谈治国理政（第二卷）［M］．北京：外文出版社，2017：541.

府指出，共建"一带一路"旨在促进经济要素有序自由流动、资源高效配置和市场深度融合，推动沿线各国实现经济政策协调，开展更大范围、更高水平、更深层次的区域合作，共同打造开放、包容、均衡、普惠的区域经济合作架构。是故，共建"一带一路"符合国际社会的根本利益，彰显人类社会的共同理想和美好追求，是国际合作以及全球治理新模式的积极探索。①

人类共同利益是实现人类命运共同体理念法制化的物质基础与终极价值诉求。作为全球公共利益代理人的各国政府在强调人类整体利益的价值导向型国际法规制变革中绝不能仅最大程度地考虑其作为主权者的自身利益，而应更多地考虑人类的整体利益与共同命运。各国应对以美国为主的"国际条约组织机制退出逆流"在全球"暗涌"的现象予以深刻反思并进行有针对性的批判，应高举"条约退出权的行使应受到国际社会本位原则约束"的旗帜，大力加强人类命运共同体价值观的国际社会培育。

二、人类命运共同体理念与可持续发展原则

人类命运共同体理念与可持续发展原则目标相吻合。"可持续发展"是指能满足当代人的需要，又不对后代人满足其需要的能力构成危害的发展。②《推动共建丝绸之路经济带和21世纪海上丝绸之路的愿景与行动》提出了绿色丝绸之路的理念和指导方针，是对可持续发展原则的贯彻和推动。

可持续发展原则成为国际法原则有一个渐进过程。1972年在瑞典斯德哥尔摩举行的联合国人类环境会议通过了《人类环境宣言》，初步确立了可持续发展原则。1989年联合国环境与发展大会通过了《关于可持续发展的声明》，认为可持续发展包括四个方面的含义：1. 走向国家和国际平等；2. 要有一种支援性的国际经济环境；3. 维护、合理使用并提高自然资源基础；4. 在发展计划和政策中纳入对环境的关注和考虑。1992年在巴西里约热内卢举行的联合国环境与发展会议所通过的《里约环境与发展宣言》确定了27项原则，标志着可持续发展原则的正式确立。2015年9月在联合国成立70周年之际，联合国各成员通过了《变革我们的世界：2030年可持续发展议程》，确立了17项实现可持续发展

---

① 罗欢欣. 人类命运共同体思想对国际法的理念创新——与"对一切的义务"的比较分析 [J]. 国际法研究，2018（2）：3-20.

② 该概念取自1987年布伦特夫人在其主持的"世界环境与发展委员会"所做的题为《我们共同的未来》报告中的定义，现已广为接受。

的目标。

可持续发展的目的是发展，前提是可持续，两者必须融为一体。既不能以保护环境为由来否定发展，也不能以发展为由来牺牲环境，而是要在环境与发展之间找到平衡。可持续发展随着时代前行而被赋予了新的含义。当今世界，各国需要坚守这一原则来实现在网络、极地、海底、外空、气候等领域的可持续发展。中国在实施"一带一路"倡议时，也要突出强调沿线各国或地区的可持续发展，这样才能使"一带一路"倡议可持续地获得推进。人类命运共同体的"清洁美丽"核心内涵是实现可持续发展的终极目标追求，即各国要坚持同舟共济、权责共担，携手应对气候变化、能源资源安全、网络安全、重大自然灾害等日益增多的全球性问题，共同呵护人类赖以生存的地球母亲，共建清洁美丽的全人类家园。

但是，正如有些学者提出的，在理解可持续发展原则时，既不能将其片面理解为生态的可持续性，也不能将其理解为一个无所不包的概念，应当防止可持续发展内涵的泛化。[1] 由于可持续发展原则内涵存在一定的模糊性和不确定性，该原则在实践中也容易被异化为绿色投资壁垒，需要我们用国际法治眼光辨别真伪。[2] 为此，国际法学者需要对该原则的内容做深入研究，各国政府也应对该原则内容达成共识。

不同的是，人类命运共同体"清洁美丽"核心内涵清晰地勾画出了各国赖以生存与发展的国际大家庭的理想状态与终极目标。在推动构建人类命运共同体的进程中，既要关注生态文明建设，又不可偏废精神文明建设。两个文明建设都要抓，两手都要硬。自2013年秋习近平主席提出"一带一路"重大倡议以来，"一带一路"从理念转化为行动，连点成线到面，为完善全球发展模式和全球治理提供了新路径，成为推动构建人类命运共同体的重要实践平台。2019年4月25日，第二届"一带一路"国际合作高峰论坛廉洁丝绸之路分论坛在北京国家会议中心举行。会议由中共中央纪律检查委员会、国家监察委员会主办，外交部协办。会议期间，中国与有关国家、国际组织以及工商学术界代表共同发起《廉洁丝绸之路北京倡议》。会议代表们郑重呼吁：

---

① 蒋小红. 试论国际投资法的新发展 [J]. 河北法学，2019（3）：42-56.
② 宁红玲，漆彤. "一带一路"倡议与可持续发展原则——国际投资法视角 [J]. 武大国际法评论，2016（1）：232.

　　根据《联合国反腐败公约》精神，依照现行国际规则和法律框架，在尊重国家主权、文化差异和现实国情的基础上，秉持"和平合作、开放包容、互学互鉴、互利共赢"的丝路精神，携手共商、共建、共享廉洁丝绸之路，持续为"一带一路"建设保驾护航。倡议各方增强政府信息公开透明，积极预防和妥善解决贸易、投资中的有关争端，推进金融、税收、知识产权、环境保护等领域合作，为共建"一带一路"构建稳定、公平、透明的规则和治理框架。呼吁各方加强对"一带一路"合作项目的监督管理，规范公共资源交易，在项目招投标、施工建设、运营管理等过程中严格遵守相关法律法规，努力消除权力寻租空间，打造规范化、法治化营商环境。呼吁加强企业自律意识、法律意识和责任意识，构建企业合规管理体系，防控廉洁风险，培育廉洁文化，制定廉洁准则，坚决抵制商业贿赂行为，积极打造和共同维护"亲、清"的新型政商关系。倡导以有关国际公约和双边条约为基础，鼓励缔结双边引渡条约和司法协助协定，构筑更加紧密便捷的司法执法合作网络，为"一带一路"参与方开展反腐败合作创造坚实的法律基础和制度保障。鼓励各方加强反腐败相关机构人员交流、信息沟通和经验分享，促进能力建设和人才培养，在反腐败追逃追赃、反贿赂等领域开展全天候、多层次、高效能的合作，拒绝成为腐败人员和腐败资产的避风港。支持各方加强共建"一带一路"学术交流和研究，推进政府治理、企业经营、法律制度等领域合作研究，分享廉洁和法治建设有益经验和成功实践，建立有效沟通交流机制，共同推动廉洁丝绸之路建设。

　　综合看来，人类命运共同体理念与现有的其他国际法基本概念或原则既有密切联系，又有显著区别。从一定程度上讲，人类命运共同体理念是在继承与发展现有国际法基本原则与规则的基础上由中国政府大力倡导并完成的一次国际法原则的综合性融合与创先性超越的创举，具有重大的国际法编纂与创新意义。可以预见的是，随着人类命运共同体理念的国际社会普遍共识的达成与增强以及人类命运共同体理念的国际法制度化进程的顺利推进，中国在国际法规制变革与创新方面将充当越来越重要的主力角色，发挥越来越积极的主体作用。

第三节　人类命运共同体理念的国际投资法制度化

众所周知，国际法领域每一个重要概念的出现并不容易。从该概念的提出，到其要获得国际社会的共识，并在实践层面获得"规范性结果"，往往会持续很长时间（如人类共同继承财产原则、可持续发展原则等）。人类命运共同体概念作为一个最初由我国单方面、单独提出的概念，要争取被国际社会成功普遍接受，并在规则的实践层面"开花结果"必定需要时日，需经过艰辛的努力付出才会有所厚报。具体而言，在人类命运共同体概念或理念"并入"或"移植"至国际投资法规范内从而实现国际投资法制度化的路径上，有两个问题是一定要回答的：第一个问题就是，这个新概念，其与国际法中既存的重要概念，尤其是类似概念，彼此之间，到底关系为何。关于这一问题，前文已经论及。第二个问题就是，在将此概念"并入"国际投资法规范体系事项上，其技术路径为何。从目前国际法重要概念的制度化实现"范式"来看，主要通过两种途径：其一，由国际法庭或其他司法机构在其司法实践中首次提出后再被纳入国际条约或习惯国际法体系之中；其二，该概念在重要的国际多边场合提出后，进而获得国际社会普遍认同并形成相关国际法规范。如果离开这两个途径，任何国际法概念就很难获得国际社会的广泛认可，从而被接受进既存的国际法规范体系之内。

诚然，人类命运共同体理念的制度化需要进行多领域的理论探索和多层面的社会实践，是一个立体贯通的法治系统工程。人类命运共同体的法治构建包括国际立法与国内立法两个层面。国际社会应采取先国际法"植入"技术路径后国内法"植入"技术路径的顺序，主要发力于人类命运共同体理念制度化的多主体能动性，重点利用联合国框架下的对话机制使"持久和平""普遍安全""共同繁荣""开放包容""清洁美丽"等核心价值获得多边普遍认可并推动理念共识的法律成果化，针对国际法的各法律渊源形成实体规范，围绕立法、执法与司法环节进行程序设计，将构建人类命运共同体这一宏大叙事通过理论论证落实到具体实践，最终实现均衡发展、公正可行的全球治理规制的革新构建。从辩证法的角度看，对人类命运共同体的塑造，不仅仅是一个外交策略问题，还是一个牵涉到国内政策调整的问题，否则内外不一致必然会造成内外法律体系、话语体系等逻辑中断。① 国内则应从破解人权司法保障的一系列体制难题入手，引领司法体制改革，完成国内法治和国际法治的良性互动闭合。

有学者建议，需要对"人类命运共同体"理念如何转化为国际与国内法律制度的途径加以研究。从以往的国际造法实践来看，将"人类命运共同体"的理念转化为国际法律制度应注重以下几个环节。一是将人类命运共同体理念转化为国际法话语；二是将理念转化为国内法；三是借助国际组织的国际造法功能；四是重视非政府组织在国际造法中的作用。②

一、人类命运共同体共商共建原则之国际投资法多边化发展

（一）人类命运共同体共商共建原则

人类命运共同体共商共建原则是对传统国际法中国家主权原则的继承和发展。基于人类命运共同体理念，各国负有维护人类共同利益、相互合作的国际义务，这改变了往昔国际关系中出现的"自利"国际行为模式。当然，人类命运共同体共商共建原则作为全球治理的一个新的理念，还需要用更具体的国际法制度、规则来细化，更多地用国际条约的形式来确认事关人类共同命运具体事项的处理。

其中，共商原则要求各国在形成国际法规则的过程中应互相尊重主权，以协商谈判的方式进行，而不能以胁迫等违反尊重国家主权的方式进行。共商原则所倡导的价值是各国在国际治理过程中的民主化，即强调国家不分大小、强弱、贫富一律平等，在机制和制度设计中要让发展中国家，特别是最不发达国家在国际治理论坛和事务处理中有其代表性和发言权。共商原则体现了包容性共存思想，强调包容互鉴。从各国的国际法律实践角度看，沟通协商（外交谈判）是化解纷争分歧的有效之策，和平磋商是解决冲突的根本之道。

同时，人类命运共同体共建原则进一步强调各国应积极主动开展相互合作并共同承担责任来构建符合全球公共利益的国际法规则这一理念。从国际法治的角度看，共建原则就意味着国际范围内以"持久和平""普遍安全""共同繁

---

① 陈金钊."人类命运共同体"的法理诠释［J］. 法学论坛, 2018（1）：5-13.
② 车丕照."人类命运共同体"理念的国际法学思考［J］. 吉林大学社会科学学报, 2018（6）：15-24.

荣""开放包容""清洁美丽"为核心内涵的人类命运共同体价值观得到国际社会成员普遍公认，在此基础上各国与有关国际机构共同将人类命运共同体核心价值"植入"国际法规范的创建之中。事实上，国际法多边主义认为，除了各国自身的利益外，确实存在一种国际社会的共同利益，并且此种利益也是正当合理的。多边主义主张，国与国间的关系秩序必须建立在普遍原则的基础上。为了更好地促进国与国间以及各国居民间的友好交往，有必要在国际社会中创建一个共同法律框架。多边主义崇尚国际法的普遍性效力与适用性，并且坚持各国必须在国际社会的法律框架许可的范围内行事。第二次世界大战后，多边主义在多个领域（尤其在国际人权，国际安全与国际贸易等方面）变得日益重要。与国际社会共同利益相比较，各国主权存在明显的局限性。由此可见，无论是国际法的架构还是国际法的本质，都深深打上了多边主义的烙印。对国际强行法的承认，国际刑法所取得的发展，人道主义干涉的日益重要等，都只是国际法多边主义化发展的部分事例说明。就人类命运共同体共商共建理念的国际投资法制度化而言，直接的要求与最直观的表现即为国际投资条约的多边化与标准化发展。

（二）国际投资条约的多边化

一般来说，多边主义是基于多边条约来实现的，后者是"落实'公共利益至上'原则的工具"①。多边条约坚持在普遍的非歧视原则基础上调整国家间的关系，从而创建一个国际社会法律框架。围绕这一框架，各国及其国民的期望与行为可以不断向前发展。然而，多边主义也可基于双边条约得以实现并发展。在国际投资保护领域，国际社会正是以双边条约（而非多边条约）为主体，构建了一个为发展与稳定全球经济所必需的法律机制。类似于其他领域（如国际贸易、知识产权、人权等）的多边条约，双边投资条约也是基于普遍法律原则来规范国际投资关系的——尽管这一普遍原则的统一性在目前来讲还只是相对的——毕竟，现行的双边投资条约数量过于庞大，且条约关系颇为复杂。以全球视角看，双边投资条约并非只是国与国间通过协商谈判而达成的具体结果，而更应将其视为一个统一的法律框架。一方面，外国投资者的经济活动得以稳定，并得到规范性保护；另一方面，东道国政府根据法律标准规则，严于律行。

① SIMMA B. From Bilateralism to Community Interest in International Law［J］. Recueil Des Cours，1994（250）：323.

从而，市场所产生的正能量得以充分释放。

2018 年 12 月 30 日，《全面与进步跨太平洋伙伴关系协定》（CPTPP）正式生效。当下，ICSID 正谋求修订投资争端解决系列规则，联合国贸法会讨论"投资者与国家争议解决机制改革"必要性，美、墨、加签署 USMCA 协定取代 NAFTA，中国"一带一路"倡议有序实施等，这些国际投资领域重大事件的发生，表明国际投资关系或秩序正经历着深刻变革，国际投资法已经处于规则创新或重构的活跃期和竞争期，当然也是中国积极采取应对方略，将人类命运共同体理念从观念话语推向制度化构建的关键转型期，更是中国获取国际投资法话语权的重要机遇点。可以说，在世界经济全球化和区域经济一体化的背景之下，发展共建、共商、共享的新型国际投资关系和投资规则，追求国际共同利益，实现人类合作共赢，是共享国际法新阶段国际投资法的必然选择。而人类命运共同体理论必然导致国际投资体制从"单边"经"双边"最终走向"多边化"发展。

（三）国际投资条约的标准化

在国际范围内，尽管一些自由贸易协议（FTA，如 NAFTA 协议）设立专门章节以及多边贸易法律框架下采取单个协议（最典型的是 WTO 法律框架下的 TRIMs 协议）来规范国际投资关系，但总体而言，双边投资条约应是国际投资条约的主要形式。鉴于在双边投资条约谈判的过程中，各国政治立场不同，谈判实力各异，价值诉求不一等原因，最后作为讨价还价谈判成果的双边投资条约在具体权利与义务以及结构方面难免会有所差别，这是自然的事情。但是，通过对各条约文本进行仔细比对，同质性的东西应多于异质性的部分。事实上，若拿发展中国家间所缔结的双边投资条约与发达国家—发展中国家间投资条约进行比较，并不能发现两者间存在重大差别。

众所周知，就全球层面而言，调整国际投资关系的国际投资法律制度之所以放弃采取多边投资条约形式而选择双边投资条约形式，原因之一就在于双边投资条约所具备的灵活性，能使其应对不同缔约方的具体情况与特定需求。无疑，双边投资条约的这一功能使得"双边投资条约愈发表现出形式与内容的统一性"的结论变得"突兀"起来，甚至令人难以理解。然而，国际投资法呈现出趋同化或标准化的发展特点，正如下文将要论述的，绝非偶然事件，而是各缔约方在投资条约制定过程中旨在创建国际投资法统一原则的一个必然结果。

1. 双边投资条约是国际社会多边投资谈判工作的历史成果

从历史的角度看，双边投资条约的趋同其实是国际社会主要资本输出国长期以来进行国际投资立法努力的成果。

首先，许多资本输出国的条约文本存在大量的相同条款，其原因可以追溯至各国的双边投资条约模本，后者在与他国商谈签署双边投资条约过程中担任奠基石的角色。这些国家（包括美国、德国、英国、法国、荷兰与加拿大）所使用的双边投资条约模本通常会定期进行修订与更新。尽管根据现实谈判情况，这些国家与他国最终签署的具体双边投资条约可能与该国的双边投资条约模本常会有所出入，但总体而言，模本与最终条约文本应该还是非常相似的。①

其次，各国的双边投资条约模本实际上是建立在它们共同历史纽带的基础上的，因为这些投资条约模本并非由各资本输出国单独拟定而成，而是要追溯至 20 世纪五六十年代主要资本输出国们希冀创制一个多边投资条约的共同努力历史。这里不得不提及在经济合作与发展组织主持下所拟定的 1967 年《外国财产保护公约（草案）》——尽管该公约最终未能成为一个有拘束力的法律文件。对那些曾参与拟定活动的资本输出国而言，有一点是可以肯定的，《外国财产保护公约（草案）》对这些国家的双边投资条约立法起到了协同作用，有些国家甚至就将该文件文本直接转变为该国的双边投资条约模本。② 其结果就是，这些国家利用投资条约模本的行为非但起到了促进有关双边投资条约内容谈判的作用（无疑这也减少了他们的协商与起草条约的成本），而且实现了确保投资条约在一定程度上保持统一的追求目标。

最后，除了双边投资条约外，国际社会在投资条约领域所做的其他多边努力也可通过欧洲经济共同体国家与 68 个来自非洲、加勒比海与太平洋地区的发展中国家所签署的第四个洛美公约（1989 年 12 月 15 日）这一事例得以说明。该公约非但在第 260 条第 1 款强调在缔约国间达成投资条约的重要性，而且在《关于洛美公约最终法案》的附录 LIII 中确定了投资条约的部分内容，其目的无

---

① VANDEVELDE K J. A Brief History of International Investment Agreements [J]. U. C. Davis J. Int' L L. & Pol' Y, 2005 (12)：170.

② SINCLAIR A. The Origins of the Umbrella Clause in the International Law of Investment Protection [J]. Arb. Int' L, 2004 (20)：411.

非在于确保将来在拟定有关投资条约条款时各缔约国能保持一致。①

由此看来，在投资条约的国际社会多边化努力大背景下，各国采取"各个击破"的方法，分别与他国签署双边投资条约，其根本原因并非在于是对作为调整国际投资关系的法律制度需要灵活性的一种应对（人们普遍认为，双边投资条约比多边投资条约更能满足谈判国家的具体需求），而在于双边投资条约是实现国际社会在先前的国际投资保护多边化努力工作中所未能付诸实施的多边化抱负的一个最佳工具和可采取的主要可行形式——毕竟，那时候的资本输出国与资本输入国在国际法制度下有关外国投资保护的范围方面很难达成共识。②

2. 双边投资条约是建立在真正多边理念基础上的起着平衡外国投资者利益与东道国主权作用的国际法制度

鉴于国际社会关于投资保护的多边努力进程是由资本输出大国一手推动并设计的，双边投资条约的内容很容易被视为是这些国家向主要作为资本进口方的缔约对方推行霸权主义的工具。③ 假若这个臆测被证实正确的话，那么实力更强的资本输出国，相较于实力稍逊的同为资本输出国的竞争对手，前者出于在双边投资条约寻求更特别好处的目的，将会充分利用条约谈判优势，寻求签署与后者所签署的不一样的双边投资条约。这也就意味着，位于乌拉圭的美国投资者将比身处中国的荷兰投资者极有可能获得更多的保护，因为美国的谈判实力更强。

但事实并非如此。首先，国际投资条约植根于平等与非歧视理念，最重要的是反映了国民待遇与最惠国待遇，因而也是建立在真正多边原则基础上的。其次，投资条约对于缔约双方适用同一标准，既包括资本净进口国家，也包括资本净出口国家。同一标准的要求日益发展成为缔约双方对处于各自国内的他

① SCHILL S W. The Multilateralization of International Investment Law：Emergence of a Multilateral System of Investment Protection on the Basis of Bilateral Treaties ［J］. Trade，Law and Development，2010（2）：67.

② 关于双边投资条约与国际社会的投资保护多边化努力之间的关系，Stephan W. Schill 似乎过于绝对与激进，他认为，投资保护之所以采取双边投资条约形式，原因不在于双边投资条约能满足国际投资法灵活性的需求，而在于双边投资条约仅仅是实现国际社会关于投资保护多边化理想的工具。参见 SCHILL S W. The Multilateralization of International Investment Law ［M］. Cambridge：Cambridge University Press，2009：31-40.

③ CHIMNI B S. International Institutions Today：An Imperial Global State in the Making ［J］. Eur. J. Int'l L.，2004（15）：1，7.

国投资者的主权行为的一种真正限制，因为国际资本更多地并非只朝一个方向流动（从资本输出国流入资本输入国），而是朝两个方向流动。最后，数量日益增多的南南国家之间的双边投资条约——在这些发展中国家与发展中国家之间投资的流向也大致是双向的——对于投资保护所赋予的标准条件也如南北双边投资条约（发展中国家与发达国家之间所签署的双边投资条约）中所规定的一样。这也表明了，如今的投资条约的内容不外乎是旨在实现外国投资保护与东道国主权间适当平衡的有关缔约国方面的权利与义务之类的东西，无论该双边投资条约是于南北国家间制定，还是于南南国家间制定。换言之，在内容方面，南南国家间所缔结的双边投资条约与传统意义上的南北国家间所缔结的双边投资条约并无两样。这一实际情况也意味着，投资条约的内容并非由缔约各方的谈判实力大小来决定，并且当今国际投资条约的标准与原则俨然已成为国际社会所普遍接受的、调整外国投资者与东道国关系的适当准则。当然，无论是在过去的关于国际投资的多边立法尝试活动中，还是当前的双边投资谈判主流背景下，发达国家的霸权主义因素在一定程度上还起着作用，毕竟他们讨价还价的能力相对更强。① 然而，这些霸权主义或曰强权政治行为并非完全是出于实现相关主要为资本输出的国家取得更优惠的、或有别于他国的投资保护标准的目的，在"迫使"主要为资本输入的国家接受非歧视性与非差异性标准方面（在多边谈判背景下，资本输入国可能并不愿意接受这样的标准），前者可谓功不可没。

因此，双边投资条约出现趋同化的原因在于：统一、普遍的国际投资法规则从原则上讲是符合国际社会各国利益的，更何况在全球经济一体化与国际投资协议区域化的大背景下。更确切地讲，规范国际投资关系的统一规则不仅对于整个发达国家有利，而且也符合单个国家的利益，无论其为发达国家抑或发展中国家。此种解释是基于统一的国际投资法规则在为外国投资创设一个平等竞争环境过程中起着至关重要作用的这样一个现实，毕竟规则的趋同化反过来又会使得经济全球化发展中的国际投资流向资本能得到最有效配置的国家或地区。作为全球市场公平竞争的一个前提条件，统一的国际投资标准显得尤其重要。从这个角度来讲，正因为创建统一的国际投资规则符合所有国家的长远利益，

---

① BENVENISTI E, DOWNS G W. The Empire's New Clothes: Political Economy and the Fragmentation of International Law [J]. Stan. L. Rev., 2007 (60): 595, 611-612.

那么也就不难解释为何现行的双边投资条约无论在形式上还是内容上都显得如此相似，甚至可以将它们视为一个真正意义上的国际多边投资条约的"替代品"。①

二、人类"共有物"领域国际共同投资与利益共享规则创制

极地、深海②、外空是人类生存和可持续发展的全球新疆域。近些年来，随着人类在新疆域活动的快速增加以及气候和环境问题的恶化对人类经济社会生活的影响日趋严重，上述新疆域出现了国际竞争激烈和治理制度滞后等失序的倾向。除了应对扑面而来的挑战外，需要我们进一步深思的是，新疆域成为人类活动空间的时间较晚，社会利益结构也相对简单，有无可能在这些新疆域中摆脱既有的以权力政治为核心的秩序观，在汲取人类治理文化精髓的基础上，以一种新的价值体系建构治理秩序，为人类的和谐相处打造一个示范区。新疆域承载着人类生存和未来发展所需的资源和空间，集中体现了人类的共同利益和共同关注，与"人类命运共同体"治理思想的价值内涵高度契合，完全有可能成为"人类命运共同体"治理思想的最佳实践区。③

（一）人类命运共同体"共建共享"理念与人类"共有物"领域投资规制创新

目前有若干个现象值得重视：第一个现象是新疆域治理中的"俱乐部"问题，即一部分国家实际"管控"着新疆域的国际治理。从一定程度上说，"投入与收益相匹配"已成为新疆域参与的一个不成文的规则。④ 这一不成文的规则意味着投入越多获利越多，越有能力和资本的国家自然希望在新疆域获得越多的收益。但问题在于，新疆域中那些公有和共享的属性不容侵蚀。共有的本质在于利益共有，国家利益在新疆域是有边界的，不能无限最大化。因此，以什

---

① 银红武. 中国双边投资条约的演进——以国际投资法趋同化为背景 [M]. 北京：中国政法大学出版社，2017：45–50.

② 国际海底区域（深海海底区域），指的是国家管辖范围以外的海床和洋底及其底土，不属于任何国家的管辖海域，其周边界限为沿海国大陆架，上覆水域为公海，面积约占海洋总面积的 60%。

③ 杨剑，郑英琴. "人类命运共同体"思想与新疆域的国际治理 [J]. 国际问题研究，2017（4）：1–16.

④ 如在南极事务上，1988 年《南极矿产资源活动管理公约》规定，各国在南极可开发时能够享受的资源份额将由其对南极科考事业的贡献程度决定。该公约最终虽未生效，但这一条款所包含的"投入与收益相匹配"的原则被视为为南极将来可能的开发利用提前做了规范。参见郑英琴. 南极话语权刍议 [J]. 国际关系研究，2014（6）：62–72.

么伦理为基础，才能维持具体国家的利益和全球公共利益之间的平衡，这也是新疆域未来治理需解决的一大问题。值得反思的现象是，超级大国美国在"二战"结束后的半个多世纪里，未能有效提供新疆域治理的伦理基础和相应公共产品，反而是利用其技术优势和军事实力，推行霸权思想和无限制扩张一国私利，使得新疆域的治理或陷入大国间军备竞赛的困境之中，或流于俱乐部分享既得利益的窠臼之中。①

新疆域的治理要求与"人类命运共同体"思想的内涵高度契合。新疆域的有效治理需要各方提供包括制度、知识、资金、技术、教育、国际组织等各类公共产品，这些公共产品的提供与"人类命运共同体"治理思想所倡导的共商共建、合作共赢等理念高度契合。实际上，新疆域已经开展的各项治理亦围绕着人类的生存与发展，将和平、安全、环保等理念贯穿于制度设计之中。在深海领域，自从"人类共同继承财产"理念被写入《联合国海洋法公约》并成为国际海底"区域"开发利用的指导思想后，资源共享与公平利用成为国际海洋治理的主要目标。在外空领域，月球及其他天体亦被定位为"人类共同继承财产"，这与"人类命运共同体"思想所主张的"共有、共建、共享"的观念趋同。在极地领域，随着近些年人类活动不断增多，防止冰盖融化导致海平面上升，防止气候变暖引发生态危机，保护环境和生态、提高社会适应力等，正在成为极地治理的主要内容。

通过国际合作推动新疆域各领域的利益共同体建设，为命运共同体建设奠定基础。新疆域治理存在明显的制度理念分歧和利益诉求差异。广大发展中国家因为国家实力和技术能力所限，往往暂时无法成为新疆域俱乐部成员，因此他们希望保持新疆域为全人类共有的状态，保留其将来参与共同开发利用的权利；多数欧盟成员国、澳大利亚、新西兰等西方发达国家主张在权益分配与资源投入相挂钩的基础上互惠共享；大部分非政府组织则着眼于保护新疆域生态环境及可持续发展。对此，落实"人类命运共同体"建设能起到兼容并包的融合作用。"人类命运共同体"思想不同于一般共同体的地方在于其对不同价值理念的兼容性和对不同群体利益需求的包容力。它着眼于全人类的福祉，既兼顾了不同发展阶段国家对新疆域治理的期待，又孕育着一种新的全球价值；既包

---

① 美国在新疆域的"例外主义"体现为一种"机制外霸权"，即为了行动自由，排斥或拒绝新疆域重要的国际规制。例如，美国至今仍未批准《联合国海洋法公约》。

括对弱者（相对落后的发展中国家）的公平照顾，又有对强者（部分发达国家）的必要约束，同时也包容兼顾了其他参与者（非国家行为体）的政治诉求。

从立场和利益上讲，中国一直是广大发展中国家在新疆域利益强有力的维护者。在中国的积极推动下，1996 年联合国第 51 届联合国大会通过了《关于开展探索和利用外层空间的国际合作，促进所有国家的福利和利益，并特别要考虑到发展中国家的需要的宣言》。《2016 中国的航天》白皮书特别提到，中国政府在开展国际空间交流与合作中，重视服务"一带一路"建设的双边和多边合作，支持亚太空间合作组织在区域性空间合作中发挥重要作用，重视在金砖国家合作机制、上海合作组织框架下开展空间合作，还启动实施了中国—东盟卫星信息海上应用中心以及澜沧江—湄公河空间信息交流中心建设等项目。

（二）深海资源开发的国际投资法律制度架构

国际海底资源作为人类共有物，一定意义上，是人类命运共同体构建的物质基础。深海是 21 世纪的新疆域。一个完善的深海资源开发投资制度，是投资者和深海采矿业的福音，必将促进私人投资者在深海海底区域资源勘探开发中发挥主体作用。

1. 深海资源开发的国际投资立法现状

1982 年通过、1994 年生效的《联合国海洋法公约》（简称《海洋法公约》）将国际海底区域及其资源确定为人类的共同继承财产。任何国家不应对国际海底区域及其资源主张或行使主权或主权权利，由国际海底管理局代表全人类行使。在《海洋法公约》第 11 部分确立的"区域"内资源勘探开发的法律制度框架下，国际海底管理局于 2000 年发布了《"区域"内多金属结核探矿和勘探规章》①，2010 年发布了《"区域"内多金属硫化物探矿和勘探规章》②，2012 年发布了《"区域"内富钴铁锰结壳探矿和勘探规章》③，这三个规章的出台为世界各国申请勘探区块提供了指南。

依据联合国《海洋法公约》，缔约国有责任制定相关法律制度，确保本国公

---

① Regulations on Prospecting and Exploration for Polymetallic Nodules in the Area, Adopted 13 July 2000 （ISBA/6/A/18 dated 4 October 2000）.

② Regulations on prospecting and exploration for polymetallic sulphides in the Area, Adopted 7 May 2010 （ISBA/16/A/12/Rev.1 dated 15 November 2010）.

③ Regulations on Prospecting and Exploration for Cobalt-rich Ferromanganese Crusts in the Area, Adopted 27 July 2012 （ISBA/18/A/11 dated 22 October 2012）.

民、法人或者其他组织依照《海洋法公约》规定，在国际海底区域内开展资源勘探、开发活动。各国依据《海洋法公约》及相关规章在其国内法中确立了行政审查、环境保护、安全保障、执法监督、法律责任等制度，为规范各国承包者在"区域"内活动提供了重要依据。到目前为止，包括美国、英国、法国、德国、日本、捷克、库克群岛、斐济、汤加、新加坡、比利时等在内的 14 个国家已完成了专门针对深海资源勘探开发的国内立法。

我国是参与深海活动的主要国家之一，深海立法有利于对我国深海海底区域资源勘探、开发活动的合理管控，促进其向科学、合理、安全和有序的方向发展，同时也有利于规范我国深海海底区域资源勘探、开发的承包者全面履行勘探合同，加强深海海底区域环境保护，促进深海海底区域资源的可持续利用，维护全人类共同利益。2016 年 2 月 26 日通过的《中华人民共和国深海海底区域资源勘探开发法》（简称《深海法》）① 就是第一部规范我国公民、法人或者其他组织在国家管辖范围以外海域从事深海海底区域资源勘探、开发活动的法律。

2. 深海资源开发的国际投资立法完善

（1）外国私人投资者的准入法律规定

外国投资者能否与东道国的投资者一起共同投资参与深海开发，这实际上属于国际投资法的准入问题。《海洋法公约》第 153 条第 2 款（b）项规定："'区域'内活动应依第 3 款的规定：（a）由企业部进行，和（b）由缔约国或国有企业、或在缔约国担保②下的具有缔约国国籍或由这类国家或其国民有效控制的自然人或法人、或符合本部分和附件三规定的条件的上述各方的任何组合，与管理局以协作方式进行。"可见，"区域"除了由国际海底管理局企业部自己开发外，缔约国及其国有企业，以及在缔约国提供担保情形下的缔约国的自然人和法人，及其前述组合均可投资参与。换言之，私人投资者可以参与深

---

① 第十二届全国人大常委会第十九次会议 2016 年 2 月审议通过，2016 年 5 月 1 日正式实施。

② 这里的用语"担保"，英文原文为"sponsor"，不同于债的担保（guaranty），仅指缔约国作为担保者要尽最大的努力，确保被担保的申请者履行应尽的义务，要制定合理的法律与规章并采取合理的行政措施确保申请者遵守。参见王岚. 国际海底区域开发中的国家担保制度研究［J］. 学术界，2016（12）：210.

海开发活动，但前提是获得其缔约国的担保。①

这里出现一个问题，一个缔约国的投资者如果没有获得缔约国政府的担保，就无法与其他缔约国政府、国有企业和该国的自然人和法人一起投资深海开发。这个担保（sponsorship）实际上就是一个私人投资的准入障碍。现行的《海洋法公约》关于"每一申请者应由其国籍所属的缔约国担保"的规定②，使得缔约国不可能禁止外国私人投资者与本国政府、国有企业和本国的自然人和法人一起投资深海开发，实际上，使外国投资者关于参与投资开发深海资源的商业决定置于本国的裁量之下，而这个过程是容易受到国与国之间关系的影响的。为此，有必要明确程序，使缔约国只能在国家安全、环境保护需要等少数例外情形下，才可以拒绝提供担保。③

由此看来，基于《联合国海洋法公约》第 11 部分的国际海底区域开发制度，并不能满足私人投资参与深海资源开发的需要。那么，目前的国际投资法制是否能为深海开发投资提供制度性公共产品呢？目前的国际投资法制是以保护外国直接投资的待遇标准为其主要规范的一个双边构造、私人执行和仲裁驱动的独特的国际机制，在多边层面尚未生成统一的投资法制。国际投资法制是以一国的投资者在另一国管辖的地域范围内的投资为设定前提。就深海采矿而言，其投资的国际海底区域及其资源，按照《海洋法公约》规定，属于人类共同财产，由国际海底管理局代表全人类行使。国际海底区域及其资源不属于特定国家的管辖之下，更不应成为其主张或行使主权或主权权利的客体。国际投

---

① 虽然《海洋法公约》第 153 条第 2 款（b）项英文版使用"sponsored by such States"，似乎既包括本国和本国之外的缔约国，但从附件三第 4 条第 3 款规定：可以看出，一缔约国的自然人或法人的申请，只能由本国担保。《海洋法公约》附件三第 4 条第 3 款规定，"每一申请者应由其国籍所属的缔约国担保，除非申请者具有一个以上的国籍，例如几个国家的实体组成的合伙团体或财团，在这种情形下，所有涉及的缔约国都应担保申请；或者除非申请者是由另一个缔约国或其国民有效控制，在这种情形下，两个缔约国都应担保申请"。

② 《海洋法公约》附件三第 4 条第 3 款。

③ 国际海洋法庭国际海底分庭在就担保国的责任和义务案中提供的咨询意见，明确了担保国的责任性质和范围，但并无涉及缔约国拒绝担保的情形。参见 The Seabed Dispute Chamber of the International Tribunal for the Law of the Sea, Responsibilities and Obligations of States Sponsoring Persons and Entities with Respect to Activities in the Area, Advisory Opinion [EB/OL]. itlos, 2011-02-01.；另参见袁娟娟. 论担保国的责任和义务——2011 年国际海洋法法庭"担保国责任与义务"咨询案述评 [J]. 社会科学家, 2012 (11)：29-30.

资法制的任务是促进和保护私人投资；现有国际投资法制由众多双边条约（包括双边投资条约和包含投资规则的自由贸易协定）构成其主体规则，因为国际海底管理局不是任何一个双边条约的缔约方，这个国际投资法制并不能直接适用于国际海底开发投资。更令人遗憾的是，国际海底区域开发制度与现行国际投资法制并无衔接机制。因而，现行的国际投资法制也不能用来调整私人投资参与深海资源开发所引发的投资者与国家之间的关系，以及投资者与国际海底管理局之间的关系，这是无法满足深海私人投资开发的需要的。

至于《海洋法公约》缔约国在有关国家管辖权以外的区域开发方面的国内法，均不涉及外国私人投资部分。例如，我国《深海法》的立法目的是规范深海海底区域资源勘探、开发活动，推进深海科学技术研究、资源调查，保护海洋环境，促进深海海底区域资源可持续利用，维护人类共同利益。立法原则是和平利用、合作共享、保护环境、维护人类共同利益。《深海法》的出台，是我国积极履行国际义务的重要体现，对我国和平利用深海海底区域资源具有重要意义，但与其他缔约国国内法一样，并没有考虑外国私人投资者参与的情形。

（2）深海开发投资的征收与补偿法律规定

国际投资法律制度的核心内容之一，是投资东道国对外国投资的征收，即相应的补偿制度。但在国际海底资源开发中，按照《海洋法公约》规定，国际海底管理局是主管深海海底区域资源勘探、开发的国际组织，缔约国的自然人、法人和其他组织按照《海洋法公约》和国际海底管理局规章的规定和要求，向国际海底管理局提交勘探、开发申请，获得核准，签订勘探、开发合同成为承包者后，方可从事勘探、开发活动。承包者在合同期内，依法取得对深海海底区域合同区内特定资源的专属勘探、开发权。承包者这种专属权利受到国际法的承认和保护。与投资者发生法律关系的是国际海底局，不存在投资东道国，只有投资者母国。事实上包括投资者母国在内的任何国家和国际海底管理局都无权也无法直接征收投资的财产，因此，就不存在直接征收和补偿的问题。

这里复杂的是间接征收及其补偿问题：第一，如果国际海底管理局被认为违反与投资者之间的许可条件进行干预，那么国际海底局的行为是否构成间接征收？《海洋法公约》虽然明确规定海底管理局的行为"应不影响按照现有合同取得的权利"，也即表明国际海底管理局无权撤销许可，但《海洋法公约》赋予国际海底管理局保护消费者、防止区域开发垄断、保护海底环境的职权，以及进行有关审查的权力，表明公约为国际管理局干预开发留下了空间。那么，一旦这样的干预发生，是否构成对投资者的间接征收？从有利于投资者的角度进行解释，结论应该是肯定的。如果从人类共同财产出发，虽然可以避免征收认定的麻烦，但也会产生抑制私人投资参与深海开发的后果。因此，这里存在一个《海洋法公约》的解释问题。第二，如上所述，《海洋法公约》确立了缔约国担保制度，但没有规定该担保可否被撤销。如果为外国私人投资者参与深海开发提供担保的缔约国撤销担保，那么遭受不利影响的外国私人投资者能否据此认为这构成间接征收？另外，有的缔约国国内法规定，在本国投资者向国际海底管理局提交申请前，需要事先获得本国相关机关的许可。① 假设投资者获得本国有关机关的许可在获得国际海底管理局之前就被同一国内机构撤销，是否构成征收？或假设投资者在先后获得本国有关机构的许可和国际海底管理局的许可后，国内机构撤销许可，是否构成征收？这个问题，无论《海洋法公约》还是缔约国的国内法，均无法直接回答。从《海洋法公约》的角度来看，虽然缔约国有责任制定相关法律制度，确保本国自然人、法人或者其他组织依照《海洋法公约》规定在"区域"内开展资源勘探、开发活动②，但是否可以以颁发和撤销许可的方式保证其投资者按照《海洋法公约》规定在"区域"内开展资源勘探、开发活动呢？从《海洋法公约》确立的缔约国担保制度来看，这种监管责任相当程度上是通过担保制度来履行的。从各国的实践看，缔约国似乎有权以颁发和撤销许可的方式保证其投资者按照《海洋法公约》规定在"区域"内开展资源勘探、开发活动。③ 这样，国内法有关许可的规定实际上就被置于国际海底管理局的许可之上，这是否符合《海洋法公约》的目的和宗旨，还有赖于对《海洋法公约》的相关条款的权威解释。

（3）深海开发的技术转让法律规定

对投资者技术转让实施的要求，是国际投资法制内容之一。对深海采矿而

---

① 如中国《深海法》第 7 条规定："中华人民共和国的公民、法人或者其他组织在向国际海底管理局申请从事深海海底区域资源勘探、开发活动前，应当向国务院海洋主管部门提出申请。"第 8 条规定："国务院海洋主管部门应当对申请者提交的材料进行审查，对于符合国家利益并具备资金、技术、装备等能力条件的，应当在 60 个工作日内予以许可，并出具相关文件。"

② 《海洋法公约》附件三第 4 条第 4 款。

③ 部分国家如德国、英国在配合国际海底管理局规范区域开发方面，采取许可制度。参见王岚.国际海底区域开发中的国家担保制度研究［J］.学术界，2016（12）：214.

言，技术的重要性不言而喻；技术转让对于扩大深海资源开发的参与面，尤其是发展中国家的参与，尤为重要。《海洋法公约》规定，国际海底管理局应按照本公约采取措施，以取得有关"区域"内活动的技术和科学知识，并促进和鼓励向发展中国家转让这种技术和科学知识，使所有缔约国都从其中得到利益。为此，管理局和各缔约国应互相合作，以促进有关"区域"内活动的技术和科学知识的转让，使企业部和所有缔约国都从中得到利益。它们应特别倡议并推动：将有关"区域"内活动的技术转让给企业部和发展中国家的各种方案，除其他外，包括便利企业部和发展中国家根据公平合理的条款和条件取得有关的技术；促进企业部技术和发展中国家本国技术的进展的各种措施，特别是使企业部和发展中国家的人员有机会接受海洋科学和技术的训练和充分参加"区域"内活动。① 这些关于国际海底管理局和发展中国家获取或受让投资者的有关技术的规定，从国际投资法的视角来看，存在被解释成允许强制许可的可能性。②

（4）深海开发外国私人投资者的救济法律规定

无论是准入的情形，还是可能的征收的情形，或是可能的技术转让的情形，都存在一个救济的问题，也就是说，这是一个参与深海开发投资的外国私人投资者能否和如何寻求救济的问题。按照法理，任何针对缔约国政府的行为，可以在缔约国境内寻求救济；而针对国际海底管理局的可能干预行为，无法在缔约国境内寻求救济。至于国际救济的问题，投资者（承包者）与国际海底管理局的合同，自然可以被利用来寻求针对国际海底管理局的国际救济。问题是参与深海开发投资的外国私人投资者可否寻求针对缔约国政府的国际救济，如国际仲裁。这个问题的答案取决于私人投资者能否利用其本国与其救济针对的国家之间的双边条约中的投资者—国家之间的争端解决机制。这个需要将有关条约的投资者—国家之间的争端解决机制条款置于国际海底区域的背景下进行解释。目前世界范围内这方面尚无案例可循。③

（5）深海开发的投资利益共享法律规定

联合国《海洋法公约》规定，深海区域的人类活动必须受惠于全人类，强调经济利益及相关经济收益必须建立在全人类平均分配的基础上。任何要对海

---

① 《海洋法公约》第 144 条。
② 强制技术转让被列为被禁止的业绩要求措施，已成为与投资相关的协定的标准做法。一个例证就是《全面与进步跨太平洋伙伴关系协定》Article 9.10，Para 1（f）。
③ 孔庆江. 深海资源开发：国际投资法新疆域［J］. 学术前沿，2017（9）：22-28.

底区域进行矿产开发活动的投资者及合同方均应受海管局相关规定限制。截至2019年年底,《海洋法公约》共有168个缔约国（组织）,均为海管局成员。美国至今因各种原因未加入公约,也不是海管局的成员国。中国一直以来推动人类共同利益原则,无偿为广大发展中国家的专业人员提供相关的深海勘探的技术培训,支持利益分配更加公平的经济模型,并一直建议放缓商业开发海底矿产的步伐。中国目前从海管局已获得四块矿区的勘探许可证,分别位于太平洋及印度洋区域,涵盖全部三种深海金属矿类。随着2019年中国公司申请的第五块探矿区得到了海管局理事会的核准,迄今无论是数量还是勘探覆盖面积,中国担保的深海探矿区域都是各成员国中最大的。到2020年,中国将成为国际海底管理局的第一大会费国。

①深海资源开发利益共享机制的三维架构

利益共享的主体、内容和形式共同构成了深海资源开发利益共享的结构,主体决定着利益的来源与指向,内容关联着利益共享的范畴,形式影响着利益共享的运作方式,三者有机结合奠定了利益共享机制的基本框架。

利益共享关系中的主体包含了提供利益的主体和分享利益的主体。提供利益的主体是深海开发投资者,包括管理局的企业部及与管理局订立合同的缔约国、由缔约国担保的企业或其他实体,其在深海资源勘探开发过程中所获收益是主要的利益来源。关于分享利益的主体,《海洋法公约》中采用了"全人类"的表述来代替国际社会及缔约国。全人类的概念表征的是在利益共享过程中国际社会公共利益的整体性与发展性,前者指的是代内利益的均衡性,后者指的是代际利益的可持续性。

由资源勘探开发中所产生的利益均应纳入利益共享的内容范畴。从宽泛的角度上解读,深海资源勘探开发过程中所产生的利益至少包含三个层面,即直接的经济利益、间接的科研利益及环境利益。经济利益是利益共享的主要内容,《海洋法公约》第140条规定,管理局应当通过适当的机构在无歧视的基础上公平分配从"区域"内活动取得的财政及其他经济利益。《海洋法公约》将"区域"资源勘探开发中的经济利益区分为财政和其他经济利益,其中财政指的是货币性收益,由"区域"投资者缴纳或管理局企业部直接的资源开发所得;其他经济利益的范畴更为宽泛，包括直接的产品分成、就业机会等①。科研利益与环境利益属于非货币性利益，前者主要是指深海技术发展成果与海洋科学知识的共享，后者则是深海生物多样性与生态环境可持续发展对全球气候、地球生态健康的整体性利益。

不同类型的利益在表现形式上存在着差异。可共享的经济利益主要是通过缴费机制产生，以国内法上的矿权税费制度为参考。"区域"资源的缴费机制可以有四种方式：一是收缴年费，即在规定的年限内以固定的费率收取行政管理费用、矿区使用费等费用；二是收缴许可费，即矿区实际投产后按产值或产量的一定百分比收缴费用或实物；三是利润分成，即根据"区域"回收矿产品在市场流通后所产生的净利润获取分成；四是税收，即针对投资者在"区域"回收矿产品的收入按照一定的比例进行征税。从"开采规章"草案和缔约国与利益攸关方反馈的意见来看，缴费机制应当简单且透明。②年费和权利金的数额相较而言易于确定，在操作上具有便捷性，接受度较高；利润分成和税收虽然有利于最大限度地共享利益，但操作烦琐且对管理局提出更高的职能要求，对于是否采用存在较大分歧。科研利益与环境利益的表现形式较为抽象，体现为科学技术均衡性的传播与生态环境整体性的提升，故其利益共享更多地通过国际合作的方式实现，如深海技术转让、深海环境研究与保护合作项目等。

②深海资源开发利益共享的三位一体化路径

深海资源开发的利益共享实现，需要以规则确保利益共享的稳定性与可预见性，以机构监督和管理利益共享的运作，以机制促进共享利益的透明度与有效性。

首先，推动深海资源开采的国际立法进程，为利益共享提供确定的法律环境。基于现实考虑，深海资源利益共享的相关规则必须在《海洋法公约》的体系框架下推进。《海洋法公约》第82条对外大陆架开发利益共享的规定为深海资源开发提供了参考范本，该条采用了类似缴纳权利金的利益共享方式，即以矿区的产值或产量为基数按比例缴纳费用和实物。值得注意的是，深海资源不

---

① LODGE M W. The Common Heritage of Mankind [J]. The International Journal of Marine and Coastal Law, 2012（27）：733-742.

② ISA. A Discussion Paper on the Development and Implementation of a Payment Mechanism in the Area for consideration by Members of the Authority and all stakeholders [EB/OL]. isa, 2020-06-02.

同于外大陆架资源，其属于人类共同遗产而非某一国主权权利之下的财产，赋予不享有资源所有权的投资者资源开采权会产生额外的缴费需求，权利金比例也需要兼顾激励投资和分配正义确定，而不能直接套用第82条的规定。

其次，发挥国际海底管理局的作用，沟通和协调利益共享中的各方主体。在利益共享中，代表全人类行使权利的管理局处于中心地位，负责在"区域"投资者和利益分享者之间进行沟通。管理局在利益共享过程中的职能体现为三个方面：其一是对"区域"资源的开采活动的监督。其二是对"区域"资源收益的管理。其三是对"区域"资源可共享利益的分配。"区域"资源利益分享主体的广泛性决定了可共享利益分配的复杂性，需要管理局对各方面的因素进行考虑，充分顾及发展中国家、内陆国家、尚未取得完全独立或自治地位的人民等特殊利益主体的需要，同时避免利益共享成为另一种形式的发展援助。

最后，通过基金机制确保利益共享的公平、合理与效率。目前，管理局已经或准备设立的基金主要有三项：用于支持深海科学研究的"区域"内海洋科学研究捐赠基金；用于补偿陆地采矿国损失的经济援助基金；以及用于海洋生态环境保护的海底可持续发展基金或环境责任信托基金。

③实现深海资源开发利益共享的中国策略

首先，我国应加强深海采矿的技术攻关，推进"区域"开采进程。中国深海采矿能力的提升不仅维系着中国国家利益的实现，也影响着全人类对"区域"资源利益的享有。当前中国的深海采矿技术仍处于实验室阶段，在规模开采、规模运输、产业加工等方面存在诸多有待解决的技术问题①，一段时间内仍然无法满足深海资源开采的需要。因此，应当在国家海洋强国战略、军民融合深度发展战略的指引下，借助政策与法律在深海技术创新方面整合多元社会资源，吸纳多方投资主体，培养尖端人才体系，加快技术攻关和技术革新，推进中国开采"区域"资源的进程，赢取在"区域"资源开采中的主动地位。

其次，中国应积极参与"开采规章"草案的修订与完善，争取协商谈判话语权。2015年3月，国际海底管理局法律与技术委员在综合考虑了各利益相关者观点的基础上，给国际海底管理局各成员及利益相关方发布了《"区域"内开发活动规章的草案框架构建》。2016年7月14日，国际海底管理局发布了《"区

---

① 沈慧. 引领深海新兴产业发展——《中华人民共和国深海海底区域资源勘探开发法》解读 [N]. 经济日报, 2016-04-07.

域"矿产资源开发规章暨标准合同条款（工作草案）》。此后又对该草案进行了密集的磋商。2017 年管理局第 23 届大会公布了"开采规章"草案，对缴费机制做出了初步的框架性构想。但从披露的该规章草案来看，规章基本没有涉及投资法律问题。再加之，协调"区域"投资者与代表全人类的国际海底管理局及《联合国海洋法公约》缔约国之间围绕利益共享而产生权利义务关系绝非易事。与利益共享有关的缴费机制和收益分享机制一直是在《海洋法公约》框架下制定"开采规章"的核心议题之一，也是分歧集中的领域。就中国而言，现实的可行方案就是在国际海底管理局所公布的"开采规章"草案的基础上，一方面坚持发展中国家的立场维护平等参与的权利；另一方面以"区域"投资者的立场维护投资"区域"资源开发应有的权益，在利益共享的问题上兼顾国际公共利益与国家利益，进而提出我方完善建议，为"开采规章"的最终定稿贡献中国智慧。

最后，中国应履行应尽义务，推动深海资源开发领域的国际合作。共享"区域"资源开发的科研利益与环境利益是从整体上对全人类利益的考虑，与经济利益共享相比更加依赖在国际合作中实现国际社会的共同受益。中国在"区域"的科学研究、资源勘探等领域都跻身国际前列，有义务在《海洋法公约》的框架下促进国际合作，尤其是带动发展中国家进一步参与"区域"活动。①

总而言之，现行国际投资法制与深海资源开发机制间的衔接还有待完善。同时，世界海洋国家之间也存在领海、毗邻区以及专属经济区重叠海域海底资源的开发问题，中国南海问题就是例证。中国作为崛起的大国和海洋大国，理应以人类命运共同体为理念，站在全球治理的高度，尤其在深海资源开发的国际投资和融资规则、许可和担保规则、风险分担和利益分享规则、争端解决规则以及国际监管规则等方面引领深海新疆域的投资制度建设。

三、人类命运共同体生态环境保护理念与涉环境国际投资仲裁的各方利益均衡实践

经济全球化所带来的环境污染已经构成人类社会发展的一个最大威胁。习近平总书记站在人类命运共同体的高度，以大国领袖的远见卓识，不断思考

---

① 吕琪，李志文. 国际海底区域资源开发的利益共享审思 [J]. 学习与探索，2018（8）：104-112.

"建设一个什么样的世界、如何建设这个世界"等关乎人类未来发展的重大课题，并在不同场合对建设清洁美丽世界做了重要阐述，形成了科学完整、内涵丰富、意义深远的思想体系，为解决人类社会未来发展所面临的全球性环境问题提供了中国智慧、中国方案与中国力量。

（一）外国投资与东道国环境保护的动态变化关系

一般认为，外国投资与东道国的环境保护之间是一种动态变化关系，他们既可相互协同，亦可彼此冲突。事实上，可持续发展观（或称绿色经济发展观①）的一个非常重要的理念正是强调外国投资与东道国环境保护之间的协调共进，最终实现两者的良性持久发展。正是基于这点考虑，我们也就不难理解，为何众多其主要规范对象为各国政府的关乎可持续发展的国际政策文件（主要包括国际社会的政治宣言、建议纲要、行为守则以及"软法"制度等）往往也对个人投资者与非国家主体提出环境方面的要求②。虽然，外国投资与东道国的环境保护并非一对本质即为相反的概念，而且外国资本盈利的实现也并非一定得以牺牲东道国的环境为代价，但是，国际投资活动的复杂性注定了外国投资者利益与东道国环境利益之间摩擦不断，顾此失彼。究其原因有三点：其一，投资活动的两面性。一方面，外国投资者在为东道国带来急需的资本与技术的同时，另一方面也注定会对东道国的环境产生潜在威胁——尤其是那些在生产工艺与方法方面存在风险或危害的产业。其二，底线竞争（race - to - the - bottom）原因。各国出于吸引外国投资以促进社会经济发展的目的，均产生降低本国环境保护标准的冲动。受此形势所迫，其他国家也竞相效尤以期避免自身处于不利的竞争地位，其结果将导致各国环境保护标准的总体下降。其三，东道国环境监管权力与投资者日益壮大力量的对决。虽然作为国家主权重要组成部分的东道国环境监管权力是与生俱来的，但随着外国投资者（特别是跨国公司）的规模日益扩大，其在与东道国的谈判中地位变得越来越重要，东道国环境监

---

① 英国环境经济学家戴维·皮尔斯于 1989 年最早提出"绿色经济"这一新兴概念。而将"绿色经济"发展观提升至国家乃至国际社会的政策层面进行探讨，即便在西方国家，也是最近几年才发生的事情。

② 联合国可持续发展《二十一世纪议程》第 30 章"加强商业和工业的作用"第 3 段规定，"商业和工业包括跨国公司应认识到环境管理是公司最高的优先事项之一，也是可持续发展的一个关键性决定因素"。第 17 段写道，"负责的企业精神能在改进资源使用效率、减少风险和危险、尽量减少浪费和保护环境质量方面发挥重要作用"。

管行政行为的权威性受到了前所未有的挑战——最显著的表现就是外国投资者可援引国际投资立法（包括调整国际投资关系的国内立法、双边投资条约与多边投资公约以及自由贸易协定框架下的投资章节①）内的投资者—东道国间争端解决（Investor - State Dispute Settlement）条款将东道国诉至国际投资仲裁机构。

（二）涉环境国际投资争端的界定与仲裁解决的现实缺憾

1. 涉环境国际投资争端的界定

总地说来，将国际投资争端予以定性绝非易事。主要原因有二：第一，很大一部分的国际投资争端是不公开的，即便是公众获悉了这些未公开争端的些许信息，仍不足以确定争端的性质。第二，撇开信息的可获得性这一点不说，将争端界定为"环境的争端"或"有关环境的争端"尤其具有挑战性。毕竟，国际环境法调整的范围是非常广泛的，有时对于某一事项的"环境"性质甚至是适用于该事项的法律规范是否具备"环境"性质，都存在一定的争议。但这并非意味着，通过对有关环境考虑方面的因素在过去这些年的国际投资争端解决中所起作用进行大量研究后，人们仍不能得出任何有结论意义的东西。确有证据表明，涉环境国际投资争端的数量在过去二十年内发生了较大的增长。这里所称的"涉环境"国际投资争端指的是具有"环境成分（environmental components）"的国际投资争端。具体而言，"环境成分"源于：（1）环境产业内的外国投资者的投资经营活动。这一市场包括垃圾填埋、垃圾处理、垃圾回收、杀虫剂/化学物品的销售与使用、节能环保、减少排放物以及生物多样性的补偿等领域。如 Tecnicas Medioambientales Tecmed SA v. United Mexican States（ICSID Case No. ARB/AF/00/2，Award 29 May，2003）案中关于对一座垃圾处理厂的经营许可证不进行更换的争端；Waste Management Inc. v. United Mexican States（ICSID Case No. ARB/AF/00/3，Award 30 April，2004）案中有关垃圾填埋场运营的争端。（2）对东道国环境或特定少数居民产生影响的外国投资者的其他投资经营活动，如旅游业、采掘行业、有毒化学品生产以及水萃取与水的配送等。如 Emilio Agustin Maffezini v. Kingdom of Spain（ICSID Case No. ARB/97/7，Award 13

---

① 据联合国贸易发展会议官方网站数据显示，截至 2020 年 6 月，世界范围内的双边投资条约总数为 2897（其中生效的为 2340），其他包含投资条款的协议总数为 390（其中生效的为 319）。UNCTAD IIA Databases［EB/OL］./investmentpolicyhub，2020-06-05.

November, 2000）案中关于在环境影响评估未完成前申请方就建造化工厂的争端；Parkerings-Compagniet AS v. Republic of Lithuania（ICSID Case No. ARB/05/8, Award 11 September, 2007）案中有关停车场的建造对一个受联合国教科文组织所保护的地点产生影响的争端。（3）危及东道国环境法规或国际环境条约适用的外国投资者的投资经营活动。如 Bayview Irrigation District et al. v. United Mexican States（ICSID Case No. ARB/AF/05/1, Award 19 June, 2007）案中所涉及的一个美国与墨西哥双边条约下的水权利的争端；Canadian Cattlemen for Fair Trade v. United States of America（NAFTA, Award on Jurisdiction 28 January, 2008）案中关涉根据美国《动物卫生保护法》对来自加拿大的牛实行进口禁令或其他限制措施的争端。

2. 涉环境国际投资争端仲裁解决的现实缺憾

多数理论认为，国际投资仲裁解决机制比单纯依靠东道国的内国法院机制更能公平地解决外国投资者—东道国间直接因投资而产生的各种法律争端①——尽管前者也存在较多缺陷②。事实也表明，在国际范围内，大部分涉环境国际投资争端是通过国际投资仲裁的方式予以解决的。其中最重要的国际投资争端解决机构为世界银行集团下的"解决投资争端国际中心"（ICSID），其次为联合国国际贸易法委员会。③ 事实表明，这些争端的绝大部分都是在过去二十年里发生的（即 20 世纪 90 年代后）。根据维努阿莱斯（Jorge E. Vinuales）的研究，在 2000 年 1 月至 2011 年 12 月，共有 24 个具有"环境成分"的投资争端由国际投资仲裁庭以裁决书或其他的方式（如裁定中止审理）予以解决。④ 截

---

① PARK W, ALVAREZ G A. The New Face of Investment Arbitration: NAFTA Chapter11 [J]. Yale J. Int'l L., 2003 (28): 365, 369.

② 如部分人认为，国际投资仲裁庭的最终裁决结果会对东道国居民或环境产生不利影响。一个国际社会民间团体在对《跨太平洋伙伴关系协议（TPP）》中的国际投资仲裁机制的潜在影响进行预测时是这样描述的："该制度授权公司能绕过内国法院，将我们的政府诉至由非公领域律师所组成的仲裁庭前，然后按照联合国以及世界银行的规则要求我们纳税人对投资者所认为的有损其'预期利润'的内国监管政策支付赔偿。" TPP's Investment Rules Harm The Environment, Public Citizen [EB/OL]. citizen, 2019-08-30.

③ SLATER T L. Investor-State Arbitration and Domestic Environment Protection [J]. Washington University Global Studies Law Review, 2015 (14): 131-154.

④ VINUALES J E. Foreign Investment and the Environment in International Law [M]. Cambridge: Cambridge University Press, 2012: 18-23.

至2015年初，据联合国贸发会议的数据库信息显示，共有46个关乎环境的国际投资争端仲裁案。① 斯雷特（Tamara L. Slater）表示，在已做出裁决的25个案件中，仲裁庭仅对其中的4个案件作出了有利于被申请的东道国的裁决。②

通过对这些涉环境国际投资仲裁案进行仔细分析后不难发现，即便在仲裁程序中东道国提出内国环境利益保护的抗辩，这一观点也很少在仲裁庭的裁决书中予以提及，更不用说作为一个考虑的因素了。③ 为何环境问题总不能在投资者—东道国的投资争端仲裁中作为抗辩理由成功地得到支持，可能的原因较多，或许因为投资者—东道国间的争端是通过东道国境外的国际投资仲裁庭（而非内国法院）得以解决；或许因为在环境抗辩问题上，国际投资仲裁法理界并未形成共识，故仲裁员难以作出肯定性的判断；或许因为外国投资者通常只将依据投资协议条款极有可能无法作出环境抗辩的东道国政府的监管行为诉诸仲裁；或许因为国际投资仲裁机制本身所存在的一些关于制度设计与施行方面的缺陷（如仲裁庭经常会在投资者权利与东道国利益之间做出不公正的权衡，无法给东道国在纯粹出于公共利益目的对投资进行必要监管方面腾出足够的空间④）等。但总地说来，在这些众多的涉环境国际投资争端案中，若仲裁庭能真正基于贯彻投资条约的东道国环境利益保护精神，抑或被申请国能找到一个更为有效的抗辩策略来提供更具说服力的环境理由辩护的话，至少还有几个仲裁案本应做出有利于被申请国的裁决的。

众所周知，东道国在对外国投资采取环境监管举措时必须先对紧急情况予以科学认定，然后考虑成本因素以及可行性要求，最终权衡必要性，以此确保行政监管成本能在相关利益当事方间平等分摊。另外从国际层面讲，鉴于全球公共环境保护与国际投资法的复杂且密切相关的关系，国际社会有义务通过创设一种既能给全球经济发展提供充分可能性，又能为全球环境提供必要水平保护的有效国际法制度，真正践行人类保护环境，应对全球气候变化的国际义务。

---

① UNCTAD Database of ISDS Cases [EB/OL]. unctad, 2019-09-18.

② SLATER T L. Investor-State Arbitration and Domestic Environment Protection [J]. Washington University Global Studies Law Review, 2015 (14)：131-154.

③ KARAMANIAN S L. The Place of Human Rights in Investor-State Arbitration [J]. Lewis & Clark L. Rev., 2013 (17)：423-428.

④ BROWER C, BLANCHARD S. What's in a Meme? The Truth about Investor - State Arbitration：Why It Need Not, and Must Not, Be Repossessed by States [J]. Columbia Journal of Transnational Law, 2014 (52)：689-779.

当然，作为这一法律制度重要组成部分的争端解决机制若不能在争端解决过程中弘扬全球环境利益保护理念，树立正确的环保价值观，并且对各当事方的行为产生太大的实际影响的话，那么其显然称不上是一个保护全球环境利益或其他公共利益的有效机制，因为它在实际操作性或可执行性方面有所欠缺。因此，很有必要找出一个外在的衡量标准，通过这一客观标尺，仲裁庭能够在做出裁决时有效地确定：东道国的监管行为是真正地出于保护环境的目的，还是仅为一个对外国投资者所创设的、站不住脚的投资障碍。理论与实践证明，比例原则正是为着实现这一历史使命应运而生的不二选择。可以毫不夸张地说，成功适用于国际投资仲裁程序中的比例原则可称得上是实现东道国环境利益真正保护的最行之有效的应对策略之一。

（三）仲裁审查标准的改进：比例原则的适用

在仲裁实践中，作为被诉方的东道国往往基于投资条约"非排除措施"（Non-precluded Measures）条款①中的环境保护理由②主张行政监管措施的合法性与正当性，以此抗辩外国投资者的仲裁诉请。投资仲裁庭在对基于诸如环境保护等目的而采取的行政监管举措的合法性进行审查时，通常会采纳"危急情况"国际习惯法规则标准与比例原则标准等。

1."危急情况"国际习惯法规则标准与比例原则标准的适用比较

（1）国际投资仲裁中"危急情况"抗辩几乎未能实际主张之窘境

从理论上讲，作为国际习惯法的"危急情况"抗辩规则是可适用于投资者—东道国间的国际投资仲裁活动的。在实践中，尽管所有仲裁庭均承认"危急情况"的抗辩理由是现实存在的，并且这一抗辩理由已被国际法委员会在《国家对国际不法行为的责任条款草案》（以下简称为《责任条款草案》）第25

---

① 在国际范围内，越来越多的投资条约均纳入"非排除措施"条款或曰例外条款，允许缔约国基于保护特定价值与利益（包括缔约国的安全利益、公共秩序、卫生健康、环境保护、劳工标准、金融体系与机构的完整性和稳定性以及国际和平与安全等）之目的而采取特别的行政举措，其可免除承担相应的条约义务。

② 如《中国—加拿大双边投资条约》（2012）第33条"一般例外"第2款规定，"只要相关措施不以武断或不合理之方式适用，或不构成对国际贸易或投资之变相限制，本协定中任何规定均不得被理解为阻止缔约方采取或维持下述措施，包括环境措施：（一）确保遵守与本协定条款无不一致的法律法规所必要的措施；（二）保护人类、动物或植物生命或健康所必要的措施；（三）与保护有生命或无生命的可耗尽自然资源相关的措施，如果此类措施与限制国内生产或消费的措施同时有效实施"。

条中正式予以立法，然而在有关阿根廷经济危机的一系列仲裁案中，没有一个仲裁庭裁决认可阿根廷政府可以基于这一抗辩理由，从而证明自身紧急措施的采取是适当的。① 那么，东道国的"危急情况"抗辩主张为何频频受挫，几无现实可行性呢？ 其主要原因在于《国家对国际不法行为的责任条款草案》第 25条的"唯一办法"要求和"非促成"（non-contribution）要求规定得过于严格，一般这两个要求难以满足。②

（2）解决目前困境的最佳出路：将"唯一办法"要求改为比例分析要求

对"危急情况"抗辩的"唯一办法"要求予以摒弃，取而代之以比例分析要求，这将为"危急情况"国际习惯法规则的适用提供更多的灵活性。③ 主要理由列举如下：

首先，众所周知，作为《责任条款草案》起草者的国际法委员会，其肩负的使命并非仅仅是国际法的法典化，而且国际法的渐进发展也是其所要实现的目标之一。但是，一部分学者却认为《责任条款草案》第 25 条是与国际惯例的准确法典化宗旨背道而驰的一个渐进式发展。④ 换言之，国际法委员会《责任条款草案》第 25 条所规定的全部条件要求应建立在国家惯行的基础上，但事实却是，没有一个案例或国家实践可以使国际法委员会赖以做出第 25 条的规定反倒为持反对意见的学者的观点提供了部分支撑材料。其结果就变成，《责任条款草案》第 25 条的要求（尤其是"非促成"要求）似乎未能从国际法委员会所分析的材料中获得太多的支持——这恐怕是与国际法委员会当初避免各国滥用"危急情况"抗辩所做的努力背道而驰的。⑤ 所幸的是，《责任条款草案》还没

---

① 可称得上最接近将阿根廷的"危急情况"抗辩接受为国际习惯法规则问题的当数 LG&E Energy Corp., LG&E Capital Corp. and LG&E International Inc. v. Argentine Republic（ICSID Case No. ARB/02/1）案的仲裁庭了。然而，即便就是该案的仲裁庭最终裁定阿根廷政府行政行为的正当性，其所依据的也是《美国—阿根廷双边投资条约》第 11 条，而并非根据《国家对国际不法行为的责任条款草案》第 25 条所作出。

② BUCHELER G. Proportionality in Investor-State Arbitration [M]. Oxford：Oxford University Press, 2015：264-280.

③ WILSON M. The Enron v. Argentina Annulment Decision：Moving a Bishop Vertically in the Precarious ICSID System [J]. U. Miami Inter-Am. L. Rev., 2012（43）：347-376.

④ DESIERTO D A. Necessity and National Emergency Clauses：Sovereignty in Modern Treaty Interpretation [M]. Boston：Martinus Nijhoff Publishers, 2012：114.

⑤ BUCHELER G. Proportionality in Investor-State Arbitration [M]. Oxford：Oxford University Press, 2015：264-280.

有最终成为一部生效的国际多边条约。

其次，在国际公约（尤其是环境保护公约）领域已有采用比例原则判断国家行为是否"真正必要"，从而对私主体利益与公共环境利益予以平衡解决的先例。如 1969 年《国际干预公海油污事故公约》第 5 条第 1 款与第 3 款①以及《联合国海洋法公约》第 221 条"避免海难引起污染的措施"第 1 款②。

再次，若将《责任条款草案》第 25 条的"唯一要求"替换为比例原则要求，其结果会使《责任条款草案》第 25 条成为一个事实上的"超非排除措施条款"，对投资条约中的"非排除措施"条款的适用起到规范与补充作用。虽然条约的制定可以对国际习惯法产生影响，但是目前国际投资条约中的"非排除措施"条款的立法并未能对"危急情况"国际习惯法规则起到太多的积极作用，因为除了条款本身所规定的受保护利益因条约各异外，各国在适用"非排除措施"条款时，其做法也远未保持一致。是故，将比例原则纳入《责任条款草案》第 25 条将对各国适用"非排除措施"条款的行为起到重要的规范作用。

最后，在投资者—东道国投资仲裁中通过将"唯一要求"审查改为比例原则分析，将提升《责任条款草案》第 25 条的重要地位，从而在国际法的其他领域产生良好的反响作用。《责任条款草案》第 25 条的起草过程表明，各国在许多不同的情形下都援引过"危急情况"抗辩理由，其中部分情形甚至涉及动用武力。若各国看到《责任条款草案》第 25 条所规定的"危急情况"要求变得更为容易得到满足的话，也许他们会改变过激的做法，使国际社会时而动荡不安的现状能在一定程度上得到改善。③

此外，相较于国际投资仲裁实务界与学界所力主的"非排除措施"条款适用的其他审查标准（如自由判断余地标准、善意原则标准等），比例原则可谓

---

① 1. 沿海国根据第一条所采取的措施，应与实际造成的损害或似将发生的损害成比例。……3. 在考虑各项措施是否与损害成比例时，须注意到：（1）倘不采取措施，那么危急的损害范围和可能性如何；（2）所采取措施的可能有效性；（3）因采取措施而可能引起的损害范围。

② 1. 本部分的任何规定不应妨害各国为保护其海岸或有关利益，包括捕鱼，免受海难或与海难有关的行动所引起，并能合理预期造成重大有害后果的污染或污染威胁，而依据国际法，不论是根据习惯还是条约，在其领海范围以外，采取和执行与实际的或可能发生的损害相称的措施的权利。

③ BUCHELER G. Proportionality in Investor-State Arbitration [M]. Oxford: Oxford University Press, 2015: 264-280.

"非排除措施"条款适用标准的不二选择。① 事实上，《维也纳条约法公约》第31条第3款（丙）项②已为国际投资仲裁实践（包括涉环境投资仲裁案）中比例原则的适用提供了坚实的法律基础——将这一原则作为一条普遍的国际法规则来对东道国的有关行政措施予以"必要性"的评判。是故，对于国际投资仲裁庭而言，其审查程序理应将比例原则当作一个适当的工具来判断缔约国的行为是否为"非排除措施"条款中所列的正当理由（包括环境保护理由）所覆盖。

2. 比例原则适用的三要素

国际投资仲裁实践中，比例原则除了经常被用于协调相冲突的私人利益外，其最重要的功能还是在个人利益与公共利益间提供一种更恰当的平衡③。在适用比例原则时，国际投资仲裁庭应对比例检测的三个因素予以考虑，即适当性因素，必要性因素（或曰最少限制手段检测）以及严格意义比例因素。

诚然，在国际投资仲裁庭适用比例原则进行裁决的过程中，相关利益方提出了种种质疑：比例原则的适用是否符合法治精神，是否会导致仲裁庭的权力扩张以至于会上升至"司法立法"的程度，还有仲裁庭在比例分析过程中缺乏一个统一的价值评判标准等。针对批评人士所表示的担忧，比例原则要素在一定程度上予以了解答。在法治问题上，比例原则的适当性检测就包括了对缔约国行为的合法目的性予以检测的内容；比例原则的必要性检测则与"非排除措施"条款所要求的"必要性"措施保持高度一致。至于"司法立法"与"统一价值评判标准"方面的担忧，亦大可不必——首先，仲裁庭出于解决投资争端的目的而适用比例原则的行为并非出自进行"司法立法"的本意，相反，仲裁庭只是行使其被授予的权力并借助比例分析的工具，从而增大以一种透明的方式将所有相关因素考虑进仲裁程序的可能性。其次，随着国际投资仲裁裁决的先例化趋势的发展，投资仲裁庭的"司法立法"现象已是大势所趋。最后，国

---

① 银红武. 论国际投资仲裁中非排除措施"必要性"的审查［J］. 现代法学，2016（4）：144-155.

② 三、应与上下文一并考虑者尚有：（甲）当事国嗣后所订关于条约之解释或其规定之适用之任何协定；（乙）嗣后在条约适用方面确定各当事国对条约解释之协定之任何惯例；（丙）适用于当事国间关系之任何有关国际法规则。

③ 关于比例原则在平衡外国投资者利益与全球公共利益问题上的适用，参阅银红武. 略论国际投资法的全球公共利益保护［J］. 湖南师范大学社会科学学报，2015（3）：90-99.

际投资法的多边化或称趋同化发展亦在很大程度上会力推国际投资法"统一价值评判标准"的形成,两者起着相互促进,相辅相成的作用。

(四)涉环境国际投资仲裁判例法的比例原则适用实践

有学者发现,尽管国际投资仲裁判例法表明,仲裁庭似乎开始表现出热衷于比例原则分析与测试,但是各投资仲裁庭显然还不愿在裁决具体案件时做一个涵盖整个比例三因素的全方位测试。①

需注意的是,仲裁庭在裁决涉环境国际投资争端案时,在对于比例原则的第一要素(即东道国行政监管举措的适当性检测)进行分析时,即便是在某一环境问题上国际社会并未形成有法律约束力的协议,但仲裁庭仍可利用那些不具有约束力的文件甚至是非政府的环境组织所公布的全面报告来判断东道国的行政举措是否真正符合关于在国家层面所需采取行动方面国际社会已达成的一般共识。

在 S. D. Myers, Inc. v. Canada 仲裁案中,仲裁庭依照《北美自由贸易协定》第 104 条,将比例要素的分析聚焦于"必要性"或"最少限制措施"测试(即第二个要素)。依仲裁庭的主观看法,"非必要地"(unnecessarily)并非意味着政府的环境目标本身"过高"。事实上,各国政府能自由确定这些目标。"非必要地"意指:政府本应通过能合理获得且对那些自由贸易规范原本可产生更少损害的替代措施来实现同一环境目标。②

仲裁实践中,在对比例原则的第三个因素予以考虑时,针对有关不同利益的衡量与平衡,投资仲裁庭应对如下方面进行严格意义的比例分析:东道国的行为在多大程度上侵害了投资者的权利;侵害所持续的时间;假若东道国不采取相关举措,所担心的危险转变为现实的可能性有多大;所担心的危险一旦成为现实其所导致的迫近损害的程度以及可能性;东道国具体行政目标的重要性;如果政府所采取的是一个损害相对较少但可能不太有效的举措,公共利益将在多大程度上受到损伤;所采取的措施在多大程度上已实现(或有可能实现)所声称的目标;以及东道国是否已就其侵权举措提供了补偿,因为后者可使比例

---

① BUCHELER G. Proportionality in Investor-State Arbitration [M]. Oxford: Oxford University Press, 2015: 264-280.

② S. D. Myers, Inc. v. Canada (UNCITRAL) (NAFTA) Partial Award, November 13, 2000. Paras. 233, 240-243, 259-261, 266.

失调的举措变得比例适当。

毋庸置疑，在"解决投资争端国际中心"（ICSID）所仲裁过的涉环境投资争端案中，Técnicas Medioambientales Tecmed, S. A. v. United Mexican States 案可称得上是仲裁庭明确依靠比例分析对给投资者的商事权利所造成的侵害进行估量的第一案。Tecmed v. Mexico 案的投资争端源起于墨西哥政府的环境监管部门拒绝对一家位于境内的西班牙公司子公司关于允许其对危险废物进行垃圾掩埋处理的许可证进行续期的行政行为。该案仲裁庭最终裁定墨西哥政府拒绝给予原告续签许可证的行为构成对西班牙原告的间接征收，并适用了比例原则中的严格意义比例因素拒绝了墨西哥政府证明其拒绝给予原告续签许可证具有正当理由的主张。部分判决如下：

"……在明确了东道国政府的行政监管行动与措施并非一开始就能从征收行为的定义中被排除出来，并且此类行动与措施会导致消极的经济影响的基本立场后，出于判断这些行动与措施是否具有征收特性的目的，仲裁庭将考虑此等行动与措施是否与其声称所要保护的公共利益以及法律对投资所授予的保护成比例，同时需意识到政府监管行动与措施对投资所造成的负面经济影响应在决定比例方面起关键性作用。尽管在分析时首先仍应对国家在确定影响其公共政策和社会整体利益的事项上，以及采取保护此类价值的行动方面给予必要的尊重，但此等情形不应该妨碍仲裁庭根据（西班牙—墨西哥）双边投资条约第5条第1款对政府行为进行审查——当然这样做并非是对政府决定所给予的正当尊重的一种质疑——以此来确定，相较于政府所追求的目标以及被剥夺者所被剥夺的经济权利与合法期望，此类措施是否合理。在对外国投资者所施加的义务或负担与任何征收措施所寻求实现的目标之间必须要存在一种合理的比例关系。为评估此等义务或负担，对国家行动所造成的投资者所有权被剥夺的程度以及此类剥夺是否得到补偿予以衡量，显得非常重要。"①

此外，根据诸多法律及实际因素，投资仲裁庭在适用比例原则进行严格比例分析时也应考虑到，在一定程度上，由于缺乏可行的路径行使保留给东道国本国国民的政治权利（如投票选举能做出行政决定影响其利益的东道国行政主管机构的权利），外国投资者故而很少或根本未能参与影响其利益的行政举措的

① Tecnicas Medioambientales Tecmed SA v. United Mexican States（ICSID Case No. ARB/AF/00/2, Award 29 May, 2003），para. 122.

决策程序。从这一层面讲，投资仲裁庭应倾向于考虑对外国投资者的私权益的保护。

实践证明，外国投资与东道国的环境保护之间是一种动态变化关系：两者既可相互协同，亦可彼此冲突。在涉环境国际投资仲裁中，基于国际投资法律文件的投资者—东道国间争端解决条款而组建的国际投资仲裁庭在解决争端时若能正确地适用比例原则——一方面，在对东道国正当合法的内国环境监管举措做出客观并准确的判断后作出有利于东道国的裁决；另一方面，通过对被申请国的打着环境利益保护的幌子行侵害外国投资者利益之实的行径予以证伪——才能有效地平衡投资者的投资利益与东道国的环境利益，实现东道国的公共环境利益的真正保护。

近些年来，我国政府在与他国缔结双边投资条约时呈现出日益重视纳入"环境措施"条款①的发展态势。因而，对涉环境国际投资仲裁庭在适用比例原则均衡东道国公共环境利益与外国投资者权益方面的仲裁实践进行认真研读，无疑将有助于促进我国投资条约内"环境措施"条款的正确解释与施行。②

四、"丝路国家"国际投资争端解决机制"多边"共享与方式创新

"一带一路"是"丝绸之路经济带"和"21世纪海上丝绸之路"的简称，其思想源于中国古代丝绸之路，实际上借用历史符号推进当代全球治理的革新。因此，"一带一路"倡议涉及国家包括但不限于沿线的65个国家。③ 2013年，中国国家主席习近平先后提出共建"丝绸之路经济带"和"21世纪海上丝绸之

---

① 如《中国—加拿大双边投资条约》（2012）第33条第2款；《中日韩投资协议》（2012）第23条等。

② 银红武．涉环境国际投资仲裁案中比例原则的适用［J］．广州大学学报（社会科学版），2018（9）：52-58.

③ 目前"一带一路"沿线国家除中国外，主要有64国：东南亚十一国（印度尼西亚、马来西亚、菲律宾、新加坡、泰国、文莱、越南、老挝、缅甸、柬埔寨、东帝汶）；南亚七国（尼泊尔、不丹、印度、巴基斯坦、孟加拉国、斯里兰卡、马尔代夫）；中亚六国（哈萨克斯坦、土库曼斯坦、吉尔吉斯斯坦、乌兹别克斯坦、塔吉克斯坦、阿富汗）；西亚十八国（伊朗、伊拉克、格鲁吉亚、亚美尼亚、阿塞拜疆、土耳其、叙利亚、约旦、以色列、巴勒斯坦、沙特阿拉伯、巴林、卡塔尔、也门、阿曼、阿拉伯联合酋长国、科威特、黎巴嫩）；中东欧十六国（阿尔巴尼亚、波斯尼亚和黑塞哥维那、保加利亚、克罗地亚、捷克、爱沙尼亚、匈牙利、拉脱维亚、立陶宛、北马其顿、黑山、罗马尼亚、波兰、塞尔维亚、斯洛伐克、斯洛文尼亚）；独联体三国（俄罗斯、白俄罗斯、摩尔多瓦）；蒙古、乌克兰、埃及。

路"的重大倡议。2015 年中国政府发布《推动共建丝绸之路经济带和 21 世纪海上丝绸之路的愿景与行动》，指出"一带一路"建设是一项系统工程，要坚持共商共建共享原则。2017 年国家发展和改革委员会、国家海洋局制定并发布了《"一带一路"建设海上合作设想》，再次强调"共商共建，利益共享"。"一带一路"是中国在新时代根据国际国内形势的新发展、新变化提出的重大倡议，已得到世界上不少国家或国际组织的响应，逐渐从理念转化为规则、从愿景转变为现实。"一带一路"倡议是中国扩大对外开放的重大举措，将成为全球经济发展的重要推动力。习近平总书记在中国共产党第十九次代表大会的报告中指出，要以"一带一路"建设为重点，坚持引进来和走出去并重，遵循共商共建共享原则。"一带一路"倡议实际上是促进全球治理体系变革、倡导构建人类命运共同体的重要步骤。"一带一路"倡议的互联互通互融理念为国际投资争议解决机制多边共享提供了可能和要求。

长期以来，国内外学者对国际投资争端解决的研究偏重于投资者与东道国争端解决（ISDS）机制的研究，而忽略对国家间争端解决（SSDS）机制的研究，这种不平衡现象引发了国际社会上对 SSDS 机制与 ISDS 机制间关系的重新思考。一些学者主张在投资争端解决条款中废除 SSDS 机制，只运行 ISDS 机制；但大部分学者建议强调 SSDS 机制的回归，让其与 ISDS 机制进行均衡互补。尽管国际社会鲜有对 SSDS 机制的成功运用，但 SSDS 机制作为一种替代办法正得到学术界的重新关注。[①]

（一）国家间争端解决（SSDS）机制

SSDS 机制的复苏表明 ISDS 机制一方独大、"独领"国际投资仲裁实践"风骚"的局面有可能被打破，国际投资争端解决的天平正发生向 SSDS 机制倾斜的细微变化。

1. 国家间投资争端解决机制的适用范围

（1）投资条约解释的争端

条约解释，即指在"有约必守"原则以及善意履行条约义务原则的基础上，依据条约所表达的真实内涵，进行解释说明。由于双边投资条约的缔约方间存在法律传统、历史文化、宗教习俗等方面的差异，不同国家对条约的解释产生

---

① 朱明新．"被遗忘"的机制：投资争端解决的国家—国家仲裁程序研究［J］．国际法研究，2016（5）：110-122.

分歧在所难免。此种情况下，各国确有必要对条文的含义进行明释或查明，这对于今后类似条款的解释乃至关于条款解释争端的解决具有重要参考意义。

（2）投资条约适用的争端

条约适用，是指将条约的约定事项内国化，在此基础上对所立条约中规定的条款进行适当运用，对争端当事方的具体权利义务予以明确。条约适用主要涉及缔约国的主体资格、条约的制定程序、生效时间与空间范围以及效力等级诸方面。

不难发现，中国与"一带一路"沿线国家间双边投资条约对有关条约解释与适用的争端解决往往放置在缔约国间的投资争端解决条款中予以并行列举，即在 SSDS 条款中予以限定"解释或适用本协定所发生的争端"。对于这两类争端，BIT 中一般会有规定，缔约双方首先应尽可能通过外交途径予以友好解决，只是有些投资条约可能在条文的用语方面有所差别①——尽管条款用语有所不同，但是争端产生后，缔约双方一开始必须先寻求外交途径友好协商解决彼此间争端的总体方向是大致不变的。说到底，这也是"一带一路"建设纵深推进过程中解决国家间投资争端的最适合方式。可见，在与"一带一路"沿线国家间的投资争端解决方面，中国早已摆明了解决分歧的立场，即始终坚持与沿线各国友好协商以解决彼此间争议。

2. 国家间投资争端解决方式

（1）外交途径

国际争端的政治解决方法，即外交途径，一般是指谈判、协商、调查、斡旋、调解、和解等。在中国与"一带一路"沿线国家间双边投资条约通常规定争端方优先选择外交途径解决。如中国—奥地利 BIT 中规定"尽可能友好协商解决"；中国—罗马尼亚 BIT 表述为"应尽可能通过双方谈判"；中国—韩国 BIT、中国—泰国 BIT 中则规定为"协商"或"谈判"；中国—阿联酋、中国—土耳其、中国—印尼 BITs 中均为"谈判"；中国—科威特 BIT 为"谈判"或"调解"等。可见，我国与沿线国家均对采取外交途径方式解决国家间投资争端

---

① 如中国—奥地利 BIT 第 10 条第 1 款仅简单规定："一、缔约双方如对本协定的解释或适用发生争端，应尽可能通过友好协商解决。"而中国—土耳其 BIT 第 7 条第 1 款的规定就较为复杂些，规定："一、争议当事人应首先在诚信的基础上，通过迅速公正地解决双方之间有关本协定解释或适用的争议。为此，缔约双方同意进行直接和积极的谈判以求争议的解决。"

予以高度认可。一般来说，在BITs中都会规定友好协商期限。但是，也有一些较为重要的BITs未对缔约方的协商期限予以明确限定，如中国与新加坡、科威特、斯里兰卡、土耳其、阿联酋、印尼①、巴林、伊朗、新西兰间BITs并未规定确切期限。对于此类条约，在具体的适用过程中，假若协商期限过长定会引发条约解释方面的争论以及条约适用问题的不确定性，因此我国今后在与"一带一路"国家修订或新缔结双边投资条约时，应尽可能做到对该等事项予以明确规范。

（2）国家间仲裁

中国与"一带一路"沿线国家签订的BITs中大多规定若争端未能在一定的时期内予以协商解决，则提交至仲裁庭解决。但也存在例外，如中国与也门、摩洛哥BITs规定，在提交仲裁前，应先将争议提交至由双方代表组成的混合委员会。如在规定期间内未解决该争议，再提交至仲裁庭。这相当于给争端当事方设置了一项前置程序，旨在尽可能先采纳其他替代争议解决办法，尽可能避免一开始就将争端提交至仲裁庭解决。总体而言，相较于采纳外交途径解决缔约国间投资争议，国家间仲裁方式仍被大部分BITs规定为第二序位的争端解决方法。

不难发现，中国与"一带一路"沿线国家间BITs多数规定，对国家间投资条约解释与适用争端予以裁决的仲裁庭应由三名仲裁员组成，但各仲裁庭的组成规则存在一些区别：

①缔约双方各自指定一名仲裁员

通常情况下，BITs都规定在限定时间内由各缔约方指定一名仲裁员。这一传统规定自我国第一部双边投资条约开始采用以来延续至今。可以预测的是，这一方法还将为今后所缔结的BITs在规定仲裁庭的组成方式事项上予以沿袭。

---

① 值得注意的是，中国—印度尼西亚BIT虽在其SSDS条款中规定"通过外交谈判友好解决"，但是有两点需引起注意：其一，条款并未明确外交谈判的期限。若谈判解决没有期限，是否意味着可以永久将争端搁置一旁。如此，该条款则形同虚设了。其二，该条款将"外交谈判友好解决"作为唯一的解决路径，并未像其他一般的条约继续规定在外交谈判未果的情形下进一步解决此类争端的方法。若实际发生有关条约解释的争端，中国与印度尼西亚政府在经过长期的外交谈判未果后该如何进一步处理问题约定不明。可以推断的是，首先，缔约双方并没有必须进入仲裁程序的义务；其次，在外交谈判未果的情况下，该条约并未排除缔约双方另行达成仲裁合意的可能性，毕竟仲裁合意的达成意味着为双方提供了另一种有关争端解决的可能。

②首席仲裁员的任命方法大致相同

对最为重要的第三名仲裁员（即首席仲裁员）该如何任命，各个 BIT 也都做了大致相同的规定，即由已任命的两名仲裁员推选出一名第三国国民仲裁员。此外，大部分 BITs 均要求已任命的两名仲裁员共同推选的第三位仲裁员"应是与缔约双方均有外交关系的第三国的国民"。

③仲裁员缺位问题的解决

仲裁员缺位问题从文义上进行理解，既可包括各缔约方未在规定时间内做出仲裁员任命情形，亦可包括已任命的两名仲裁员未在规定时间内对首席仲裁员达成一致的情形。事实上，关于第三名仲裁员的任命问题在我国与沿线国家间 BITs 中都得到了基本一致的解答，即可请求国际法院院长作出任命。① 有些 BITs 甚至对国际法院院长不能履行此项任命该如何应对作出详细规定②。

3. 国家间投资争端解决机制的发展潜力

从历史角度看，SSDS 机制早于 ISDS 机制出现在两国间所缔结关于相互促进和保护投资协定中，如德国和巴基斯坦于 1959 年缔结的全球第一个 BIT 只规定 SSDS 机制而并未包含有 ISDS 机制条款。事实上，世界范围内第一个涵括有 ISDS 条款的 BIT 是 1969 年的意大利—乍得 BIT。并且直到 20 世纪 90 年代，ICSID 仲裁庭才根据这一条款主张其对外国投资者—东道国间投资争端的管辖权。就中国而言，自 20 世纪 80 年代以来我国自第一个双边投资条约诞生起就几乎在所有的 BITs 中都纳入了 SSDS 机制条款，规定可通过外交途径或国家间仲裁方式解决缔约方间关于"条约解释和适用的争议"。

无论如何，SSDS 机制的运行并不妨碍 ISDS 机制对外国投资者与东道国间投资争议的解决——似乎应允许两种机制的平行运作，且保留其中一项程序所产生的结果对另一项程序的法律效力。例如，1985 年中国—新加坡 BIT 第 13 条规定，如果争议涉及本协议的解释或适用，本条的规定（即投资者—东道国间

---

① 如中国—土耳其 BIT 第 8 条第 2 款规定："自收到请求两个月内，缔约双方各指定一名仲裁员，第三名仲裁员由已任命的两名仲裁员共同指定。若在规定时期内首席仲裁员未有任命，则任意缔约方可提请国际法院院长进行任命。"

② 如中国—沙特阿拉伯 BIT 第 7 条第 4 款规定："如果自收到请求后四个月内未组成仲裁庭，缔约双方间无其他规定，缔约任意方可提请国际法院院长任命缺位的仲裁员。如果院长是缔约任何一方国民，或由于其他原因不能履行此项任命，应请国际法院中非缔约任何一方国民的资深法官履行此项任命。"

投资争议解决机制）不得损害缔约方使用第 14 条规定的程序（即国家之间的争议）。事实上，就"一带一路"国家理论与实务界而言，当今一个重要的实践任务是应将更多的精力放在两种机制之间是否存在相互选择、替代或补充可能性以及如何解决这些问题的解答上。

面对国际社会日益高涨的批判乃至抵制 ISDS 机制的情绪①，学界与实务界是否应该对 SSDS 机制在解决国际投资争议事项上其所本应具有的地位与其所本应发挥的作用予以认真反思——是否可以笼统规定将投资争端解决完全限定于通过 SSDS 机制来运作？在未来双边投资条约的缔结实践中，是否可对适用于 SSDS 机制或 ISDS 机制的争端领域或范围予以分别具体规定？抑或对于涵括了两种机制的投资协议而言，是否可以将两者相互关联起来以及如何实现这两种程序的转化与衔接？

4. 国家间投资争端解决机制的完善

绝大多数 BITs 中都规定了 SSDS 争端解决机制，同时也允许外国投资者质疑东道国法律和其他行政、司法或立法行为。对于缔约国而言，如何在条约生效后对 SSDS 机制予以准确适用并进行有可能的完善，乃是第一要务。②

（1）以投资者用尽当地救济为前提

虽然"用尽当地救济"是外交保护制度中的配套原则，而外交保护制度与 SSDS 机制都是通过国家层面上的直接沟通来调整国家间关系的一种举措。因此，在启动 SSDS 机制之前，应考虑以穷尽内国救济手段为前提。在投资争端解决中，投资者需要先行穷尽东道国救济方能请求投资者母国出面启动 SSDS 机制。虽然在中国与"一带一路"沿线国家间所缔结的 BITs 中并未明确将这一原则作为启动 SSDS 机制的前提条件，但若在 SSDS 机制的实践中要求投资者需事

---

① 例如，2017 年 10 月新西兰新一届政府以及新西兰外交部和贸易部此前都宣布不会同意 ISDS 机制，新政府强调新西兰将继续寻求与那些对 ISDS 有共同担忧的国家达成共识。2018 年 5 月，新西兰与 CPTPP 的其他五名成员国（文莱、马来西亚、秘鲁、越南和澳大利亚）签署了"附加协议"，旨在通过硬性规定来抵制 ISDS 机制，这表明他们有意限制或摒除 ISDS 机制的适用。而新西兰作为"一带一路"沿线国家之一，其对 ISDS 机制的摒弃态度定会对今后中国—新西兰 BIT 的更新和适用产生影响，必须引起足够重视。

② ROBERTS A. State-to-State Investment Treaty Arbitration：A Hybrid Theory of Interdependent Rights and Shared Interpretive Authority［J］. Harvard International Law Journal，2014（55）：1-6.

先声明并已对"用尽当地救济"进行佐证，不仅可以为当事国基于跨国投资引发的争端提供更多元的解决方案，而且在一定程度上可以减少或避免国家间争端的发生，以此维护缔约国间的友好合作关系的向前发展。

（2）探索新的国家间投资条约争议解决方式

尽管 SSDS 机制在当今仍未得到普遍适用，但国际投资争端各方应尽可能创新更丰富形式的国家间争端解决方式。中国与"一带一路"沿线国家间 BITs 大多规定有关"条约解释或适用"争端的外交解决或国家间临时仲裁这两种方式，但未见有将国家间争端提交至国际法院解决的相关规定。考虑到各国内国司法的局限性以及国际法院的中立与公正性，将国家间争端提交至国际法院解决是可行的选择——特别是在 ISDS 机制中投资仲裁的弊端日益显露的背景下，发源于商业仲裁模式的投资仲裁可能引发关于仲裁员公正性、独立性、保密性，仲裁结果的可预测性和权威性等诸多不确定问题。这些问题可能在 SSDS 机制下以类似的方式出现，因为该机制下仲裁员和所适用的仲裁规则在很大程度上与 ISDS 机制中的仲裁背景相同。

（3）有关"条约的解释或适用争议"规定的明晰

实践表明，关于"对条约解释或适用"的争议，可能会被狭隘地予以诠释或声明。① 为了使 SSDS 机制的适用更具可预测性并尽可能避免分歧，各国可以明确表示同意对"有关条约的解释或适用的争议"做广泛的界定，对易产生歧义的问题予以具体解释注明，或各国明确表明其对争议问题所采取的特定立场，或尽量避免使用引发歧义的用语，并允许第三方提供咨询意见等。

诚然，没有任何双边投资条约文本可以涵盖所有可能出现的投资争议，也没有任何一个国家可以穷尽列举可能引发的任何投资争议，这无疑给投资协议的拟定工作增添了难度。本着当事方意思自治法律原则，对于 SSDS 机制下的"投资协议解释与适用"争议，仍需缔约双方对其内涵与范围进行进一步明晰。

此外，有学者认为，国际投资协议（International Investment Agreements，下

---

① 如在厄瓜多尔诉美国案中，美方认为"沉默"即能确立积极的反对结果。"沉默"被当成一个国家行为时应被看作一种立场，应理解为明确表示反对。而仲裁庭认定美国对条约条款解释的"沉默"不能被理解为反对，因此没有争议就没有管辖权。TREVINO C J. State-to-State Investment Treaty Arbitration and the Interplay with Investor-State Arbitration Under the Same Treaty [J]. Journal of International Dispute Settlement, 2013 (5): 199-201.

文简称 IIAs) 将国家间仲裁条款和投资者—东道国间投资仲裁条款并列，但未规定协调两者间关系的方法，从而将协调两者间关系的任务留给了解释者。就当前而言，国际司法实践中的某些原则以及缔约实践中的某些创新条款可以在一定程度上协调国家间仲裁和投资仲裁程序间的关系。①

①适用禁止反言原则

投资者—东道国投资仲裁和国家间仲裁涉及不同当事方，却共同享有基础性权利，禁止反言原则可以用于协调国家间仲裁和投资仲裁程序间的关系。适用该原则需要满足以下条件：（a）已经在原先仲裁庭明确提出该问题；（b）原先仲裁庭已裁决了该问题；（c）该问题的解决是原先仲裁庭解决申诉所必需。②

②"反致"条款

2012 年中国—加拿大 BIT 第 20 条第 2 款规定：在一个投资仲裁程序中，如果被诉方援引一个特定 BIT 义务例外，投资仲裁庭可以不对该例外条款是否以及在何种程序上构成针对投资者申诉的有效抗辩作出决定；此时，投资仲裁庭有义务暂停自身程序，并将该事项提交缔约方，由缔约方金融机构对被诉方该抗辩作出联合决议，该决议拘束投资仲裁庭。如缔约方不能达成联合决议，任一缔约方可以将该问题提交依据 BIT 规定的国家间争端解决条款设立的国家间仲裁庭。国家间仲裁决议同样可以拘束投资仲裁庭。

③先行裁决制度

晚近 IIAs 规定了"先行裁决制度"（preliminary reference procedure），如东盟—澳大利亚—新西兰 FTA 第 11 章第 27 条第 2 款。该条款规定，投资仲裁庭"应主动或应一争端方请求，要求缔约方对争端中涉及的协定任一条款进行联合解释"。甚至在国际投资协定先行裁决机制缺位的情况下，缔约方仍然可以以先行裁决方法利用国家间仲裁对某些问题作出联合权威解释。这种利用国家间仲裁机制所作出的关于争议协定的相关解释对后续仲裁庭将产生拘束力。③

---

① 朱明新.'被遗忘'的机制：投资争端解决的国家—国家仲裁程序研究［J］.国际法研究，2016（5）：110-122.

② Amoco Asia Corp. v. Republic of Indon., ICSID Case No. ARB/81 /1, Decision on Jurisdiction（May 10, 1988），para. 30；RSM v. Grenada, ICSID Case No. ARB/10 /6,（Dec. 10, 2010），para. 7. 1. 1-2.

③ 朱明新.'被遗忘'的机制：投资争端解决的国家—国家仲裁程序研究［J］.国际法研究，2016（5）：110-122.

（二）外国投资者—东道国间投资争端解决（ISDS）机制

伴随着全球经济一体化的发展态势，跨国直接投资（FDI）也呈现出规模性扩张的特征。基于保护与促进国际投资活动的目的，包含外国投资者与东道国投资争端解决机制的双边投资协定及贸易协定的数量亦随之增多。当然，发生于外国投资者与东道国政府间的投资争端案件也大量出现。"一带一路"区域内各沿线国家间政治、经济、文化、法律方面存在较大差别，加之当前逆全球化日益膨胀，贸易保护主义亦有所抬头，在这种背景下产生的投资争端变得更为复杂，再加上现有国际投资争端解决机制存在费用高、时间长、裁决不统一、忽视东道国公共利益、执行困难等固有弊端，这些与"一带一路"倡议的包容互鉴、互利共荣与多边共享的精神内涵不甚相符。因此，有必要建立符合"一带一路"实际需要的ISDS机制，使投资者—东道国间投资争端得到公平合理的解决。

1. 投资者—东道国间投资争端解决的多元化模式

当下国际投资法制的变革正经历从实体条款转向争端解决的程序性规则的变化。"一带一路"国际投资争端解决机制的完善需要建立一套完整的程序规则来实现。这套程序规则应紧紧围绕"共商、共建、共享以及平等互利"的宗旨和目标进行"量身定制"。无疑，"一带一路"国际投资争端解决机制应为成员方提供多种争端解决程序，以便成员方选择适用。国际投资争端解决机制的多元模式主要包括投资仲裁完善模式、投资仲裁加上诉机构模式、常设投资法院模式、常设投资法院加上诉机构模式、东道国当地救济加国家间争端解决模式，并辅之以调解、争端预防等灵活方式。这五种基本模式各有利弊得失。在"一带一路"背景下，立足资本输入输出双向投资大国的身份和利益，结合国际投资争端解决机制改革的发展趋势，中国应设置短期、中期和长期三个目标，渐进务实地选择投资仲裁完善模式、"一带一路"投资仲裁加上诉机构模式、多边常设投资法院加上诉机构模式。

（1）国际投资仲裁完善模式

仲裁被公认为一种行之有效的解决国际投资争议的方式。经过长期的实践发展，以投资条约为基础的国际投资仲裁已逐步实现制度化、国际化。作为国际投资争议解决机制，投资仲裁贯彻当事人意思自治基本原则，允许争议双方在协商一致的基础上选任己方所信赖的仲裁员组成仲裁庭，遵循当事人同意选择的法律、原则或其他规范作出裁决，且绝大多数终局裁决能够被当事人自愿遵守并得以执行。根据目前（截至 2020 年 6 月）已知的 ICSID 数据，在 ICSID 已决的 515 个案件中，采用仲裁方式结案的数量为 506 件，以调解方式结案的数量为 9 件，仲裁案占比为 98.3%，调解案占比仅为 1.7%。由此可见，投资仲裁仍为当今解决外国投资者—东道国间国际投资争端的最主要方式。同斡旋、调停等政治手段相比，投资仲裁的裁决具有终局性及可强制执行力；同诉讼等司法手段相比，仲裁所具有的优势为：其一，采用国际仲裁方式解决跨国投资争议，既避免了国际诉讼管辖权中禁止个人诉权的困境，又避免了可能因为在外国启动的诉讼程序而产生的对国家豁免理论与国家行为理论的争论；其二，相较于严格的司法程序，仲裁程序更灵活、高效、便捷；其三，采用仲裁程序，仲裁员、仲裁地、仲裁机构、法律适用乃至具体程序事项，均可由当事人合意选定，在相当程度上缓和了司法的激烈对抗性，融入了谈判、协商等私力救济的柔性，无疑更有助于提升当事方对裁决的接受度；其四，仲裁在专业技术问题上具有诉讼无可比拟的优势，尤其是投资者与东道国的投资争端，不单纯是法律之争，更涉及贸易、工商业、金融、技术等专门知识，由于在仲裁中能够由当事人自由选任专业领域人士担任仲裁员，在解决此类专业性问题时后者显然更为得心应手。①

在短期内，中国的当务之急是采取投资仲裁完善模式，尽快与包括"一带一路"沿线发展中国家在内的广大发展中国家升级换代老旧版本的 IIA，或者谈判签订新的 IIA，将实体待遇保护条款和争端解决程序条款同步升级到合理兼顾外国投资者、东道国、东道国利害相关者的平衡型 IIA。在这种模式下，中国应积极借鉴各国尤其是发达国家已有的成功改革实践，并应积极参与和跟进 ICSID 于 2016 年开启的新一轮投资仲裁规则修订，将其中好的做法充分纳入中国 IIA 及其投资仲裁改革实践中。此外，中国应该将自身的独特需求充分体现其中。例如，在投资仲裁管辖范围方面，中国应明确基础设施建设属于受保护的"投资"范围，国有企业属于受保护的"投资者"范围。就与巴西、南非、印度等新兴发展中大国之间的投资治理关系而言，中国原则上也应该坚持投资仲裁完善模式，但也可以区别对待，进而探讨其他可行模式。至于与欧盟、美国之间的 BITs 谈判，中国在与欧盟谈判中可以接受常设投资法院和上诉机构模式，在

---

① NORTH D C，THOMAS R P. The Rise of the Western World：A New Economic History ［M］. Cambridge：Cambridge University Press，1973：56-57.

与美国谈判中可以接受投资仲裁完善模式。

此外，在投资者—东道国投资仲裁制度的完善方面，存在许多其他具体细节问题。以 ICSID 仲裁裁决而言，自 ICSID 公约生效以来，自觉履行裁决是绝对的主旋律。ICSID 公约第 53 条第 1 款规定："……除依照本公约有关规定予以停止执行的情况外，每一方应遵守和履行裁决的规定。"可以说，被请求执行 ICSID 裁决的国家不能够以诸如"公共秩序"之类的理由拒绝执行——这一点与《纽约公约》下承认与执行外国仲裁裁决的例外原因不同。在 ICSID 公约框架内，缔约国拒绝执行裁决的理由只能是：第一，被执行的财产按照执行国家的法律享有豁免权；第二，按照 ICSID 公约第 52 条第 5 款①存在停止执行的情形。

但也应注意到，国际范围内依然存在为数不多的"拒绝履行 ICSID 裁决"的现象。对于处于特例的"拒绝履行之 ICSID 裁决"，在申请强制执行的过程中，定会遭遇"主权国家执行豁免"这一最难以攻克的"最后碉堡"。但在现行国际法机制下，外国投资者仍然可以积极寻求到一些可能的解决路径。

①ICSID 机制内的解决方法

（a）向 ICSID 公约第三方缔约国申请执行；（b）投资者母国行使 ICSID 公约下的外交保护权；（c）转让强制执行 ICSID 裁决的申请权；（d）世界银行的制裁。

②ICSID 机制外的解决方法

（a）投资者母国的对抗措施；（b）"刺穿公司面纱"原则的利用。

出于实现国际投资仲裁裁决（主要为 ICSID 仲裁裁决）能更好地得到遵守与自觉履行直至强制执行的目的，应呼吁国际社会大力发展互利互信、真诚合作的国际法制度，真正将国际投资者的利益保护落到实处。②

关于"一带一路"国际投资规则建设需考虑目前的发展实际，不宜整体推进，不能一下子按最高标准构建这一点，不少学者表示赞同，主张在"一带一路"的倡议下，国际投资规则构建可采取先试先行的模式，从局部开始，选择合适的对象国，尝试建设国际投资规则示范区。就国际投资规则内容而言，不

---

① 五、委员会如认为情况有此需要，可以在作出决定前，停止执行裁决。如果申请人在申请书中要求停止执行裁决，则应暂时停止执行，直到委员会对该要求作出决定为止。

② 银红武. 拒绝履行之 ICSID 裁决的解决路径 [J]. 国际经贸探索，2016 (5)：73-86.

妨先从国际"软法"切入，相比起硬法，"软法"对接更容易达成一致。软法形式相对广泛和灵活，可包括谅解备忘录、倡议、国际标准和行动计划等。例如，"一带一路"倡议下国际投资规则可先行推动国际投资便利化的协同纲领、跨国企业投资的社会责任倡议。在初期，可以充分利用现有的国际争端解决机制，包括世界贸易组织（WTO）争端解决机制，或依托亚洲基础设施投资银行建立"一带一路"国际投资争端解决机制。①

（2）"一带一路"投资仲裁加上诉机构模式

在条件成熟的时候，可以考虑依托亚洲基础设施投资银行（AIIB）设计建立专门的"一带一路"投资争端解决中心。在这种多边制度中，各参与国按照自己承诺的统一规则行事，承担义务并享有权利，从而提高"一带一路"倡议的稳定性与法治化水平，为人类命运共同体提供国际法治保驾护航。"一带一路"投资争端解决机制改革模式中比较现实可行的是投资仲裁加常设上诉机构模式，因为这种模式不需要将现有 IIA 及其投资仲裁模式推倒重来，只需要对投资仲裁进行完善，并建立一个类似于 WTO 上诉机构的常设投资上诉机构。

（3）多边常设投资法院加上诉机构模式

就长期来说，中国应积极参与 UNCITRAL 框架下国际投资争端解决机制改革进程，与欧盟、加拿大等其他成员方一道，审慎设计、积极推动多边常设投资法院加上诉机构模式。在各项政策目标的权衡方面，常设投资法院加上诉机构模式比其他模式更理想，因此可以作为将来的改革方向。但是，该模式是对现有投资仲裁模式的系统性的、结构性的重大改革，在协调各方基本立场和推敲制度细节方面不可能一蹴而就。可以想见，该模式在短期内可能不具有现实可行性，而是需要经过漫长的研究、谈判、签署、批准和生效等存在诸多不确定性的缔约过程。就此而言，中国政府、法学界、司法界和商界应积极协调，认真研究常设投资法院加上诉机构模式的重大问题和具体细节②，在 UNCITRAL框架下和进程中提出可行性方案和建议，积极推动制度研究和谈判协商进程，

---

① 龚柏华. "三共"原则是构建人类命运共同体的国际法基石 [J]. 东方法学，2018
（1）：30-37.

② BUNGENBERG M R A. From bilateral arbitral tribunals and investment courts to a multilateral investment court [M]. Cham, Switzerland：Springer, 2018：16.

以使其健康落地，行稳致远。①

(4) 国际投资争端解决的调解方法

特别需指出的是，近些年来调解程序受到了国际组织的广泛关注，如 2011 年联合国贸发会发布了《国际投资争端：预防及国际投资仲裁的替代方式》报告。这份报告探讨了调解在国际投资争端解决中的适用范围问题。与此同时，其他一些国际组织也发布了国际投资调解相关指引和示范规则，许多国家之间的 BITs 亦引入了调解机制。因此，在拟设立的"一带一路"国际投资争端解决中心的程序设置上，应重视调解制度在解决投资争端方面的发展及运用。②

事实上，在中国已缔结的部分双边投资条约中已明文规定外国投资者与中国政府间投资争议可以通过调解这一方式予以解决，如 2001 年中国—荷兰 BIT 第 10 条第 3 款规定"争议当事任何一方可依照《华盛顿公约》进行仲裁或调解"；2008 年中国—新西兰自由贸易协定、2010 年中国—哥斯达黎加自由贸易协定、2013 年中国—瑞士自由贸易协定等的投资篇章关于争端解决条款③中也明确提及适用调解或调停程序解决投资争议。值得指出的是，2011 年中国与乌兹别克斯坦对 1992 年所缔结的 BIT 予以了修订，新版 BIT 第 12 条亦明确规定争端友好解决的方式包括调解程序。

提倡使用调解方式解决投资者与国家间的争议，其优势之一在于各方可以通过参与调解增强对争端解决程序的控制并保持一定的主动性，而不是将标的数额巨大且涉及人权、环境、社会公共利益等复杂因素的跨国投资争议完全交由国际投资仲裁庭予以决定。调解的目标之一在于实现"接近正义"④，它赋予了当事人在接近正义过程中可克服经济上、程序上成本障碍的权利，更重要的是在运用调解方式解决投资争议时更有可能保持甚至恢复争端双方的友好合作关系。

此外，调解的重要特征在于信息双向流动而非单向输入，这可以打破传统

---

① 王彦志. 国际投资争端解决机制改革的多元模式与中国选择 [J]. 中南大学学报（社会科学版），2019（4）：73-82.

② 张丽娜. "一带一路"国际投资争端解决机制完善研究 [J]. 法学杂志，2018（8）：32-42.

③ 分别为 2008 年中国—新西兰自由贸易协定第 152 条、2010 年中国—哥斯达黎加自由贸易协定第 144 条与 2013 年中国—瑞士自由贸易协定第 15 条（2）。

④ 娜嘉·亚历山大. 全球调解趋势（第二版）[M]. 王福华，等译. 北京：中国法制出版社，2011：6-7.

ISDS 程序中因立场对立而造成的沟通壁垒，并为争议主体提供消除交流障碍的机会。争端各方共同参与进调解的协商过程至少能避免某些投资仲裁庭偏重对私人投资者利益保护的倾向，从而使争端解决程序更关注公私之间的利益均衡。

结合作为东方国家所特有的争端解决智慧与文化传统，我国可尝试在构建"一带一路" ISDS 机制进程中大力倡导调解因素的介入，增强我国在投资争端解决机制构建中的话语权。我们可着手以下几方面的工作。

第一，新一轮 BIT 或 FTA 谈判中纳入鼓励性或强制性调解条款。

我国在与"一带一路"沿线国家新一轮投资条约或自由贸易协定的谈判中，可要求直接纳入调解条款——可以是在冷静期内明确规定进行调解，或明文规定强制调解程序，或将现有国际投资条约的争端解决条款修改为与法院调解相类似的调解前置程序。这样做的目的就是要实现在提起仲裁之前，各方将被要求尝试调解或者至少会晤讨论调解的可能。当前，联合国国际贸易法委员会《执行调解产生的国际商事和解协议公约》已经通过，我国可以考虑在与"一带一路"沿线国家签署的 BITs 中直接赋予和解协议等同于仲裁裁决的强制执行效力，从而避免当事人因担忧调解协议效力而不选择调解方式这一困境的出现。

第二，国内争端解决机构率先改革以促进调解程序。

作为我国处理国际商事争端的重要机构，中国国际经济贸易仲裁委员会一贯注重以调解与仲裁相结合的方式处理争端，并在长期实践中不断完善这一程序。2017 年 10 月中国国际经济贸易仲裁委员会《国际投资争端仲裁规则》第 43 条所确定的仲裁与调解相结合的程序与中国国际经济贸易仲裁委员会仲裁规则（2017 年版）第 43 条关于调解的规定具有异曲同工之妙。

第三，对官员使用调解解决投资争端进行授权立法。

我国政府应考虑颁布相关法规，授权官员在处理投资争端初始之时进行调解；规定使用调解的具体建议，包括哪些机构负责管理早期的投资纠纷、如何聘请调解专家、如何向政府推荐调解解决的建议。此外，需为冷静期内的调解工作开展安排适当的预算，以此鼓励相关国家机构运用调解方式解决外国投资者—东道国间的投资争端。

第四，促进投资调解仲裁员的专业化与职业化。

调解是一种准司法行为。专业的调解员是积极推行调解制度及扩大调解制度适用的强有力保障。推进"一带一路"倡议下的投资争端调解解决工作，首先需要完善调解员管理体系。投资争端调解员上任应先由业内主导统一培训，设立调解员资格评审组织，出台调解员职业规范。其次，突出行业调解优势。对"一带一路"建设中涉及重大公用事业或金融工程等专业性极高的投资争议应积极鼓励业内权威专家担任调解员。最后，稳定调解员队伍，加强投资调解配套制度保障，推动调解员职业化发展。①

（5）"一带一路"国际投资争议的预防机制

国际投资争议预防与争议解决联系密切，但在侧重点、目的、作用与效果等方面区别明显。如何防范投资风险、避免并化解投资纠纷，是"一带一路"建设必须解决的实际问题，亦是"一带一路"国际投资争端解决制度构建中的重要内容与任务。国际投资争议预防机制指的是对投资关系各方当事人之间可能产生纠纷的各个环节采取必要的措施进行预先防范，确保东道国及其相关政府管理部门在立法和实施方面能够良好遵守国际投资条约义务，从而防止投资争议实际发生的一套制度化工具与程序。作为全球治理的新兴力量，挣脱西方预设的话语权桎梏，将视野从高待遇标准、国际投资仲裁等中国暂不具有竞争优势的议题上移开，从投资便利化和争议预防的角度提出独具特色的中国方案，不仅符合当前资本输出入大国身份混同后的国家利益，也契合全球治理走向法治的总体发展趋势，是中国作为全球治理新兴力量向世界发声、贡献智慧的大好时机。

构建"一带一路"投资争议预防机制的具体建议为：第一，设立或指定专门的国内投资争议预防管理部门。我国应在国内设立或指定专门的国际投资争议预防管理部门，负责投资条约义务的国内实施和推广，负责信息的收集、交换，获得授权以负责跨国投资争议的预防管理工作。第二，构建实质性国际合作机制实现争议预防。加强投资者母国和东道国主管机关之间的对话和合作，对于投资争议的预防十分关键。我国可以考虑联合"一带一路"沿线国家的主管机关，推动设立专门的"投资争议预防合作中心"，作为统一管理争议预防工作的实体机构并建立相应的工作机制。第三，积极主导并推动投资便利化议题的多边合作。争议预防归根到底需要落脚到东道国国内投资环境的提升，这与中国当前倡导的投资便利化议题相辅相成。相较于其他敏感议题，国际社会在

---

① 王寰. 投资者——国家争端解决中的调解：现状、价值及制度构建［J］. 江西社会科学，2019（11）：172-180.

投资政策透明度、行政程序效率和国际协调等投资便利化合作议题上存在广泛共识，合作阻力较小。中国参与国际投资治理，应当从投资便利化和争议预防入手。①

总而言之，国际社会应大力探讨协商、调解、仲裁等多元结合的投资纠纷解决机制，在尊重"丝路"沿线国家在政治、经济、文化、宗教，特别是法律领域差异的基础上，保证各国当事人自愿选择通过各种非诉讼途径解决纠纷，尝试国际投资争议常设机构仲裁，探索投资争议仲裁常设上诉机构和体制；实现"一带一路"投资争议在线非诉讼机制和投资争议人工智能仲裁的方式创新，保证"丝路国家"国际投资争议便捷、及时化解和仲裁裁决的有效执行。

---

① 漆彤. 论"一带一路"国际投资争议的预防机制 [J]. 法学评论，2018（3）：79-87.

第二章

国际投资法的全球行政法本质

第一节 国际投资法的"国际性"

国际投资法的法律渊源主要涵括国际投资协议（包含双边投资条约与自由贸易协定内的投资篇章）与内国国际投资立法。两项法律渊源之间的区别与联系可以通过透视 ICSID 公约第 42 条第 1 款第 2 个句子①关于"ICSID 仲裁庭的法律适用规则"条款窥知一二。

ICSID 公约第 42 条

1. 仲裁庭应依照双方可能同意的法律规则对争端做出裁决。如无此种协议，仲裁庭应适用作为争端一方的缔约国的法律（包括其冲突法规则）以及可能适用的国际法规则。

2. 仲裁庭不得借口法律无明文规定或含义不清而暂不做出裁决。

3. 第一款和第二款的规定不得损害仲裁庭在双方同意时按公允及善良原则对争端做出裁决的权力。

ICSID 公约第 42 条第 1 款第 1 个句子将国际商事仲裁的一项基本原则纳入

---

① 事实上，世界范围内大部分双边投资条约均采纳类似于 ICSID 公约第 42 条第 1 款第 2 个句子的投资仲裁适用法条款。KULICK A. Global Public Interest in International Investment Law [M]. Cambridge：Cambridge University Press，2012：11.

外国投资者—东道国争端解决机制，即争端方可就采用何种法律解决争议进行协商。也许作为私法用以协调平等商事主体间关系的当事方意思自治理念被用作解决投资者—东道国投资争端的基础在如今看来或多或少显得有些怪异，但是若从 ICSID 公约缔结时的历史背景考察，作出如此规定也就不足为奇了——当时普遍的观点是基本参照当时已具备的、且实践证明运行良好的国际商事仲裁机制足以为投资仲裁提供行之有效的制度框架。尽管 ICSID 公约第 42 条关于"仲裁庭法律适用"的一般规则是争端方意思自治原则（这也即意味着在投资仲裁的适用法事项上，该条第 1 个句子的规定优先于第 2 个句子的规定），但有趣的是，即便争端方根据第 42 条第 1 句选择了适用法，他们通常也会效仿并作出与该条第 2 句同样措辞的规定。

一、ICSID 公约第 42 条下适用国际法的具体情形

就约文而言，依据 ICSID 公约第 42 条第 1 款存在国际法得以适用的五种情形：

1. 当事方根据 ICSID 公约第 42 条第 1 款第 1 句约定适用国际法；

2. 东道国内国法要求适用国际法；

3. 内国法（完全或部分）对事项未作规定或并未规定解决办法；

4. 该法律关系或事项直接由国际法调整；

5. 内国法或依内国法采取的举措有违国际法。

第一种情形已在上文提及。第二种情形基于"内国法规定直接参照具体条约或条款"或"一些内国法实际上确定了关于国际法的部分内容通常高于所有或至少部分内国法的原则"，国际法从而得以适用。第三种情形难以察觉一些，原因在于有些国家"故意"在其内国法中未就该事项作出规定。由此，只有通过了解内国法或作为内国法基础的原则才能找到解决办法——而这有可能成为仲裁系统的难题，毕竟仲裁员并非有关该事项的内国法专家。第四种情形更常见于即便国际习惯法适用于该争端事项，但如果存在具体调整投资的条约（譬如投资者母国与东道国间的双边投资条约），那么条约也可纳入考虑范围的场合。最后，第五种情形备受争议，理由是国际法的可适用性取决于内国法与国际法不相符合的程度——以两者间的"不相一致性"程度范围的两个极端为例，是必须要求国际法实际上被违反，抑或只需国内法仅仅不同于国际法就足够了？

实践中，ICSID 仲裁庭发现国际法还可在第六种情形下得到适用。根据 SPP v. Egypt 仲裁庭的观点，即便投资争端方参照 ICSID 公约第 42 条第 1 款第 1 句的规定选择国内法排他性适用于争端的解决，但国际法仍可被援用。该案仲裁庭的推论为，鉴于国内法未能为本案提供解决方法，故根据 ICSID 公约第 42 条第 1 款第 2 句的规定，国际法可被援引以适用于"国内法存在空白规定"的场合。①

事实上，在 ICSID 公约最初的草案中，第 42 条第 1 款第 2 句本来是这样规定的：

> 争端方间若未达成关于法律适用的合意，则除非他们已经赋予了仲裁庭按公允及善良原则对争端做出裁决的权力，否则仲裁庭应依据可决定适用的国内法或国际法对所递交的争端进行裁判。

当时草案一出，许多发展中国家（在那时并不足为奇）纷纷抨击草案在未达成适用法协议的情况下赋予国际法过分重要的地位，进而强调说仲裁庭不应被迫在国内法与国际法间做必要选择——正如"或（者）"这个词所暗含的意思。

基于来自发展中国家的压力，最终的 ICSID 公约文本第 42 条第 1 款第 2 句采纳了一种开放式的立法技术，为仲裁庭的法律适用预留了足够的动态解释空间。布罗奇斯（A. Broches）认为，第 42 条第 1 款未能就许多问题作出回答，特别是关乎实体国际法的问题……该款规定的重要性在于它实际上为仲裁庭就这些问题发表意见开了道，从而有助于国际法在这方面的进一步发展。②

有鉴于此，公约第 42 条第 1 款最好被解读为一项开放性的条款，它有意在未来对国际法的作用进行适时扩展——或者至少不会不赞成，关于这点已为投

---

① Southern Pacific Properties（Middle East）Limited v. Arab Republic of Egypt,（ICSID Case No. ARB/84/3）, Award, May 20, 1992, ICSID Reports, 3（1992）, 189 at 352 ff., paras. 80, 84.

② BROCHES A. The Convention on the Settlement of Investment Disputes between States and Nationals of Other States: Applicable Law and Default Procedure［C］//SANDERS P.（ed.）. International Arbitration, Liber Amicorum of Martin Domke, Boston: Martinus Nijhoff Publishers, 1967: 13.

资仲裁庭所解释。

二、双边投资条约在国际投资法中的作用

（一）作为近期现象的双边投资条约

现行国际投资法的主要法律渊源为双边投资条约。尽管双边投资条约的数量从现代角度来看大得惊人，但双边投资条约还真称得上是较近期产生的事物。现代投资条约纪元的开启是在1959年，即德国与巴基斯坦签署了世界范围内第一个真正意义的双边投资条约，该条约于1962年开始生效。而国际范围内双边投资条约的"遍地开花"现象直到20世纪80年代末期才得以发生。实际上，ICSID仲裁实践中牵涉到双边投资条约的第一个案件是在20世纪90年代得以裁判的。① 原因在于几个主要的资本输出国（尤其是美国）直到当时仍然抱守依赖各自原有的《友好通商航海条约》② 为外国投资者提供保护。随着资本输入国愈发不愿坚持旧有的投资保护法律机制（关于这点已为联合国大会若干决议③所证明），整个局势得以扭转。所有资本输出国开始掀起了与资本输入国缔结双边投资条约的小高潮。截至2020年5月，在全球范围内大致存在2897项双边投资条约与390部含有投资条款的国际经贸条约，其中一些国家（如德国、瑞士与中国）分别与他国签署了超过100项的双边投资条约。

（二）双边投资条约对国际法的编纂与促进

随着国际经济法其他领域（尤其是国际贸易法与国际金融法）大量多边法律制度（WTO协议群与布雷顿森林体系）及多边组织机构（WTO与国际货币

---

① Asian Agricultural Products Limited v. Democratic Socialist Republic of Sri Lanka（ICSID Case No. ARB/87/3），Award，June 27，1990.

② 事实上，在各国早期所签署的《友好通商航海条约》中，有关投资的规则并不显得非常突出或比较独特，即便是在1945年前所签订的那些也不仅包含有公正赔偿条款，而且包含诸如缔约伙伴国有权创设特定商事组织条款的条约。自1945年后，有关贸易的事项，就由单独的条约（主要是GATT等）予以调整了。从而，《友好通商航海条约》就变成主要规范外国投资问题了。SALACUSE J W. Towards a Global Treaty on Foreign Investment：The Search for a Grand Bargain ［C］//HORN N.（ed.）Arbitrating Foreign Investment Disputes，The Hague：Kluwer Law International Courts and Tribunals，2004：51，56.

③ 如联合国大会1973年12月17日3171（ⅩⅩⅧ）号《对自然资源的永久主权》决议与1974年12月12日3281（ⅩⅩⅨ）号《各国经济权利与义务宪章》决议等。

基金组织等）的创设，国际投资法在多边化的发展方面明显表现出底气不足，相形见绌。在国际投资争端的解决方面，尽管 ICSID 日益发挥重要的国际投资仲裁作用，但与 WTO 争端解决机制相比较，前者还称不上是一个全球性的投资争端解决统一机构——仲裁庭的短时性且政府监督不足，缺少能确保各仲裁庭间裁决过程一致性的组织机制。

现行国际投资法的主要法律渊源为双边投资条约。各国在与他国拟定双边投资条约的过程中，由于缺少一个统一的国际标准或双边投资条约范本，各自为政成为主流做法。就具体一国而言，尚且不能保证其与外国国家所签订的全部双边投资条约达到一致性与连贯性的水平，更何况用整体眼光来审视整个国际社会的投资协议的签署。各自为政签订双边投资条约的结果往往会产生差别性的、偏好性的乃至歧视性的标准。同样地，很难期望各国行政机关、立法机关或司法机关在签署投资条约、进行投资的国内立法与国际投资案件的审判时，能为外国投资者设置一个统一的待遇标准。其结果是：鉴于国际投资法"碎片化"与"非系统化"的杂乱无章发展之现状，人们似乎很难将其理解为一个调整国际投资关系的法律规范系统。

然而，事实上，与真正意义上的双边条约不同，双边投资条约在调整两国关系方面并非完全独立：它们与其他条约间存在大量的重合内容且在结构上也彼此密切相关。实际上，国际投资条约通常遵循一个"原型"（archetype），除了用语上有相同之处外，无论在条约的组织结构，还是条约的调整范围与内容方面，均逐渐表现出令人吃惊的统一性。① 譬如，几乎所有的国际投资条约都包含投资者与投资定义条款、国民待遇条款、最惠国待遇条款、公正平等待遇条款以及全面保护与安全条款。条约一般还规定禁止直接或间接征收，允许资本自由转移。另外，绝大部分投资条约许可外国投资者在自认为东道国违反了具体条约义务的情况下启动针对东道国的仲裁程序。

无论对国际投资法中的习惯国际法范围的界定是如何之广，不容否认的一点就是双边投资条约以如同 ICSID 公约第 42 条第 1 款第 2 句的方式创设了一个构思缜密的明文国际法规范框架用以调整外国投资者与东道国间的关系。国际投资仲裁庭在国际投资法的标准原则（主要表现为几乎出现于所有双边投资条

---

① KHALIL M I. Treatment of Foreign Investment in Bilateral Investment Treaties ［J］. ICSID Rev. ‑Foreign Investment L. J. , 1992 (7)：339.

约内的投资待遇条款等）解释方面仍存在不相一致甚或相互矛盾的裁决，主要缘于不同仲裁庭在对具体案件中投资者的标准权利的恰当适用问题上观点不一，并不是由于存在大量的、彼此不一的基础性投资条约。换言之，国际投资仲裁庭的功能使然。之所以说投资者—东道国仲裁促进了国际投资法的发展，不仅因为"去政治化的"国际投资仲裁本身就是作为强制缔约国遵守投资条约义务的机制而产生并存在着的，而且因为仲裁活动有助于创建一整套旨在调整投资者—东道国关系，并以投资条约为主体的国际投资法规范。国际投资条约仲裁的"规则创设功能"（norm-generative function）基于两个因素：投资条约仲裁的机制设计与投资条约中实体规则的抽象性。①

外国投资者的权利，如公平平等待遇，全面保护与安全，间接征收或国民待遇等，都给仲裁庭预留了足够大的自由裁量空间来决定这些投资条约中的权利条款的实体内容，并将其适用于具体案件事实。事实上，上述国际投资保护原则最好被理解为"普遍条款"，正是基于它们，仲裁庭才被授予较大的规则制定权力，投资裁决才得以做出。② 如此的结果就是，投资仲裁庭通过将国际投资法的广泛原则具体适用为更精确的规则，以此来影响东道国行政、立法与司法机关的相关活动，从而跻身为国际投资法中重要立法者之一。

也许在某种意义上可以说，就整体而言，双边投资条约越来越起着类似于一个真正多边法律制度系统的作用。与走向无尽的"碎片化"深渊的道路告别后，国际投资法正演进为一个建立在相同原则基础上的规范外国直接投资的统一法律框架。似是而非地，以双边投资条约为主要法律渊源的国际投资法正呈现出多边化或趋同化的态势。

第二节　国际投资法的多边化

国际投资法的趋同化或多边化并非是说双边投资条约的总和等同于一部多

---

① SCHILL S W. The Multilateralization of International Investment Law: Emergence of a Multilateral System of Investment Protection on the Basis of Bilateral Treaties [J]. Trade, Law and Development, 2010 (2): 79.

② 当然，也有一些学者对授权投资仲裁庭以投资规则立法权力的观点持批判的态度。参见 PORTERFIELD M C. An International Common Law of Investor Rights? [J]. U. Pa. J. Int'L Econ. L., 2006 (27): 79.

边投资条约，而是说现存的投资条约（不管双边的、区域性的抑或行业性的）都可被视为建立在国际投资法与国际投资仲裁实践大致相同原则基础上的一个统一的法律框架的组成部分。当然，国际投资法的趋同化或多边化也并非意味着各双边投资条约将会实现完全相同，而只意味着作为跨国投资活动法律框架基础的国际投资法已经存在或将会产生足够多的汇合点，从而能使国际投资活动在全球市场经济一体化的大背景下，实现更便利、更高效的投资者—东道国间的合作。

依目前情况看，以双边投资条约为基础的国际投资法正朝着最终成为一个关于投资保护的多边机制方向演进。对国际投资法的该种理解方式定会对回答诸如为何双边投资条约的解释必须遵循多边主义理念而非双边主义理念等现实问题产生一定影响，当然也会为国际投资仲裁中为何大量援引先前裁决提供理论支撑。然而更重要的是，将投资保护视为一个多边机制的观点已构成考虑有关于经济全球化背景下投资条约功能的其他理论问题的基础。正是建立在这一理论基础上，一些西方学者提出了诸如将投资条约纳入全球行政法框架以及国际投资法应加强宪法化等倡议。

一、最惠国待遇条款推动下的国际投资法的多边化

各国在为外国投资保护创建统一规则方面均享有利益，这点明显体现在其所签署的双边投资条约中。事实上，几乎包含于各投资条约内的最惠国待遇条款就是关于国际投资关系多边化的一种明确表述。尽管各最惠国待遇条款的规定有些许变化，但总体而言，都要求待遇标准是互惠性的，且不能附加条件。最惠国条款要求缔约国必须"在其领土内，给予投资和投资有关活动的待遇……应不低于给予任何第三国国民的投资和投资有关活动的待遇"①。在这点上，最惠国待遇条款有别于一般国际法原则以及双边主义理念。一般国际法原则强调各国基于主权，可以开展独立自主的外交活动，可以对不同国家实行差别的或优惠性的待遇。双边主义理念也允许对不同国家及其国民区别对待。最惠国待遇条款则要求实施最惠国待遇的国家有义务将其已赋予第三国的任何更优的待遇扩展至其他受益的国家，从而实现在第三国与其他受益国之间的无差别对待。

---

① 1988 年《中华人民共和国政府与澳大利亚政府相互鼓励和保护投资协定》第 3 条第 3 款。

尽管最惠国待遇条款最初只是构成缔约国与缔约国之间的义务，但是各缔约国也会基于投资条约将最惠国待遇直接扩展至有关投资者。投资者可以借助包含有最惠国待遇条款的双边投资条约（即所谓的基础条约），要求东道国将其在另一个双边投资条约中所给予第三方缔约国国民的优惠待遇同样地赋予自己，从而实现将另一条约也适用于自己与东道国关系的目的。如此一来，最惠国待遇条款就将本是国与国间的双边条约关系多边化了，从而对位于某个具体东道国的外国投资可以进行协调保护。这样的结果就是，最惠国待遇条款可以在一定程度上防止各国纯粹将双边投资谈判仅局限于两国之间，也可防止一些国家仅对特定的国家及其国民做出排他性、特惠性的承诺。

（一）外国投资者实体权利的多边化保护

外国投资者可充分利用母国与东道国间所签署的双边投资条约中的最惠国待遇条款，从而间接获得东道国与第三国所订立的另一双边投资条约中的更为优惠的实体权利，关于这点无论是学界，还是仲裁实务界几乎没有太大争论。并且，许多投资仲裁庭都已作出了表示支持这一观点的裁决结果。在第一个为公众所知晓的投资条约争端中，即 Asian Agricultural Products v. Sri Lanka 案的仲裁庭就接受了普遍被认同的见解，认为受基础投资条约（无疑，该条约须含有最惠国待遇条款）保护的投资者可以主张享有东道国与第三国所缔结的另一个双边投资条约中所给予的更优的实体利益。[1] 同样地，通过双边投资条约的最惠国条款可以让投资者享有来自其他条约的更多优惠实体权利的观点也得到了其他仲裁庭的接纳，如 Pope & Talbot v. Canada[2]，MTD v. Chile[3] 以及 Rumeli Telekom v. Kazakhstan[4] 等案件。由此可以说，利用双边投资条约的最惠国待遇条款可以对外国投资者的实体权利进行多边化保护，这一道理已为国际层面的投资仲裁法理所采信。

---

[1] Asian Agricultural Products Ltd v. Republic of Sri Lanka，ICSID Case No. ARB/87/3，Final Award of June 27，1990，para. 54.

[2] Pope & Talbot v. Canada，UNCITRAL/NAFTA，Award of May 31，2002，para. 12.

[3] MTD Equity Sdn. Bhd. & MTD Chile S. A. v. Republic of Chile，ICSID Case. No. ARB/01/7，Award of May 25，2004，paras. 100 et seq.，197 et seq..

[4] Rumeli Telekom A. S. and Telsim Mobil Telekomikasyon Hizmetleri A. S. v. Republic of Kazakhstan，ICSID Case No. ARB/05/16，Award of July 29，2008，paras. 572，575，609–619.

(二) 投资者—东道国仲裁中程序性权利的多边化

然而，最惠国条款——至少是那些未明文规定只限于投资者实体权利待遇的条款——同样可适用于投资者—东道国仲裁活动中的有关程序性权利。因此，在国际投资仲裁实践中，仲裁庭在适用双边投资条约中的最惠国条款时往往将其解释为外国投资者可享有包含有关争端解决机制程序性问题在内的更优惠条件。如在 Maffeini v. Spain 案中，仲裁庭就认为，申请人通过援引最惠国条款就可不受基础双边投资条约所规定的等待期的约束，而可以主张西班牙与第三国所签署的另一双边投资条约中的对申请人更有利的条件，因为后一条约允许仲裁申请人可以在更短的时间内启动投资者—东道国仲裁程序。①

尽管投资者可援引那些未明文规定只限于投资者实体权利的最惠国待遇条款来申请投资者—东道国仲裁，关于这点几乎得到了国际投资仲裁法理的普遍认可，并且主要适用于援用东道国与第三国所签署的另一双边投资条约所包含的更短等待期条款的场合②，然而在是否能利用最惠国待遇条款扩大仲裁庭的管辖权这一问题上，争论较大。Plama v. Bulgaria 案的仲裁庭给出了否定的答案。③ 该案中，尽管基础双边投资条约的仲裁条款仅规定，有关征收赔偿金数额的争端适用仲裁方式解决，但是东道国的其他双边投资条约却没有这一限制，对凡是与征收有关的投资争端实行全面的投资者—东道国仲裁原则。仲裁庭裁定，为了获益于今后的双边投资条约，从而促成更广泛的仲裁合意，基础条约中的最惠国待遇条款必须以一种"清楚且不含糊"的方式表示涵括投资者—东

---

① Emilio Agustin Maffezini v. The Kingdom of Spain, ICSID Case No. ARB/97/7, Decision of the Tribunal on Objections to Jurisdiction of Jan. 25, 2000, paras. 38.

② 如 AWG Group Ltd. V. The Argentine Republic, UNCITRAL, Decision on Jurisdiction of Aug. 3, 2006, para. 52 与 Suez, Sociedad General de Aguas de Barcelona, S. A. (AGBAR) and Vivendi Universal, S. A. v. The Argentine Republic, ICSID Case No. ARB/03/19, Decision on Jurisdiction of Aug. 3, 2006, paras. 52 et seq 等案例。截至目前，仅有 Wintershall Aktiengesellschaft v. Argentine Republic (ICSID Case No. ARB/04/14, Award of Dec. 8, 2008) 一案的仲裁庭对 Maffeini 仲裁案的结果持异议，不认可该案所推定出的仲裁等待期可以基于最惠国待遇条款得到缩短的结论 (参见 paras. 158-197)。然而，该案仲裁庭将申请人提交国际仲裁前必须先经过 18 个月的寻求当地救济的等待期这样的要求明确为东道国同意受仲裁管辖的一个前提条件，而不是从等待期可否基于最惠国待遇条款得到缩减这一角度来说明的。

③ Plama Consortium Ltd. v. Bulgaria, ICSID Case No. ARB/03/24, Decision on jurisdiction of Feb. 8, 2005, para. 183 et seq.

道国争端解决程序在内。①

然而，仲裁庭在 Plama v. Bulgaria 案中对最惠国待遇条款的适用范围所持的限制性观点是否令人信服，值得怀疑。怀疑的主要原因是，条约中的投资者—东道国争端解决条款可称得上是赋予外国投资者的最重要的权利，借助这一条款，东道国在国际投资条约下的义务就能有效地得以强制遵守。既然缔约国已将最惠国待遇条款写入了投资条约，但该条款却未能覆盖条约所赋予外国投资者的这一最重要权利，也即提起投资者—东道国仲裁的权利，这会让人觉得非常奇怪。更何况，赋予投资者有关仲裁获得的平等待遇是非常重要的，其重要性丝毫不逊于给予拥有不同国籍的外国投资者同等的有关实体权利。还有，国际法中并没有任何原则要求东道国对于国际争端解决的同意必须以一种"清楚且不含糊"的方式作出。相反，国际法仅要求通过对所涉及的具体条款进行解释，从而在客观的基础上确定是否在投资者与东道国间存在仲裁合意，以此来判定投资者是否有权提起仲裁。基于此，在最新的一些投资仲裁中，仲裁庭至少从原则上来讲，已接受这样一种观点：通过最惠国待遇条款，投资者可援引东道国在其与第三国间的双边投资条约中所做的同意仲裁的要约，从而达成更广义的投资者—东道国的仲裁合意。②

于是有学者总结到，无论哪种观点在今后的国际投资仲裁实践中占据优势地位，有一点是不变的：投资条约中的最惠国待遇条款对于双边投资法律关系

---

① 在其他一些案件中，仲裁庭表达了类似的观点。如 Salini Costruttori S. p. A and Italstrade S. p. A. v. The Hashemite Kingdom of Jordan, ICSID Case No. ARB/02/13, Decision on Jurisdiction of Nov. 15 2004, paras. 102 et seq.; Vladimir Berschader and Moise Berschader v. The Russian Federation, SCC Case No. 080/2004, Award of April 21, 2006, paras. 159 - 208; Telenor Mobile Communications A. S. v. The Republic of Hungary, ISCID Case No. ARB/04/15, Award of Sept 13, 2006, paras. 81 et seq.; Wintersballv. Argentina, supra note 38, paras. 167, 187-189 等。

② 在 RosInvest Co UK Ltd. v. The Russian Federation（SCC Case No. V 079/2005, Award on jurisdiction of Oct. 2007, paras. 124-139）案中，仲裁庭裁决，该案所涉及的最惠国条款可被用来主张答辩国在与第三国的双边投资条约中所作的广义上的仲裁同意，从而在与投资者间达成"非默契仲裁合意"，仲裁庭的管辖范围因而得到扩展。在 Renta 4 S. V. S. A et al. v. The Russian Federation（SCC No. 24/2007, Award on Preliminary Objections of March 20, 2009, paras. 68-120）仲裁案中，尽管最终裁定，仲裁庭对该案不享有管辖权（因为根据大多数人的见解，最惠国条款并不涵盖争端解决问题。但该案的异议仲裁员却认为，根据东道国在其与第三国的双边投资条约中所作的对投资者更为有利的仲裁同意，基于基础条约中的最惠国待遇条款，仲裁庭有权管辖本案。

的多边化产生重大影响。最惠国条款能平衡那些已经签署了双边投资协议的东道国与不同投资者母国之间的国际投资关系，并且能够推动国际投资保护制度朝着多边主义的方向进一步发展。依总的观点看，双边投资条约中的最惠国待遇条款能起到减少双边投资关系特殊化空间的作用，并最终改变人们将双边投资条约仅理解为各国间经过讨价还价协商之后再具体化的"等价交换物"的看法。也可以这样认为，正是通过对国际投资保护进行协调，从而为国际投资者营造一个公平竞争环境；最惠国待遇条款在目前的国际投资关系多边化进程中扮演着重要角色，并且在其适用范围内有效地对国际投资法的明显"碎片化"表现起到了抑制作用。①

其实，基于国际投资法旨在平衡外国投资者权利与东道国对外资的监管主权自由的功能，并考虑到外国投资者在其间所处的劣势地位，应适当考虑照顾外国投资者的利益。既然基础双边投资条约的最惠国待遇条款没有明文规定排除适用争端解决方式的程序性事项②，那么出于为国际投资者创建一个真正的公平竞争的国际投资环境的目的，应尽可能地满足投资者在主张最惠国待遇条款扩展至争端解决程序的诉求。

二、国际投资仲裁的多边化作用

国际投资法的多边化现象并非仅发生于投资保护的实体法层面。事实上，通过引入外国投资者—东道国间的仲裁方式，将其作为双边投资条约下投资争端的解决机制，国际投资法的多边化作用会得到进一步加强。一旦投资者被赋予了启动国际投资仲裁程序的权利，将会迫使东道国对投资条约予以遵守，如此一来，当投资争端引发后，东道国与投资者母国间就违反双边投资条约的行为后果进行协商的空间实际上被封杀了。进而，俟违反投资条约的行为产生后，由于东道国与母国间的双边协商的可能性被排除，因而投资条约能确保得到强制实施，而这无关于两国间的国家实力对比情况。除了确保争端方自觉遵守并

---

① SCHILL S W. The Multilateralization of International Investment Law：Emergence of a Multilateral System of Investment Protection on the Basis of Bilateral Treaties [J]. Trade, Law and Development, 2010 (2)：73.

② 如 2012 年《中华人民共和国政府和加拿大政府关于促进和相互保护投资的协定》第 5 条 "最惠国待遇" 第 3 款规定，为进一步明确，本条第 1 款和第 2 款提及的 "待遇" 不包括如第三部分所述的，其他国际投资条约和其他贸易协定中的争端解决机制。

履行裁决的功能外，投资者—东道国间的仲裁方式也可授权于各投资仲裁庭，使后者变身为整个国际投资条约制度的立法主体之一。

（一）作为强制遵守机制的投资条约仲裁的多边化作用

传统国际法允许各国针对违反国际义务的行为采取灵活的协商办法，以求解决之道，当然，其前提为：这样的方式符合争端各方利益，并且根据各自的谈判实力能取得结果。不可避免的是，协商的灵活性可能会因为不同的投资者来自不同的国家而导致不公现象发生。

相反，投资者—东道国仲裁则在一定程度上能确保外国投资者可以东道国政府自觉履行并遵守其在国际投资条约中所做的承诺，从而不必受限于母国在与东道国进行协商过程中相对实力的比较情况。这非但巩固了国际投资法作为现行功能法律制度的地位，而且保证投资条约所确立的普遍与统一原则在实施阶段不至于遭致扭曲。投资者—东道国仲裁作为争端解决机制可以克服部分强国基于与投资者母国相较更强的协商能力从而违反其条约义务的弊端。而且，ICSID 公约排除了投资者母国行使外交保护的可能性①，由此确保了国际仲裁方式成为促使东道国遵守其条约义务的唯一争端解决机制。换句话说，投资者—东道国仲裁方式的创设是国际社会通过法律手段（而不是像传统的投资争端解决方式，主要通过东道国与投资者母国间的协商谈判与外交压力并举），在一个"准法院"机构下解决与投资有关争端的国际社会努力行动的部分成果。

此外，ICSID 公约和"解决国家与他国国民间投资争端国际中心"（ICSID）已成为当今世界最重要的解决国际直接投资争端国际性机制。其中，ICSID 的投资者—东道国仲裁俨然已成为国际层面最重要的投资仲裁形式，而作为规范 ICSID 仲裁法律关系的 ICSID 公约本身就已成为一个多边公约——截至目前，全球共有 161 个国家签署了 ICSID 公约，其中 153 个缔约国已交存了公约批准书、接受书或认可书。对于投资者—东道国间的投资争端，不管是依据哪一个投资条约启动的 ICSID 仲裁程序，ICSID 公约都规定了相同的程序规则，对争端方提出的交易成本也相等。并且，ICSID 公约有关承认与执行仲裁裁决的规则也使得在不同的内国法院能有效地强制执行 ICSID 仲裁裁决成为可能。ICSID 公约规

---

① ICSID 公约第 27 条第 1 款规定，缔约国对于其国民和另一缔约国根据本公约已同意交付或已交付仲裁的争端，不得给予外交保护或提出国际要求，除非该另一缔约国未能遵守和履行对此项争端所作出的裁决。

定，所有的缔约国成员都有承认与执行仲裁裁决的义务。也就是说，依据一个具体双边投资条约的接受 ICSID 管辖的仲裁条款，再加上 ICSID 仲裁庭所作出的终局裁决，其效力就转化为所有的 ICSID 公约成员国都必须自觉遵守并履行的一个特定义务。① 这就使得被申诉的东道国政府更难在其领土内阻碍 ICSID 仲裁裁决的强制执行，因为胜诉的外国投资者可以就东道国位于第三国内的财产（如不动产或银行账号等）在第三国法院提起强制执行申请。如此一来，在其主权管辖范围内，各成员国都有自动承认 ICSID 仲裁裁决终局性约束效力的义务，这也即意味着，ICSID 公约已将强制执行裁决的问题从双边层面提升至多边层面的高度。

众所周知，全球经济是建立在市场机制以及来自不同国家的投资者间开展公平竞争的基础之上的，并且事实已经证明，作为全球经济法律框架组成部分的投资条约在推动国际投资流向资本可以得到最高效配置的国家或地区方面，功不可没。通过为国际投资争端的解决与投资条约义务的强制执行营建一个平等参与竞争的环境，有关投资仲裁与裁决执行的多边规则在朝着实现这一目标方面已做出了回应。

（二）作为投资立法行为的国际投资条约仲裁的多边化作用

国际投资争端的裁判权从完全由国家掌握转变为一部分由国际投资仲裁庭掌握的现状在一定程度上验证了国家在影响国际投资法理导向方面其作用是有限的观点的正确性。虽然，国家在仲裁员的选定、仲裁程序以及仲裁裁决的强制执行方面存在有限的影响力，但相较于投资仲裁庭可行使的自由裁量权而言，真可谓空间不大。同样的，各国在应对他们自认为存在错误的仲裁庭法理方面希望通过修改条约来实现纠正的可行性也非常有限，毕竟条约的修订需取得所有缔约国的同意。

然而，投资者—东道国仲裁以及仲裁庭所享有的国际投资立法功能并不需要被视为是对各国主权的一种威胁。须正确认识的是，投资仲裁的"规则创设功能"仍可促进国际投资法的多边化发展，有助于解决国际投资实践中许多的

---

① ICSID 公约第 54 条第 1 款规定，每一缔约国应承认依照本公约作出的裁决具有约束力，并在其领土内履行该裁决所加的财政义务，正如该裁决是该国法院的最后判决一样。具有联邦宪法的缔约国可以在联邦法院或通过该法院执行裁决，并可规定联邦法院应把该裁决视为组成联邦的某一邦的法院作出的最后判决。

投资者标准权利的模糊性与不确定问题。实际上，仲裁庭的创设规则与填补投资条约"空缺"的功能可使各国建立长久且稳定的国际投资关系，并且这种关系不会因为在不断进行的双边谈判中，缔约双方每次需将特定领域内有关国家行为的广泛原则具体化而受到影响。因而，投资者—东道国仲裁是顺应了国际社会投资关系发展的需求而产生的争端解决方式：解决国际投资关系中的不确定性与模糊性，随着时间推移能使它们稳定下来，并且能让它们适应不断变化的现实情况。① 更为重要的是，仲裁庭将投资法律制度具体化适用从而创设新的国际投资法规则的作用并非局限于调整已递交仲裁的某个争端中法律关系的某一具体投资条约，它还能从整体上影响投资条约的解释。那么，在创建一个以投资条约为主体的国际投资保护法律框架的过程中，各投资仲裁庭又是如何具体地做出自己的贡献呢？

在投资仲裁庭的国际仲裁实践中，明显呈现出国际投资法趋同化的发展态势，特别是体现在仲裁庭解释与理解投资条约的方式上。值得一提的是，各仲裁庭并非按照解释双边条约的典型方法来解释与理解双边投资条约，它们所持的理念表明了，的确存在这样一个以条约为主体的国际投资法体系，并且在各双边投资条约中均能找到有关该体系的具体表述。其中，以频繁引用先前仲裁裁决与参考其他投资条约条款为最主要的表现方式。一旦采取这样的做法，投资仲裁庭就可以将双边投资条约的相同相通之处转化为一部"现实存在却又无处觅其实体"的多边投资公约。

（三）仲裁庭"跨条约解释"方法的多边化作用

在双边投资条约的解释方面，一个有趣的现象就是，仲裁庭并非严格地聚焦于具体双边投资条约进行解释，而是经常采用"跨条约解释"（cross-treaty interpretation）方法或"类似情况（事件）解释"（interpretationin pari materia）方法，即仲裁庭出于解释与适用争端所涉条约的目的，却参考无关于投资争端各方的第三方条约。② 通过这样一种将双边条约置于国际投资法的大框架下进行具体解释的路径，可能会在解释过程中导致产生统一的国际投资规则的效果。

---

① SCHILL S W. The Multilateralization of International Investment Law ［M］. Cambridge：Cambridge University Press，2009：261-263.

② SCHILL S W. The Multilateralization of International Investment Law：Emergence of a Multilateral System of Investment Protection on the Basis of Bilateral Treaties ［J］. Trade，Law and Development，2010（2）：81.

尽管严格说来，第三方投资条约并不能成为具体仲裁案的法律渊源，然而它们在对调整争端所涉法律关系的条约进行解释方面却起着指导意义。如此一来，由于在条约解释活动中完全摒弃了将重心严格限定于双边关系的方法，投资仲裁的多边化作用得以实现。

实际上，这里提及的双边投资条约解释方法的有效性已为 Asian Agricultural Products v. Sri Lanka 仲裁案所认可。仲裁庭认为，"在对具体条约进行解释时，参考先前或后来条约的方法是合适的，只要这些条约所调整的主题相似"①。自该案以后，"跨条约解释"方法在随后很多仲裁庭的裁决中得到了运用。如在 Maffezini v. Spain 案中，仲裁庭在解释基础条约的最惠国条款时，就将缔约国双方在分别与他国所签署双边投资条约中是如何拟订最惠国条款的一般做法考虑了进来。②Plama v. Bulgaria 案的仲裁庭出于为获得支持最惠国条款限制性解释的目的，硬是从第三国条约中做出了一个反面解释。相同的，其他许多仲裁庭也认为，"跨条约解释"方法可以得到运用。③ 这些都表明了，仲裁庭将各国投资条约的一般做法视为国际投资法相关法律渊源的组成部分，当然可被用来指导具体投资条约的解释。

（四）仲裁庭援引先前裁决的多边化作用

能表明仲裁庭积极地为国际投资保护法律框架不断创设规则的第二个方面就是，国际投资仲裁庭大量援引先前仲裁庭所作的裁决。尽管仲裁庭裁决要成为《国际法院规约》第38条第1款（卯）项所规定的"作为确定法律原则之辅助资料者"还有很远的距离，但事实上可以说，先前仲裁庭的裁决无论从质的方面讲，还是从量的角度看，都称得上已成为决定投资者—东道国争端裁决结果的首要因素。虽然仲裁庭裁决并不被认为具有拘束力，但在形成对双边投资条约的统一解释方面，先前裁决已具备相当大的事实上的法律效力。难能可贵

---

① Asian Agricultural Products Ltd v. Republic of Sri Lanka, ICSID Case No. ARB/87/3, Final Award of June 27, 1990, para. 40.

② Emilio Agustin Maffezini v. The Kingdom of Spain, ICSID Case No. ARB/97/7, Decision of the Tribunal on Objections to Jurisdiction of Jan. 25, 2000, paras. 52.

③ 如Compahiia de Aguas del Aconquija S. A. and Vivendi Universal v. Argentine Republic, ICSID Case No. ARB/97/3, Decision on Annulment of July 3, 2002, para. 55; L. E. S. I. - DIPENTA v. Republique algeriennedemocratique et populaire, ICSID Case No. ARB/03/8, A-ward of Jan. 10, 2005, para. 25 (ii) 等。

的是，即便出现先后仲裁庭裁决相互冲突或不相一致的情形，裁判具体案件的仲裁庭仍会采用各种解释策略，争取在投资条约仲裁方面维持一致性，进而保证国际投资法的统一协调。这些策略包括：鉴于此案与彼案的事实有差别，或此双边投资条约与彼双边投资条约的用语不同等，因此需对案件区别对待，借此解释裁决的相互冲突或不相一致——甚至在一些裁决中对与先前裁决的不相一致之处避而不谈①，或者基于冲突规则（比如，原则与例外情形之间的关系等）试图对表面看起来相互矛盾的裁决进行协调。由此看来，保持国际投资法律制度的一致性（至少在国际社会层面）显然是国际投资法理论界与实务界所共同关注的一个问题，毕竟在大量双边投资条约共存的现状下，若这一问题处理妥当了，无疑会推动国际投资条约法理向前发展，反之则阻碍其进步。类似于"跨条约解释"方法的使用，仲裁庭援引先例的做法再次强调了这一观点：国际投资法是建立在统一秩序基础之上的，这一秩序对于单个双边投资条约而言，起着决定性作用。先例的援引也可推动形成一种国际投资法律制度内部的沟通与交流，从而确保国际投资法理中的不同之处能为人们所注意并得到应对处理。需再次重申的是，国际投资仲裁中确实存在一定的裁决结果不相一致的现象，但这一现象的存在尚不足以说服人们放弃接受，也无法抹杀这样一个经观察而得出的现实结论：投资仲裁庭的主流法理思想还是相一致的。

在较近的几乎所有 ICSID 仲裁实践中，仲裁庭关于管辖权的裁定或者对于案件是非曲直的裁决，都参考了先前的 ICSID 裁决结果。一位学者通过对援引先例的现象进行数据分析后，得出结论道："（仲裁庭）引用一般被视为（国际法）辅助渊源的情形占主导地位，比如司法判决（包括仲裁裁决）。"②

尽管仲裁庭经常强调先前裁决的非约束性质，但他们基本上都参考先前仲裁庭的裁决。③ 比如，El Paso v. Argentina 案的仲裁庭就表明，他们将"遵循与

---

① 如 LG & E Energy Corp., LG & E Capital Corp., LG&E International Inc. v. Argentine Republic, (ICSID Case No. ARB/02/1, Decision on Liability of Oct. 3, 2006) 仲裁案中，仲裁庭就反复援引 CMS v. Argentina 一案来佐证其对公平平等待遇的解释与"伞形条款"适用的正确性（paras. 125, 128, 171），但未提及在"紧急情况"的抗辩主张方面，其作出的裁决结果与 CMS v. Argentina 案却截然相反（paras. 204—266）。

② COMMISSION J P. Precedent in Investment Treaty Arbitration-A Citation Analysis of a Developing Jurisprudence [J]. J. Int'L Arb, 2007 (24)：129, 148.

③ KOHLER G K. Arbitral Precedent：Dream, Necessity or Excuse? [J]. Arb. Int'l, 2007 (23)：357.

先前裁决相同的法理，尤其是针对那些争端双方无论在其书面诉求，还是口头辩论中均大量援引先例的案件"①。争端双方援引先例的方法意味着人们产生了这样的期待：仲裁庭在裁决争端时不是通过抽象地解释所适用的具体双边投资条约条款，而是将解释与推理置于早就存在的看似散乱的国际投资法框架内进行，事实上这一框架也可说是基于先前的投资条约裁决而形成的。

先例的巨大影响作用已变得非常明显了，下面以北美自由贸易区协议（NAFTA）下的 Waste Management v. Mexico 仲裁案来说明这点——该案仲裁庭对有关公平与平等待遇问题的先前投资裁决予以了相当篇幅的叙述，其目的在于为这一因案而异的待遇标准推断出一个定义。可以预见的是，在国际投资仲裁实践中，先例的重要性只会越来越强，原因在于仲裁庭基本上不会对先前仲裁庭的裁决与观点进行批判式分析，只会赞同他们的意见，所持的态度类似于普通法中人们对先例的遵循。在 Waste Management v. Mexico 案中，仲裁庭正是通过引用北美自由贸易区协议框架内先前仲裁庭的裁决对公平与平等待遇标准进行界定的。该仲裁庭认为：

> 将 S. D. Myers 案，Mondev 案，ADF 案与 Loewen 案综合起来看，违反公平与平等待遇的最低待遇标准的行为可以这样认定：由归责于国家的行为引发并对申请方造成了损害，只要该行为是随意的，非常不公平，不公正或怪异的，且带有歧视性，使申请方遭致行业性或种族性偏见，抑或该行为缺乏正当程序所导致的结果违反了司法适当性——正好比在司法程序中明显地未能提供自然正义或者在行政执法中完全不能做到透明与公正。②

可见，仲裁庭在适用公平与平等待遇条款时最主要地还是将由先前 NAFTA 投资仲裁庭裁决发展而来的标准运用到在审案件的事实中去，而不是采纳仅通过对条约本身单独进行解释发展而来的标准。这样一种援引先例进行裁决的方法已成为国际投资仲裁庭裁判案件的典型方式，并且可以追溯至几乎所有关乎外国投资保护标准的认定。

---

① El Paso Energy International Company v. The Argentine Republic, ICSID Case No. ARB/03/15, Decision on Jurisdiction of April 27, 2006, para. 39.

② Waste Management, Inc. v. The United Mexican States, ICSID Case No. ARB（AF）/00/3（NAFTA），Award of Apr. 30, 2004, para. 98.

事实上，就作为国际投资条约仲裁最主要形式的 ICSID 仲裁而言，通过对 ICSID 公约的仲裁庭管辖制度进行仔细的文本分析以及相关判例对这一制度的发展与创新来看，一个很明显的趋势就是：自 ICSID 成立以来，其管辖范围一直在扩展。如前所述，这一态势的发展不仅有公约文本方面的基本原因，另外也得益于 ICSID 仲裁庭在相关的裁决判例中确立了一些有利于扩大 ICSID 管辖权的解释，如同意形式的灵活性，投资含义的动态化，法人国籍标准的多重性，外国控制含义的多样化等。

如果将正在兴起的国际投资仲裁判例法与有关双边条约的作用和条约解释的双边主义方法的传统观点结合起来看的话，那么投资仲裁法理对国际投资法的多边化发展所起的重要作用就更显而易见了。从双边主义的视角看，在跨条约案件中援引先例或者参考第三方条约将其作为解释的辅助工具的做法都可被视为是对国际条约的"当事方间效力（inter partes effect）"原则的违反，毕竟第三方条约只是间接地被赋予规范的地位。很明显，一旦第三方条约被用作解释的辅助工具，这无异于就所适用的投资条约而言，要么为争端方施加了新的条约义务，要么减少了争端方的现行条约义务。同样的，投资仲裁庭大量地依赖先例的行为也可被看作是对有关国际法渊源的传统观点的违反，理由是：国际投资仲裁中的先例非但不仅仅作为国际法的辅助渊源得以适用，而且还在仲裁庭的裁决过程中充当最基本的法律规范。

尽管存在上述的种种质疑，国际投资仲裁庭大量援引先例的做法还是可以得到条约解释原则的支撑，原因在于：在这一个以约 3000 部双边投资条约为主体的国际投资多边法律系统内，双边投资条约一方面起着创设国际习惯法的作用①，另一方面则构成了《维也纳条约法公约》第 31 条第 3 款（丙）项"适用于当事国间关系之任何有关国际法规则"意义下的组成部分。换句话讲，国际投资仲裁中，仲裁庭大量运用先前裁决以及多边制度下其他典型的条约解释方法，是与有关国际法渊源与条约解释的传统观念相一致的，只要人们将双边投资条约仅仅看成是以条约为基础的国际投资保护多边制度的具体表现形式。事实上，只有从将投资保护视为一个多边机制的观点出发，才能更好地将双边投

---

① HINDELANG S. Bilateral Investment Treaties, Custom and a Healthy Investment Climate – The Question of Whether BITs Influence Customary International Law Revisited [J]. J. World Inv. & Trade, 2004 (5): 789.

资条约制度理解为一个统一的法律整体（或系统）。正是建立在这一理论基础上，有学者才提出将投资条约纳入全球行政法框架的主张①，更有学者认为：国际投资法正处于不断宪法化的进程中②。

第三节　国际投资法的趋同化：创建一个投资保护的普遍性制度

从整个国际社会的层面看，由于法律渊源的多样性，法律部门及法系的多样性，法价值的多元性，法道德的多元性以及西方法学思想流派的多种主张，法律注定会随着国家的不同，时代的变迁和世界的发展而呈现多方位、多元性的特点。正如博登海默所说："法律是一个带有许多大厅、房间、凹角、拐角的大厦，在同一时间里想用一盏探照灯照亮每一间房间、凹角和拐角是极为困难的，尤其是当技术知识和经验受到局限的情况下，照明系统不适当或至少不完备时，情况就更是如此了。"③

一、法律的多中心性与趋同化

尽管法律的多中心性特征④客观存在，但我们也应看到：随着"地球村"理念的深入人心和全世界各国在政治、经济和文化方面的日益紧密联系，法律的多中心性呈现出复杂的时代性新特点。其中的变化之一即各国（或地区间或

---

① HARTEN G. V, LOUGHLIN M. Investment Treaty Arbitration as a Speies of Globa/Administraive Law [J]. Eur. J. Int' l L. , 2006 (17)：121.

② SCHNEIDERMAN D. Investment Rules and the Rule of Law [J]. Constellations, 2001 (8)：521, 523；BEHRENS P. Towards the Constitutionaliation of International Investment Protection [J]. Archiv Des Volkerrechts, 2007 (45)：153.

③ E·博登海默. 法理学：法律哲学与法律方法 [M]. 邓正来，译. 北京：中国政法大学出版社，2004：217.

④ 基于前人的各种法学理论尚不足以提供一个人们所希望得到的关于法的普遍定义的现实情况，于是乎在 20 世纪 90 年代曾掀起过一场源自哥本哈根大学法律科学院被称为"法律多中心性"（legal polycentricity）的新法理学运动。这一新法理学运动主张法的非普遍性和同一法律制度下价值的非普遍性的观点，拒绝接受道德和法律问题的单一价值方法。关于"法律多中心性"的新法理学运动参阅亚瑟·P. 辛哈. 法理学：法律哲学 [M]. 北京：法律出版社，2004：347.

法系间）法律制度出现协同化或趋同化特征。并且，随着当今世界各国法律渊源的趋同化，法律部门及法系的趋同化，全人类价值共核的逐步形成，法道德观的趋同化以及西方法学思想流派的相互融合，法律的趋同化特点与法律的多中心特点将统一贯穿于法律的发展变化过程中。法律趋同化的观点自提出以来，由于经历了较长时间的实践检验证明，日益为法学界所重视和赞同。李双元教授在《中国与当代国际社会法律的趋同化问题》一文中，将法律的趋同化界定为"不同国家的法律，随着国际交往日益发展的需要，逐渐相互吸收、相互渗透，从而趋于接近甚至一致的现象"①。究其实质，无论是法律的多中心性特征，还是法律的趋同化特点，都是一种表面矛盾的统一关系，而这个统一体就是客观存在于现实世界的各国法律制度总和——这也是完全符合马克思辩证唯物主义关于事物的矛盾统一原理的。②

具体就国际投资法领域而言，法律的多中心性特征主要表现为国际投资法的碎片化特征——绝大部分的国际条约只是调整两国间的法律关系，国际投资条约更是如此。双边投资条约在双边的基础上为缔约双方创设共同权利与义务，并协调双方的国家行为。虽然国际条约的双边主义在应对具体情况以及处理相关国家的利益方面有灵活的优势，但其在阻碍为国际社会创建一个共同法律基础方面所起的抑制作用也不容小觑。双边主义理念将国家自我、国家主权和在创建国际法律制度方面应取得该国同意等方面置于中心考虑地位，而且始终确保自己国家的利益凌驾于该国领域之外的其他利益。自19世纪以来至20世纪绝大部分时间内，这种理念构成了对国际法的传统理解。双边主义的特点是信奉国际法的渊源必须是严格建立在国家同意的基础上，这一理念拒绝接受国际法主体也包括非国家主体的客观事实，它也拒绝承认在国家主权平等的国际秩序中，国际法的强制实施实际上是与各国的权力分配相关联的。

二、国际投资活动的全球化发展呼唤普遍适用的投资规则

经济利益往往被认为是创建与形成法律规则的驱动因素之一。作为结果形式出现的法律制度，并非仅仅只对个人行为施加规范性的指导，而且其本身也堪称社会（包括社会需求与社会偏好）的一个产物，应承担起使社会的各种交

① 李双元.法律趋同化问题的哲学考察及其他［M］.长沙：湖南人民出版社，2006：112.
② 银红武.论法律的多中心性与趋同化［J］.衡阳师范学院学报，2009（1）：34-36.

换活动得以顺利进行下去的使命。国内制度如此，即便是国际层面的国际法制度也概莫例外。事实上，国际法正以前所未有的速度发展与变化着——当然，在这个过程中其本身也不断进行自我修正——因为作为对社会与经济全球化现象积极反应的国际法规则，其需求量实在是太大了。可以说，对目前世界范围内几乎所有的文化、政治与经济生活产生影响的全球化进程正逐渐地使国际法从过去的单纯作为协调国家与国家间关系工具的身份转变为能给真正全球意义上的社会秩序提供法律架构的一种机制。

全球化的特征之一就是跨越国界的经济活动的增长：商品、服务与资本逐渐挣脱领土的束缚，日益自由地游走于国与国之间，进行跨越国界的流通。这一变化不仅增加了单个经济主体（包括消费者与生产商）的可选择对象，而且加剧了各国间的经济相互依赖性，使各国间的经济一体化进程（尽管目前还不完全）朝着建立一个全球经济体系的方向发展。与此同时，经济活动的跨越国界开展无论对各国管理经济的能力，还是对各国为全球经济发展所需而提供一套适当的法律制度的能力都受到了极大的挑战与考验。总体而言，这一套法律制度一方面应包括，如合同与财产权利的法律概念，监管框架，执行程序以及争端解决机制等内容；另一方面应实现使各经济主体能顺利开展活动，对其经济交往予以规制的目的。无疑，其结果就是，作为规范全球性经济活动的国际经济法制度，其重心将逐渐从国内层面向国际层面转变。这一转变对于调整国际投资法律关系的国际投资法而言同样正确，因为在世界范围内，自第二次世界大战结束以来，国际资本出现了跨越国界的加速流动。

众所周知，国际社会之所以当前通常选择投资条约的双边主义形式，其关键在于资本输出国集团与资本输入国集团在 20 世纪的多边投资谈判活动中出现了难以逾越的障碍，并最终导致谈判破裂。尽管谈判各方也意识到，假若存在一套统一的国际投资法律制度，那么各方都会从中受益，但无奈各谈判方从一开始就只顾打着自己的小算盘，在外国投资者权益与东道国主权的分配问题上未能达成共识，其结果也就不难预测了。资本输出国集团出于保护海外投资的目的，希望建立的是一种对东道国政府的行政监管权予以强有力限制的稳定制度；而资本输入国集团的最大心病则是担忧这一投资保护制度会造成其主权的极大侵蚀。

这种东西方间的社会主义与自由主义意识差异斗争最终以出现投资条约双

边主义形式的结果而不得已收兵。当然，在与发展中国家进行双边投资条约谈判的过程中，发达的资本输出国还是会利用自身优势地位，尽可能地将其在已失败的多边投资谈判中所坚持的投资保护标准写入双边投资条约。随着国际经济的一体化乃至全球化发展，双边投资条约的缔结活动并非仅局限于发达国家与发展中国家之间，而且也发生于发达国家之间或者发展中国家之间。这也意味着，即便是先前反对外国投资保护的发展中国家也将双边投资条约接受为调整国际投资关系的适当工具。从这个意义上讲，双边投资条约是建立在普遍原则的基础上的，因为不管是资本输出国，还是资本输入国，这套原则都是适用的。这也就是说，双边投资条约所希望创建的是一套具有普遍效力，并对各国实行同一标准的法律规则。

三、国际投资条约所追求的普世价值

后来，伴随着全球化的渐进式发展，越来越多的传统上为资本输出国的国家开始转变为来自其他发达国家或发展中国家（新兴经济体）的海外投资流入的目的地时，国际投资法自然地就不仅仅呈现多边化特征，更是朝着成为一种日益普遍化的制度方向发展，并且这一制度无关于外国投资的来源地与目的地，完全起着普适性的作用。确切地说，双边投资条约所希冀创建的是一项能全力支持国际投资合作的制度，其目的在于负责对全球市场经济的运作起着至关重要作用的法律机制的具体施行。条约中的国民与最惠国待遇意在为外国与内国经济主体确保一个同一水平的竞技场——而这也是公平竞争的前提条件。条约对未获补偿的被征收投资予以保护能确保对投资者财产权利的尊重，而合法的私有财产神圣不可侵犯称得上是市场交易活动的一项基本原则。资本自由转移的保障能实现资本的自由流动，而这也最终有助于在全球市场中实现资源的有效配置。条约的"保护伞条款"可实现将东道国政府对外国投资者所作的承诺转化为国际投资条约义务的功能。公平与平等待遇以及全面保护与安全条款能保障外国投资者所享有的基本正当程序权利，充分体现法治理念的神圣不可侵犯性，并且针对投资者所遭受的损害或损害威胁必须给予充分的保护。而投资者—东道国投资争端仲裁方式的可获得性更是代表着一种全球治理的先进机制，外国投资者借助它可实现对东道国投资条约下的义务予以强制执行。

四、国际投资法的趋同化是经济全球化的必然选择

（一）国际投资法的趋同化能有效减少东道国的机会主义行为

一般认为，外国投资之所以倾向于选择将国际合作视为一种秩序规范机制的投资环境，并非全部基于投资的跨国界流动要素，更重要的是因为在投资过程中，东道国是以主权行动者的身份参与进来的。尽管最初在吸引外资与进行投资方面，东道国与外国投资者有着太多几乎相同的利益，但是随着投资的做出，情况就会发生变化。就投资者而言，其选择撤回投资再在其他国家另起炉灶，但在同时却不会遭致严重经济损失的可能性是非常低的。但在东道国方面，其通过更改投资合同从而对最初的投资条件予以单方变动，对调整外国投资的法律予以修订，甚至是对外国投资实行征收却不予以补偿的各种冲动是客观存在的。这些源自东道国机会主义行为的所谓政治风险非但增加了外国投资者的投资成本，甚至会对外国投资的流向产生决定性的影响。因此，出于促进与保护外国投资的目的，国际社会很有必要创建一套既能抑制东道国采取机会主义行为的冲动从而降低政治风险，又能确保单个投资者的外国投资活动得以顺利开展的趋同的国际投资法律制度。

在国内法层面，依照自由主义法律制度，应牢固树立法治主义理念，政府只允许根据先前牢固确立的实体规则与程序行事，通过赋予自然人与公司权利而对自身行动进行主动限制。比如，坚持法治与禁止对外国投资实行征收的一般原则可以有效地避免打着公共利益保护的幌子行机会主义之实以及寻租（rent-seeking）等行为的发生。与此同时，自由主义法律制度还通过对财产权利予以规范，对可强制执行的合同予以承认，为投资者提供司法解决机制等方式使得投资者得以顺利从事经济交换。

如此一套法律制度不仅对单个投资者的决定至关重要，而且对经济增长与社会发展均能起到正面的推动作用。实际上，财产权利的保护、合同的可强制执行性、推行法治的政府以及独立的司法争端解决，与另一方面的宏观经济增长之间的联系正是制度经济学所强调的，并已得到理论与实证研究的证明。反之，人们普遍认为，出现低基数的外国投资增长，较低的工资水平，以及社会的落后发展状态，其中原因之一是缺少这样的一套制度。

在国际法层面，随着世界范围内外国投资的快速增长，一套与之相适应的国际法制度自应顺势而生并逐渐发展壮大。确切地说，国际投资法正是适应了外国投资者及其母国出于保护投资，东道国则出于吸引外国投资的目的与要求而创建并发展起来的。这样的一套国际投资法制度由规定投资者—东道国争端解决机制的国际条约，提供投资保障的法律文件以及 3000 部左右包含保护外国投资者免受东道国非正当干涉的日益统一的实体标准的双边、区域性或行业性投资条约组成。这些条约通常纳入的统一实体标准包括国民待遇标准、最惠国待遇标准、公平与平等待遇标准、全面保护与安全标准、禁止未予补偿实施直接或间接征收标准以及东道国一般性同意投资者—东道国仲裁条件等。

（二）国际投资法的趋同化能实现内外资统一管理

国际投资法的另一趋同化发展特征值得引起注意：国际投资法不再只是单纯调整跨越国界的资本流动，它正发展成为调整国家与国内总体经济之间关系的一个普遍性法律框架。尽管投资条约能直接适用的仅为外国投资者，但是它们也能间接地影响各国政府对待内国投资者的行为。原因在于，投资条约对东道国政府为外国投资者行为所施加的种种限制逐渐也会适用于内国投资者，因为内国法作为一种单纯调整内国投资者法律关系的单独法律制度，相较于内外资适用统一的法律制度而言，将会显得成本过高甚至是不可能再这样维持下去。其结果将是，外国投资者与内国投资者就其实际享受的待遇而言，两者间的区别将会逐渐消失。从这一意义上讲，作为国际投资法主要渊源的双边投资条约也能对各国所采取的法律改革产生推动作用，而这一改革的发展能确保不仅对外国投资者，而且能对所有的投资活动（包括内国投资者的活动）实行良好治理标准。也许，到了内外资实现统一管理的阶段，真正意义的经济全球化将向前迈进更大的一步。

第四节 国际投资法的全球行政法外观特征与宪法因素

国际投资法"国际化"①的发展态势表明,无论是从程序层面还是实体层面来看,国际投资法都可被视为一种公法制度。②

一、国际投资法的全球行政法的外观特征

21世纪初,尽管在一些著述③中西方学者已对全球行政法的一些方面进行过预测,但无论如何,全球行政法运动却还称得上是一个较新的概念。④ 全球行政法概念所基于的一个前提是,在许多情形下,人们难以再在国际与国内两个层面间划出一条清晰的界线。确实,如今的一个普遍现象就是,国际与国内法机制相互缠绕交织。当今,一些全球治理的法律文件不再表现为作为主权国家与相当主体间协调制度的国际公法的传统形式。在国际投资法领域,最具说服力的例子就是包括联合国系统在内的政府间国际组织拟定了与跨国公司社会责任相关的国际文件(例如,经济合作与发展组织制定的《跨国公司行动指南》等)以及众多非政府间国际组织所制定的相关指导原则或标准文件。需特别强

---

① 在一系列与阿根廷经济危机有关联的国际投资仲裁案中,仲裁庭表达了三个重要观点:一、国际法与国内法是两种相互补充的全方位法律秩序;二、国际法最终优先于国内法;三、国际法与国内法不能截然分开,两者互为补充,可视为在全球范围内形成一种相互整合的法律秩序。CMS Gas Transmission Company v. Argentine Republic (ICSID Case No. ARB/01/8); Azurix Corp. v. Argentine Republic (ICSID Case No. ARB/01/12); Siemens AG v. Argentine Republic (ICSID Case No. ARB/02/8) etc..

② 相反,也有学者认为:"在过去,国际投资争端仲裁庭往往将自己看成是国际商事仲裁庭的略显奇怪的同胞兄弟。"支撑的事实是,直到20世纪90年代,大多数国际投资争端案的仲裁员过去拥有商事仲裁背景,另外,由于在国际层面缺乏一套连贯的制度体系,国际公法并不能在国际投资领域起着主导作用,故国际投资仲裁一直被看成是一种私法制度。MOSS G C. Commercial Arbitration and Investment Arbitration: Fertile Soil for False Friends? [C] //BINDER C, et al. (eds.) . International Investment Law for the 21st Century: Essays in Honour of Christoph Schreuer. Oxford: Oxford University Press, 2009: 782.

③ KOH H H. Transnational Legal Process [C] //SIMPSON G. The Nature of International Law. Burlington: Ashgate Publishing Limited, 2001: 311-314.

④ KINGSBURY B, KRISCH N, STEWART R B. The Emergence of Global Administrative Law [J]. Law & Contemporary Problems, 2005 (68): 15.

调的是，这些规范机制正起着类似于行政法所拥有的典型作用："规则的制定与适用主体并非为本质上是履行立法或司法功能的机构。"①

全球行政法是一套关乎监管主体的决定能产生全球性（而不仅仅是国内性的）影响的机构责任制度。② 全球行政监管可以表现为众多不同的形式。一些学者总结出五大类行为（在实践中，它们经常会重合或同时具备几个特征）：1. 国际组织行政监管。成员方通过缔结条约而创建的政府间国际组织制定针对单个成员国的规则——如联合国安理会的"精准制裁"（smart sanctions）制度即为最重要的例子。2. 基于跨国组织网络集体行动的监管。譬如，在缺乏一个正式的、具有约束力的决策机构的情形下，各国国内监管部门之间的合作行为。3. 国内监管机构通过对具有全球意义的事项作出行政决定的监管行为。比如，美国政府所采取的旨在保护海龟的行政举措——该行为引发了 WTO 法律框架下的一起贸易纠纷。4. 通过政府与私人间混合安排的行政行为，即结合私主体与政府主体的机构——如国际食品法典委员会（Codex Alimentarius Commission）在通过食品安全标准时，邀请政府或非政府代表参加决策过程。5. 履行规范职能的民间组织的管理行为。举例说，国际标准组织就是一个典型的私人组织，其职责为在全球层面对各国产品及生产规则进行协调。③

国际投资法属于全球行政法的第三大类。不难发现，国际投资法的全球治理的行政监管性质与其他四种行政行为显著不同：初一看，国际投资法的主要监管功能是通过东道国在纯粹国内范围内得以履行。然而，这一关系可以转变为一种全球性关系——因为在国际法律制度（如双边投资条约）基础上，外国投资者极有可能被授权允许国际法庭对东道国行为的合法性进行审查。④

事实上，将投资争端递交至国际仲裁庭进行裁决的国际投资仲裁在四个主

---

① KRISCH N, KINGSBURY B. Symposium：Global Governance and Global Administrative Law in the International Legal Order — Introduction：Global Governance and Global Administrative Law in the International Legal Order ［J］. Eur. J. Int' l L.，2006 (17)：1, 3.

② KINGSBURY B, KRISCH N, STEWART R B, et al. Global Governance as Administration — National and Transnational Approaches to Global Administrative Law ［J］. Law & Contemporary Problems，2004-2005 (68)：5.

③ KINGSBURY B, KRISCH N, STEWART R B. The Emergence of Global Administrative Law ［J］. Law & Contemporary Problems，2005 (68)：20.

④ KULICK A. Global Public Interest in International Investment Law ［M］. Cambridge：Cambridge University Press，2012：80.

要方面有别于国际商事仲裁，而这也表明了国际投资仲裁的全球行政法的性质。第一，国际投资仲裁许可私人主体将诉东道国的单个请求提交至国际仲裁庭。无论是 ICSID 公约第 27 条排除投资者援引外交保护的规定，还是大部分双边投资条约①对于投资者穷尽当地救济义务的背离规定，其用意均为促成投资者与东道国仲裁合意的更容易达成。外国投资者可直接"接受"东道国在其国内立法或双边投资条约中所作的同意国际仲裁的"要约"，从而直接提起诉东道国的仲裁申请。就东道国而言，这也可被视为是对自身主权的自我限制与对国际仲裁庭裁决投资争端权力的认可。第二，国际投资仲裁促成东道国对主权豁免的弃权，而这也表现为国际仲裁裁决可在东道国内被直接执行。第三，国际投资仲裁将赔偿金作为东道国违反其国际义务的行为的一种救济手段。第四，外国投资者借助于在不同国家成立子公司的多种方式，再加之双边投资条约也便利了投资者的仲裁机构选择，最终拓展了投资仲裁作为一种国际司法审查方式的范围。②

二、国际投资法的宪法因素

　　无疑，单从国际投资争端仲裁机构③的角度看，国际投资法绝无宪法特征。然而，通过观察 ICSID 公约第 42 条④以及考虑到大多数双边投资条约在规定国内法与国际法的"交错结合"关系的同时却赋予国际法优先适用地位的现实，不难得出结论，国际投资法创建了一个具有不同效力等级的规范系统。在效力等级的最高层是国际法——尤其是将外国投资者权利奉为神圣的双边投资条约。于是在国际投资实践中，东道国一旦被发现损害投资者的权利，即被强迫要求对其侵害行为进行正当性证明——事实上，这一做法正是宪政秩序的一个典型特征。⑤ 换言之，倘若东道国对私人投资者的权利实施侵害的话，该国即被要

---

① 如《美国双边投资条约模本（2004）》。

② HARTEN G V, LOUGHLIN M. Investment Treaty Arbitration as a Species of Global Administrative Law [J]. EJIL, 2006 (17)：137.

③ 主要的国际投资争端仲裁机构为 ICSID 与联合国国际贸易法委员会等。但这些机构与其说是一个具有行政监管功能的组织，倒不如说只是一个解决国际投资争端的场所。

④ 第四十二条　一、仲裁庭应依照双方可能同意的法律规则对争端作出裁决。如无此种协议，仲裁庭应适用作为争端一方的缔约国的法律（包括其冲突法规则）以及可能适用的国际法规则。

⑤ ALEXY R. Theorie der Grundrechte [M]. Frankfurt：Suhrkamp, 1986：87.

求限制其行使公共权力。而正是从这一公法层面讲，国际投资法的宪法特征才显露无遗。"跟宪法一样，（双边投资条约）非但对国家行为进行限制，而且作为国际公共秩序的组成部分，条约在全球经济制度的运作中起着创设与保障国际共同体利益的作用。投资条约的宪法性质主要体现在，条约所创建的多项法律原则可用作规范东道国针对外国投资者行为的标尺。"①

再者，国际投资法对东道国行为的限制功能还具有另外的宪政意义：东道国在如何对待外国投资者方面不再拥有最终发言权，或者说，至少不会像在外交保护情形下，有可能与投资者母国进行政治层面的讨价还价。东道国通过同意将投资争端递交至某个国际仲裁庭的方式，表明了其已将大量的国家权力移交给一个独立的第三方。因此，国际仲裁庭的这样一种审查国家行为的权力（不管其为行政的、司法的抑或立法的），就类似于国内宪法法院或最高法院被授予的最终司法审判权，能被用来判决某个具体国家行为是否与该国起支柱作用的内国法律制度相一致。② 也可以说，在一定程度上，国际投资仲裁庭所起的作用犹如国内宪法中的第三方政府部门。③

于是，有学者得出结论说，国际投资法表现出公法④的所有特征："它并非是建立在司法平等主体间的一种对等互惠关系的基础上，而是牵涉到东道国与个人投资者间的行政监管关系。"⑤ 总体而言，国际投资法关涉对公共权力的行使进行裁决控制，同时也赋予非国家主体"刺穿"东道国主权"盾牌"的权利。国际投资法作为全球公法的全球性正是因为它使得这一公法制度在全球层

---

① SCHILL S W. The Multilateralization of International Investment Law [M]. Cambridge：Cambridge University Press，2009：373.

② 如《德国宪法》下德国联邦宪法法院以及《美国宪法》下美国联邦最高法院所扮演的角色。

③ BEEN V，BEAUVAIS J. C. The Global Fifth Amendment [J]. N. Y. U. L. Rev.，2003（78）：30.

④ 作为规范公共权力行使的公法通常具有两个维度。其一，行政维度。公法调整的是国家与个人（或其他私主体，如公司）间的日常关系。此类关系通常是通过由一般法律或法规进行调整的个人行为得以建立，并接受普通基层法院的司法审查。其二，宪法维度。公法调整的是个人与国家间的宪法性关系。针对国家的行政、立法或司法行为，个人认为其行为过于干涉自己在自由、隐私或尊严方面神圣不可侵犯的基本权利与民主自由等——而这些为国家基础性文件所保障。KULICK A. Global Public Interest in International Investment Law [M]. Cambridge：Cambridge University Press，2012：96.

⑤ HARTEN G V，LOUGHLIN M. Investment Treaty Arbitration as a Species of Global Administrative Law [J]. EJIL，2006（17）：149.

面得以适用，并体现了国内法与国际法的交错结合关系。

　　综上，全球公法性已成为国际投资法的典型性特征。因此，在国际公法规则与一般原则的规范下，再加之全球行政法与全球宪政主义理念的指导，国际投资法中的有关公共利益就纯粹升格为一种国际利益，或者用更精确的术语讲，即为全球公共利益。如果说国际投资法是全球治理的一个例子，那么该种治理就必然包含对冲突利益——如个人权益与集体利益间的冲突，或者外国投资者权利与全球公共利益间的冲突——的解决。①

---

① 　银红武.中国双边投资条约的演进——以国际投资法趋同化为背景［M］.北京：中国
　　政法大学出版社，2017：42~67.

第三章

国际投资法的全球公共利益保护

自国际投资活动产生以来，作为调整国际投资法律关系总体规范的国际投资法就一直致力于国际投资的保护，而对投资的保护无疑最后也会具体落实到投资者权利保护这一点上。可以毫不夸张地说，现行国际投资法是以保护外国投资者财产利益为中心而构建起来的——尽管发达国家与发展中国家在构建国际投资法的进程中其立场、动机与关注点存在明显不同：发达国家主要是出于扩大本国私人资本的输出，以获取高额的海外投资利润，并确保海外投资的安全与既得利益，最终增强国际竞争力的目的；而发展中国家则希望通过为外国投资者创设较佳的本土投资环境，以吸引、刺激更多的海外资本涌入本国，并对外资进行积极引导与有效利用，帮助促进本国的经济与社会发展。作为国际投资法主要渊源的双边投资条约对外国投资者的保护主要体现在实体规则和程序规则两个方面：一是，条约中规定了一套详尽的投资者保护实体条款（如在投资被征收情形下，投资者可获即时、充分与有效补偿；条约确保投资者的公平、公正待遇，以及国民与最惠国待遇；条约一般禁止业绩要求，并包含"伞状条款"等）；二是，条约通常含有将投资者与东道国间的投资争端递交"解决国家与他国国民间投资争端国际中心"（ICSID）予以解决的仲裁条款。

然而，正如过去历史所表明的，国际投资不可能发生于真空之中（事实上，一个普遍性的全球范围内的国际投资多边公约就曾遭遇到来自各方面的强烈反对最后无果而终）：排他性考虑外国投资（或投资者）权利的情形是极为有限的，外国投资（或投资者）权利往往会受到东道国基于保护第三方利益或国内共同利益甚或全球公共利益义务的制约——近年来，在越来越多的诉诸 ICSID或其他国际性的投资仲裁机构的投资争端案中，一个不容忽视的事实就是：针对外国投资者所声称的投资权利受到损害的请求，东道国屡屡提出公共利益的抗辩。①

第一节　国际投资法的全球公共利益考量

尽管就目前而言，在国际投资立法实践中，各方对公共利益还未能提供一个统一的理论基础。② 但是，无论是各东道国政府抑或是国际投资仲裁庭均强调对其的考虑，并将这一理念完全渗透至国际投资法的主要法律渊源中——前者基于公共利益代理人的身份，通常在其国内立法或国际投资双边条约中作出保护公共利益的种种规定；后者则在裁决国际投资争端案中，试图对公共利益进行法理阐释。

一、东道国政府：公共利益代理人

虽然国家在国际"舞台"上仍维持其最重要主体的地位，但是国家在"戏剧"中所扮演的角色俨然由国际社会所决定并"导演"。一个不容忽视的国际社会现实就是，现代国际公法几乎所有方面越来越倾向于人道，也是对人类价值的重视。于是，国际公法"已成为渗透至所有社会生活领域的多方位法律体系，在其内各国政府通常秉承促进公共目的行事"。在如今强调人类整体利益的价值导向型制度下，这里所称的"公共目的"绝非指的是"各国应最大程度地考虑其作为主权者的自身利益"，它仅指的是"对于构成国际社会最重要利益相关者部分的整个人类而言，什么是最有利的"。如果对政府的角色进行重新定位的话，那么"各国政府仅为其内在功能旨在为其国民提供法律所规定的人权利益服务的工具而已"③。

---

① 银红武. 略论国际投资法的全球公共利益保护 [J]. 湖南师范大学社会科学学报，2015（3）：90-99.

② 西方学者普遍认为，由于公共利益的概念包含始终有争议的两个元素："公共"和"利益"，因而，难以对它进行明确的界定。石化刚. 全球公共利益和谐治理化 [J]. 合作经济与科技，2007（10）：76-77.

③ TOMUSCHAT C. International Law: Ensuring the Survival of Mankind on the Eve of a New Century [M]. Boston: Martinus Nijhoff Publishers, 2001: 70.

结果就是，在这样一种国际公法制度下，政府的角色就转变为保护人类利益的"中间人"或代理人。换言之，虽然国际公法仍维持国家的国际法最主要主体的身份，但是作为"发动机"的国家在驱动"机械装置"时，其围绕的基准必须坚持为"人类"的整体目的。当今世界的绝大多数国家为民主政体，一个不容改变的普遍观点就是，民选政府的"为民性"应成为一国政府的终极施政目标。事实上，该观点已在《公民及政治权利国际公约》第25条的约文中得到体现，即"每个公民应有以直接或间接方式通过自由选择的代表参与公共事务的权利和机会"。

如果说，无论是国内的宪法宗旨还是外部的国际法规则都决定了各国政府的目标正是为了促进其国民利益的保护，那么各国置身于"聚焦人类本体且以人类价值为基础"的国际公法制度之中的事实就意味着：在国际层面，各国必须充当人类利益代理人的角色。总言之，若国际公法的理论基础为"人道"，而国家在国际交往中仍为最重要主体的话，那么各国政府就应担当代理人的身份，竭尽其能为着人类利益行事。

二、国际投资公共利益保护的国内立法

在世界范围内，各东道国一方面出于吸引海外资本的目的，通常会在其国内立法中规定一些一般性的优惠措施来促进海外资本的流入，但另一方面基于保护公共利益的考虑，各国也会对外国资本进行"公共利益限制"或"公共利益例外"的立法规范。以中国为例，2019年3月15日第十三届全国人民代表大会第二次会议通过的《中华人民共和国外商投资法》第6条①、第20条②与第25条第2款③分别规定，外国投资"不得损害中国的社会公共利益"或"在特殊情况下，国家为了公共利益的需要，可以依照法律规定对外国投资者的投资实行征收或者征用……并及时给予公平、合理的补偿"以及"因国家利益、社

---

① 第六条　在中国境内进行投资活动的外国投资者、外商投资企业，应当遵守中国法律法规，不得危害中国国家安全、损害社会公共利益。

② 第二十条　国家对外国投资者的投资不实行征收。在特殊情况下，国家为了公共利益的需要，可以依照法律规定对外国投资者的投资实行征收或者征用。征收、征用应当依照法定程序进行，并及时给予公平、合理的补偿。

③ 第二十五条　因国家利益、社会公共利益需要改变政策承诺、合同约定的，应当依照法定权限和程序进行，并依法对外国投资者、外商投资企业因此受到的损失予以补偿。

会公共利益需要改变政策承诺、合同约定的……并依法对外国投资者、外商投资企业因此受到的损失予以补偿"。

三、国际投资条约的公共利益条款

在国际投资法律体系中，除了国际投资的国内立法外，双边投资条约与多边投资公约也占据着重要的地位。作为保护与促进外国私人直接投资的最为行之有效的国际法律制度，国际投资条约为外国投资者创设了良好的投资环境，推动了国际投资活动的强劲与良序发展。但是，根据国际法属地最高权原则，东道国基于主权行使、在符合一定的条件下可对其境内包括外国私人财产在内的一切财产实行征收或国有化，其中的实质条件之一即为：出于国家公共利益的考虑。如 2008 年《中华人民共和国政府和墨西哥合众国政府关于促进和相互保护投资的协定》第 7 条 "征收和补偿" 规定："一、任一缔约方不得直接地或通过相当于征收或国有化的措施间接地对投资实施征收或国有化，除非：（一）为了公共利益……"事实上，在各国的双边投资条约模本中，均规定了征收或国有化等类似措施的 "公共利益例外" 条件——只是用语稍有差别。如 Chinese Model BIT（2003）第 4 条第 1 款使用的是 "public interests"，German Model Treaty（2008）第 4 条第 2 款用的是 "public benefit"，UK Model BIT（2005）第 5 条第 1 款的行文为 "… except for a public purpose related to the internal needs of that Party…（除非出于与该缔约方的国内需要有关的公共目的）"，而 US Model BIT（2012）第 6 条第 1 款则规定 "… except（a）for a public purpose…"。① 各双边投资条约模本中的用语尽管略有不同，但其 "公共利益" 的实质未变。

四、国际投资判例的公共利益考量

一般认为，国际投资仲裁庭的裁决仅对争议当事方具有拘束力，而不具有先例的效力。然而，在国际投资争端解决的实践中，几乎所有的仲裁庭无一例外地援引其他仲裁庭先前裁决的理据和分析，甚至遵循先前的裁决。所以在某种程度上可以说，国际投资判例法正在逐渐形成。② 因此，国际投资法的研究

---

① 这些双边投资条约模本均参见 DOLAER R & SCHREUER C. Principles of International Investment Law（Second Edition）[M]. Oxford：Oxford University Press，2012：358-382.

② 王贵国. 略论晚近国际投资法的几个特点 [J]. 比较法研究，2010（1）：69-82.

不可能离开对国际投资判例的研读。具体就公共利益事项而言，ICSID 或其他投资争端解决机构所做出的相当一部分裁决对该问题的考虑主要包括两个方面：其一，"国际公共政策"的一般原则；其二，"危急情况"（state of necessity）的国际习惯法规则。

（一）国际公共政策：Inceysa 案①与 Fraport 案②

Inceysa 案的投资争端牵涉到萨尔瓦多共和国环境与自然资源部和一家西班牙公司 Inceysa 间所订立的一个有关设备安装、管理及运营的服务合同。Inceysa 公司认为萨尔瓦多共和国事实上以一种不公正的方式终止了合同，该行为导致了一种间接征收。萨尔瓦多则辩称，Inceysa 公司在政府的采购过程中通过大量的欺骗行为严重影响了政府的招标结果。于是，萨尔瓦多政府基于《解决国家与他国国民间投资争端公约》（以下简称 ICSID 公约）第 25 条③以及西班牙与萨尔瓦多国间的双边投资条约第 1 条与第 11 条的规定，对 ICSID 的管辖权提出抗辩。其理由为，萨尔瓦多共和国仅对符合该国法律的外国投资所引发的投资争端同意递交 ICSID 仲裁，但考虑到 Inceysa 公司在进行投资的过程中存在欺诈行为，因此所涉投资并不符合这一条件。仲裁庭主要鉴于诚信原则与"任何人不能从其欺骗行为中获益"原则的推理，最终支持了萨国的主张，认为 ICSID 无权管辖。

无独有偶，在 Fraport 案中，仲裁庭也同样承认投资者对东道国所负的义务，并创新性地引入一个"互惠要素"观念，认为该要素应成为双边投资条约的应有之义。"关于政策，双边投资条约要求东道国政府以一种透明的方式处理与外国投资者的关系。在外国投资者方面，同样存在相对等的义务（如果不是相同义务的话）。其中的义务之一就是投资者进行投资时必须遵照东道国法律。"④

在 Inceysa 案与 Fraport 案中，仲裁庭均最终借助于他们所称的"国际公共政

---

① Inceysa Vallisoletana, SL v. Republic of El Salvador（ICSID Case No. ARB/03/26），Award, August 2, 2006.

② Fraport AG Frankfurt Airport Services Worldwide v. Republic of the Philippines（ICSID Case No. ARB/03/25），Award, August 16, 2007.

③ 一、中心的管辖适用于缔约国（或缔约国向中心指定的该国的任何组成部分或机构）和另一缔约国国民之间直接因投资而产生并经双方书面同意提交给中心的任何法律争端。

④ Fraport AG Frankfurt Airport Services Worldwide v. Republic of the Philippines, para. 402.

策"这样一项一般法律原则，从而成功地挫败了外国投资者主张的所谓"合法"权利。① Inceysa 公司甚至明确表示应将"国际公共政策"视为一项独立的国际法原则。② 不容否认的是，无论是 Inceysa 案还是 Fraport 案，仲裁庭的裁决均可称得上是意义重大、影响深远，因为它们都强调：在国际投资法领域，外国投资者对东道国（或东道国国民）所负的责任源自东道国对投资者所负义务的"互惠"本质。③

（二）危急情况：阿根廷危机案

在国际投资仲裁实践中，谈及仲裁庭对公共利益的考量，不得不提及围绕 2001/2002 年阿根廷金融危机的国际投资判例法。为了应对始于 20 世纪 90 年代、愈演愈烈的国内经济危机，阿根廷政府在 2002 年 1 月通过了《紧急状态法》，取消了货币委员会将阿根廷比索与美元挂钩的先前做法。并且，该部法律还终止了国内公共事业公司以美元计算关税的权利，重新以比索计价（与美元按 1 : 1 的比例）。于是，基于阿根廷政府应对金融危机的举措，外国投资者纷纷以阿政府侵害其利益为由，自 2006 年起向 ICSID 提起一系列仲裁申请。尽管大部分的仲裁庭裁决并未采纳阿根廷政府所主张的"危急情况"抗辩，但是在 LG&E 案与 Continental Casualty 案中，仲裁庭还是认可了阿根廷政府的有关"危急情况"的抗辩理由。

事实上，阿根廷政府的"危急情况"抗辩理由既可建立在诸如国际法委员会制定的《国家对其国际不法行为的责任条款草案》第 25 条④所规定的"危急情况"国际习惯法规则上，还可基于诸如美国—阿根廷双边投资条约（1991 年 11 月签署，1994 年 10 月生效）第 11 条⑤的"危急条款"基础上。虽然《国家

---

① Fraport AG Frankfurt Airport Services Worldwide v. Republic of the Philippines, para. 364.

② Inceysa Vallisoletana, SL v. Republic of El Salvador, para. 245.

③ KULICK A. Global Public Interest in International Investment Law [M]. Cambridge: Cambridge University Press, 2012: 130.

④ 第 25 条　危急情况
1. 一国不得援引危急情况作为理由解除不遵守该国某项国际义务的行为的不法性，除非：(a) 该行为是该国保护基本利益，对抗某项严重迫切危险的唯一办法；而且 (b) 该行为并不严重损害作为所负义务对象的一国或数国或整个国际社会的基本利益。
2. 一国不得在以下情况下援引危急情况作为解除其行为不法性的理由，(a) 有关国际义务排除援引危急情况的可能性；或 (b) 该国促成了该危急情况.

⑤ 该条约不应排除任一缔约方采取必要的措施以确保：公共秩序的维持；实现有关国际和平与安全的维护与恢复；或保护自身的基本安全利益。

对其国际不法行为的责任条款草案》与双边投资条约中的"危急情况"条款均关涉"危急"的认定与自我保护问题，但两类条款的关系如何呢？在 CMS v. Argentina 案中，仲裁庭予以了阐释。"第 11 条是一个'门槛'要求：若该条适用，则整个条约下的其他实体义务无须履行。相反，第 25 条是一个理由，它仅在其他实体义务未被违反的情形下才得以主张。"①由此看来，作为双边投资条约的"危急条款"，应在《国家对其国际不法行为的责任条款草案》第 25 条的"危急情况"国际习惯法规则前得到考虑。

五、作为全球公法的国际投资法更应强调全球公共利益的保护

（一）公共利益的全球公共利益升格

正如上文所述，公共利益既可以指国家及其成员的共同利益，也可以包含人类的共同利益。② 就国际投资而言，由于在国际投资法中国内法的可适用性，因此除了外国投资者的索赔诉求可在国际层面得以声张之外，每一个投资争端都还具备其国内（在更多情形下为国内宪法）维度，并且国内层面的公共利益问题通常表现为东道国内个人与个人利益以及集体与个人利益相结合。

然而，在一个具体的国际投资争端中，最基本与更高效力等级的法律渊源还是国际法。③ 事实上，将投资者与东道国间的争端从国内领域分离出来，进而将其提升至国际层面正是 ICSID 的核心创新之一。

1. 公共利益升格为全球公共利益的背景

20 世纪 90 年代以来，伴随着国际社会对经济全球化负面效应的反思、全球市民运动与非政府组织的兴起以及国际社会本位理念的广泛被采纳，当今国际法逐渐在整体上表现出以人类共同利益和可持续发展作为价值取向的发展趋势，而这些变化也为公共利益升格为全球公共利益提供了深刻的时代背景与条件。

无论历史还是现实均证明，随着全球一体化特别是经济一体化的勃兴发展，具体某一东道国的国内人民作为国际社会整体的一部分，在绝大多数情况下其作为一个整体的利益是与国际社会的整体利益保持一致且相互关联的。一些关

---

① CMS v. Argentina, para. 129.
② GARNER B A. Black's Law Dictionary [M]. 9th ed. Saint Paul: West Publishing Company, 2009: 1266.
③ KULICK A. Global Public Interest in International Investment Law [M]. Cambridge: Cambridge University Press, 2012: 153.

乎"全人类共同利益之事项",意味着国际社会作为一个整体对这些关乎自身切身利益的事项有正当关心的权利,同时要求国际社会共同分担保护有关利益的责任与义务。① 一开始只表现为一国国内经济或社会危机的某一事件,最初可能也仅对特定国家的国内整体利益产生影响,但是若危机不能在短时间内得到控制与解决的话,其影响会逐渐蔓延至邻国或地区,甚至演变为影响全球公共利益的事件。比如,发生于 1997 年的亚洲金融危机,最初只源于泰国等几个国家,但后来却演化成一次世界性的金融风波。而最终,也正是基于对全球公共利益的保护考虑,全球范围内许多国家与国际组织都投入到了化解这次危机的合作行动中。

事实上,李双元先生在论及国际社会本位法学观时,也正是基于强调保护全球公共利益的理念。他认为,"在 21 世纪,国际法将进一步深入到某些传统上纯为国内法调整的社会关系中去,一国法律遵循某些国际社会公认准则已成为一种客观要求,个人以至国家为法律行为或行使法律权利,都应考虑到不损害国际社会的共同利益"②。

2. 全球公共利益存在的法律依据:一般法律原则与国际习惯法

国际社会普遍认同,作为国际公法重要渊源的一般法律原则与国际习惯法之所以不可或缺,其原因在于,这些调整个人或集体关切整个人类利益关系的国际法规范将关乎国际社会的最重要价值奉若圭臬。③ 而正是对这些人类基本价值的确信构成了国际条约的实质效力基础,进而构成了国际法的实质效力基础。④ 从实质看,国际习惯法与一般法律原则将全球公共利益纳入国际投资法予以保护,这恰似国内公法保护国内公共利益的情形。

在目前,作为国际习惯法心理要素的法律确信正是国际社会通过对一些规范予以评估,而后视其为法律的一种普遍观念。一般法律原则则是对何为一种法律秩序的核心价值与基础原则的国内普遍一致认同。因此,可以说,国际习

---

① 银红武. 条约退出权研究 [M]. 北京:法律出版社,2014:199.
② 李双元,李赞. 21 世纪法学大视野——国际经济一体化进程中的国内法与国际规则 [M]. 长沙:湖南人民出版社,2006:107.
③ KULICK A. Global Public Interest in International Investment Law [M]. Cambridge:Cambridge University Press,2012:163.
④ 银红武. 人类基本价值的确信——国际条约效力基础之语步结构实证研究 [J]. 时代法学,2012(3):109-113.

惯法是建立在国际社会于全球层面所共享的利益基础之上，而一般法律原则则植根于国内社会在国内范围内所拥有的共同利益，该种利益在世界范围内对于所有或大多数国家都是相同的。实际上，国际法的这两种渊源也正是在全球层面的共同利益（也即公共利益）这一点上得以"链接"的。① 换言之，一般法律原则与国际习惯法正是全球公共利益在法律上的体现。

这样的推理在上文所提及的 Inceysa 案中得到佐证——仲裁庭正是基于其所称的"国际公共政策"，认为萨尔瓦多共和国的"受 ICSID 管辖的同意"并不适用通过欺诈方式获得的投资。仲裁庭裁决说："国际公共政策最重要的功能在于，确保国际法律制度价值，以防有违此种价值的行为的发生。"② 在该案中，显著的一点就是，仲裁庭提出"国际法律制度价值"的理念，并将其视为全球范围内的一种"公共政策"，从而暗示承认"全球公共利益"的存在及其重要性。

由此看来，既然国际法下的外国投资者与东道国的关系从全球的层面讲可被视为一种公法关系，那么作为抗辩"对投资者权利予以了侵害"的基本理据的"公共利益"绝不能仅局限于国内范围。相反，只有那些反映了世界共同体利益并对全球公共利益予以保障的国际法规则才更能在国际范围内得到普遍认同，为各国所遵守践行。

（二）国际投资法的全球公共利益界定

关于"全球公共利益"的概念，学界少有界定。石化刚将"全球公共利益"界定为：在全球范围内，由共同体或国际行为体共同合作、协调解决的关乎全人类福祉和发展的资源和条件。这个定义包含几层含义：一是受益者是全人类；二是与人类祸福安危有直接或间接的利害关系；三是表现为国家与国家之间的关系；四是全球公共利益的实现需要新的管理理念。③

作者认为，对于"全球公共利益"的理解或定义，应站在全球的高度，国际社会作为一个整体对这些关乎全人类福祉和发展的好处有正当关切的权利，同时也要求国际社会来共同分担保护此种有关利益的责任与义务。在国际投资

---

① 这一结论似乎也从一个侧面验证了"国际法所认同的国内法一般法律原则都倾向于转化为国际习惯法"的观点.

② SL v. Republic of El Salvador（ICSID Case No. ARB/03/26），para. 245，Award，August 2, 2006.

③ 石化刚. 全球公共利益和谐治理化［J］. 合作经济与科技，2007（10）：76-77.

争端的解决过程中，东道国的全球公共利益抗辩主要围绕人类赖以生存的自然环境的保护、关乎人类生存与发展的基本人权的保护以及对外国投资者于投资进程中所涉及的不正当行为（如行贿、欺诈等）进行防御与打击。当然，这里所说的"全球"并非意指"公共利益总得来自国际舞台"。譬如，国内立法相当重视的环境问题也完全称得上是一种全球公共利益。因此，一种利益称为"全球性的"，实际上是说，此种利益无论是从国内层面还是国际层面来看，均有法律相关性。是故，与"国际性"相比较，"全球性"意在强调国内与国际间的"交错结合的特征"，也即国内与国际层面的融合或一体化。

第二节　全球公共利益与外国投资者
权利的均衡：比例分析

作为平衡外国投资者权利与全球公共利益有效工具的比例原则正日益发展为一项一般法律原则。事实上，ICSID 公约第 42 条第 1 款除了确定了国内法与国际法间的相互融合的效力等级结构（国际法位于该结构的顶端）外，还规定了在 ICSID 的争端解决中相关国际法规则"可能是可适用的"。而国际投资法中的比例原则正是这样一项国际法规则。

一、国际投资法中比例分析的理论依据

比例原则的"可适用性"也可从作为条约解释国际习惯法规则的《维也纳条约法公约》第 31 条第 1 款①与第 3 款第 3 项②推导出来。首先，考虑到条约法公约第 31 条第 1 款所推崇的"善意解释原则"，金斯伯里（Kingsbury）与席尔（Schill）指出："大部分投资条约都表现出一个特点就是，条约规定了大量关于投资者利益的条款，却并未以一种全面的方式去协调这些条款与东道国的持续监管权力间的关系。缔约国极有可能并不希望对这样的监管权力进行严厉限制，因而，对可适用条约的约文按其所处的上下文并参照条约之目的及宗旨

---

① 第三十一条　解释之通则　一、条约应依其用语按其上下文并参照条约之目的及宗旨所具有之通常意义，善意解释之。
② 三、应与上下文一并考虑者尚有：（丙）适用于当事国间关系之任何有关国际法规则。

进行善意解读正好表明，解释条约时要求在投资者保护与国家监管权两者间实现一种平衡。"①

再者，《维也纳条约法公约》第 31 条第 3 款第 3 项规定，条约当事国间应考虑可适用的有关国际法规则。这里所指的"规则"并非是从严格学理意义上来说的，它指的是《国际法院规约》第 38 条第 1 款中所列举的全部国际法渊源。无疑，"规则"应包括一般法律原则。这些一般法律原则（基于自身性质）在双边投资条约的各当事方的关系上既是"有关的"，也是"可适用的"。其结果就是，比例原则能适用于国际投资法。

二、比例分析的要素

在进行比例分析时，主要围绕三个基本要素展开：第一，适当性（suitability）；第二，必要性（necessity）；第三，狭义比例（proportionality stricto sensu）。

作为比例检测的第一个要素，适当性原则指的是法官、仲裁员或其他独立决策者必须决定政府部门所采取的、受审查的行政手段：1. 是否符合合法行政目的；2. 对于实现这一目的是否适当。必要性原则通常被称为"最小限制手段检测"（a least-restrictive-measure-test）。位于该阶段的比例分析旨在查明特定的行政手段是唯一可供选择的，因为没有其他的相对较小限制的手段可以采取。换言之，当存在达到行政目的的多种手段时，政府应当选择对行政相对方损害或限制最小的手段，故必要性原则也被称作"最小侵害原则"。比例分析的第三步，也即比例分析的灵魂部分，是狭义比例要素。这一要素所处的中心地位源自其规范内容，因为只有狭义比例允许考虑所涉利益的重要性（当然是与其他相关因素一道），而后进行衡量并最终对这些利益予以评估。狭义比例强调手段与目的之间的关系，即政府所采取的手段与所追求的合法目的之间的关系。与必要性检测不同的是，狭义比例将手段与目的均视为变量，而前者只将手段作为变量考虑，却将目的视为恒定的。

三、国际投资法中的狭义比例实例分析

既然比例分析通常被视为一个协调相冲突利益的有力解释工具，下文将针

---

① KINGSBURY B & SCHILL S. Investor-State Arbitration as Governance：Fair and Equitable Treatment，Proportionality and the Emerging Global Administrative Law，Public Law&Legal Theory Research Paper Series，Working Paper No. 09-46 [R]. 2009：23.

对一些真实的国际投资法案例适用这一分析方法，尤其是运用狭义比例原则进行实例分析。

作为比例分析第三阶段的狭义比例分析，在均衡外国投资者权利与全球公共利益时应将以下因素考虑进来。

（一）利益损害的重力

利益损害的重力是应考虑的最明显的因素之一。它既关乎投资者的权利，又关乎一般法律原则或国际习惯法奉为神圣的全球公共利益。投资者或全球公共利益越是遭致严重侵害，在平衡两方面利益冲突的过程中，更应对事实进行反思。值得注意的是，在征收情形下，仲裁庭往往认为剥夺财产的数量足够即可，尤其是当东道国无法从财产的使用中产生任何收益。对财产的全部剥夺是没有必要的。然而，在运用狭义比例原则进行利益均衡时，损害的不同程度在整个结果以及对赔偿金进行评估中也许会起到很好的参考作用。①

（二）外国投资者合法的期望

在 SPP v. Egypt 一案②中，埃及政府声称，投资者在申请书中所说的据以依赖的埃及官员的行为是无效的，其原因在于这些行为并不遵循埃及国内法中所建立的程序规则，且与公共领域的性质相违背。③ 仲裁庭没有接受该项辩解，认为投资者可以信赖政府官员的代表身份："……这些行为被赋予政府权力并且对投资者而言也传递着此类信息，而投资者正是信赖这些才做出投资的……这些行为，在目前虽然据称违反了埃及国内法制度，但却引发了投资者的期望，此类期望受国际法中一些已创建良久的原则的保护。"④

然而，在 Pine Valley v. Ireland 案件中，欧洲人权法院却判决，投资者缺乏合法期望："申请人从事的是商事活动，而根据商事活动的本质，此种行为涉及风险因素……因此，法庭并不认为取消许可证却对投资者未采取对其有利的救

---

① KULICK A. Global Public Interest in International Investment Law［M］. Cambridge：Cambridge University Press，2012：199.
② ICSID Case NO. ARB/84/3（Award），May 20，1992，para. 78.
③ DOLZER R & SCHREUER C. Principles of International Investment Law［M］. London：Oxford University Press，2008：135.
④ SPP v. Egypt，ICSID Case NO. ARB/84/3（Award），May 20，1992，paras. 82，83..

济措施可被视为一种不均衡措施。"①

事实上，投资仲裁庭或法院评估狭义比例时，应围绕"合法期望"这一概念，充分利用国际投资法中发展较快的判例法。

（三）全球公共利益的重要性

无疑，在对国际投资领域的各冲突利益进行均衡时，全球公共利益应为相当重要的考虑因素，因为它将国际共同体最关切的问题珍藏于心。虽然在理论上（in abstracto），任何全球公共利益都蕴含较高的重要性，但就具体（in concreto）而言，全球公共利益的重要性却有所不同。② 因而，必须考虑的是，在特定案例中的利益到底是大部分仅服务于东道国，还是对投资者以外的个人或个人组织或者是作为整体的国际社区都拥有特殊的重要性。

（四）追求全球公共利益的真实性

当然，在国际投资实务中，也不乏此类事例：东道国打着全球公共利益的旗号进行抗辩，其意在为不值得赞赏的目的（如保护主义或纯粹是对外国投资者权利的一种不正当的侵害）披上伪装的外衣。为了避免东道国滥用全球公共利益理论，投资争端仲裁庭就必须考虑东道国的全球公共利益抗辩理由的真实性。假若东道国一开始并没有向仲裁庭提出全球公共利益抗辩诉求——因为东道国先前从未表现出在这方面做过努力的倾向——那么，事实就显而易见了。然而，问题就在于如此清楚的情况往往较少发生，而大多数情形下证据是复杂的。譬如，东道国对其政策进行改变的事实本身并不能阻碍该国寻求全球公共利益的抗辩。在这样的情形下，必须进一步查清楚：东道国所主张的对全球公共利益的关切是否仅仅只是一个次要理由；关于东道国追求全球公共利益的真实性是否有令人信服的证据。其关键的指标还得看真正的事实背景，即对全球公共利益的关切是否是"迫近的"、真实的，而不只是在采取措施时所声称的目的；在类似的国内情形下，东道国是否采纳相同的政策抑或同等地对待国内投

---

① European Court of Human Rights. Pine Valley Developments Ltd. V. the Republic Ireland, Judgment of November 29, 1991, Series A, No. 222.

② KULICK A. Global Public Interest in International Investment Law ［M］. Cambridge：Cambridge University Press, 2012：200.

资者。①

（五）外国投资者权利的重要性

与全球公共利益的重要性一样，对于投资者利益（也即投资者权利）的重要性同样也需进行评估——无论是理论方面的，还是具体情况下的。事实上，有关全球公共利益重要性的东西同样适用于投资者权利的重要性，只是在某些细节上有些许差别罢了。在具体情况中，权利的内涵与赔偿金的数量对特定投资者而言，可能意义不一样，记住这点很重要。

（六）东道国政府的与有过错（contributory negligence）

假设东道国也参与到全球公共利益的侵害行为中，这自然会成为减弱东道国所提出的全球公共利益保护的抗辩效力的一个原因。② 事实上，这一问题也是与合法期望因素相关联的，因为如果东道国也参与到甚至是"鼓励"对全球公共利益的损害，那么该国今后提出全球公共利益的抗辩就会略显底气不足。该种情形尤其是在东道国政府官员腐败的事件中表现得尤为明显：所谓"一个巴掌拍不响"，政府官员的受贿行为③对损害全球公共利益所起的作用就犹如行贿的外国投资者。

（七）故意抑或偶然性的损害

最后，对利益进行均衡时，还需考虑一个事实：对全球公共利益的损害是故意的还是纯属偶然。比方说，外国投资者偶然性地对环境造成了破坏的行为与其主观故意地强迫当地居民从事劳工的举动应该说在尊重全球公共利益方面其表现还是有所不同。结果会是，故意侵害全球公共利益的投资者在遭致东道国的征收行为时只能要求相对较低的补偿金或赔偿金。

综上，在国际投资争端解决的过程中，当面对外国投资者所声称的投资权利受到损害的请求时，东道国鉴于其公共利益代理人的身份，往往会基于国际公共政策以及危急情况等理由提出全球公共利益的抗辩。在对外国投资者权利

---

① KULICK A. Global Public Interest in International Investment Law [M]. Cambridge：Cambridge University Press, 2012：201.

② PETERSON L. E. & GRAY K. R. International Human Rights in Bilateral Investment Treaties and in Investment Treaty Arbitration [J]. IISD Research Paper, 2003（4）：22.

③ 根据国际法委员会起草的《国家对国际不法行为的责任条款草案》第二章"归因于国家的行为"第4条，政府官员的行为也应归属于该国政府。

与全球公共利益进行冲突均衡的实践时，根据比例分析原则，国际投资争端解决机构正确的做法应该是：东道国的全球公共利益抗辩是否合法应当要在对外国投资者的赔偿金或补偿金的数额上有所反映——假若东道国纯粹出于对全球公共利益保护的目的而对外国投资采取了征收或国有化的客观行为，并且东道国在此过程中并无主观过错，那么赔偿金或补偿金的数额甚至可以减少至零。①

---

① 银红武. 略论国际投资法的全球公共利益保护 [J]. 湖南师范大学社会科学学报，2015（3）：90-99.

第四章

国际投资仲裁"程序滥用"与腐败抗辩

第一节　国际投资仲裁"程序滥用"及其规制

在国际投资仲裁发展的过去几十年里，仲裁争端方及其代理律师基于击败竞争对方，增加己方胜诉机会的意图，琢磨出了一套"颇具新意的"仲裁程序策略。① 尤其在近五六年的时间内，伴随着某些堪称"史上最恶劣"仲裁策略的出现，享誉高效稳妥解决国际投资争端的国际仲裁方式受到了前所未有的冲击，大有危机四伏之感。② 其中，"程序滥用"这一仲裁策略日益引发国际投资仲裁实务界与理论界的担忧，而在国际投资仲裁活动中如何对"程序滥用"行为实行甄别并有效应对也成为国际社会普遍关心的新议题。

一、国际投资仲裁"程序滥用"现象的萌兴

（一）"程序滥用"概念辨析

"程序滥用"是"权利滥用"的程序方面表现。有学者从国家层面将"权利滥用"定义为，一国"若以阻碍其他国家享有权利的方式，或者违背权利创

---

① 早在 1988 年 Philippe Fouchard 就曾指出："长期以来，国际投资仲裁领域饱受不端行为之苦，并时常充斥着程序方面的争议。"参见 FOUCHARD P. Ou`va l' arbitrage international [J]. McGill LJ., 1989 (34)：435, 436.

② GAILLARD E. Abuse of Process in International Arbitration [J]. ICSID Review, 2017 (1)：17-37.

设的初衷，抱有损害另一国目的"的权利行使。① 劳特派特指出，"既然法律权利为社会共同体所授予，那么后者就不由得个人以一种反社会的方式来对其进行行使。"② 对于国际投资仲裁而言，程序滥用即是对国际投资仲裁的程序权利的滥用。事实上，无论是程序滥用还是权利滥用，前提都是要有权利的客观存在。所以对于"禁止程序滥用"与"禁止权利滥用"原则而言，两者关乎的其实不是一项具体权利是否存在，而是权利如何行使。换言之，两原则仅适用于具体权利确实存在的情形。假若权利并不存在，那么也就谈不上权利滥用，更谈不上权利的程序滥用了。既然程序申请者享有此种合法的程序权利，那么法庭或仲裁庭无疑就拥有对申请方及其诉请进行管辖的权利。但"禁止权利滥用"原则要求权利不能以一种"滥用的"（abusive）方式予以使用——尽管国际法律文件中并未对如何才构成权利的滥用性使用作出明文规定——因此，诉请方一旦被确认是以"滥用"方式行使其程序权利，那么裁决机构的管辖权就被排除了。

虽然禁止"程序滥用"原则已得到了普遍认同，但关于在何种情形下对诉讼或仲裁程序权利的行使构成一种"滥用"这一点依然不是太清楚。有学者尝试总结，"程序滥用"应涵括三种行为表征：恶意性、非合理性与随意性。"恶意性"关乎行为者的主观意图。譬如，诉诸国际法庭的唯一目的是为了实现骚扰被诉人的效果，这一行为无疑是恶意的。"非合理性"比"恶意性"的范围要广，原因在于前者是根据行为的影响进行评判，根本不考虑行为者的意图。更具体地讲，在国际法庭行使权利时，若诉请者对争端另一方的利益造成损害，或者如果对法庭的办案效率抑或价值追求产生破坏，那么其程序权利的行使即为不合理的。作为内涵较为广泛的概念，"随意性"往往可与"非合理性"互换使用。比如，明知某一国际法庭不具有管辖权，却向该机构主张诉权，对被诉者造成了相当大的麻烦。此外，诉请者在缺乏足够理由的前提下提起诉请（所递交的是误导性信息等），又或是在争端解决过程中以不及时的方式（如不及时提交文书或证据等）或不适当的方式（如使用攻击性的言语，违反保密义

---

① BYERS M. Abuse of Rights: An Old Principle, A New Age [J]. McGill LJ., 2002 (47): 389-431.

② LAUTERPACHT H. The Function of Law in the International Community [M]. Oxford: OUP, 1933: 286.

务等）行事，凡此种种均构成随意的或不合理的程序权利主张行为。①

（二）国际投资仲裁"程序滥用"的特殊性

就国际投资仲裁而言，几乎所有的仲裁程序都是由投资者启动，而根据 ICSID 的数据统计，在基于 ICSID 公约与附设机构规则登记的全部案件中（截至 2019 年 12 月 31 日），申请方主张受 ICSID 管辖的仲裁合意已达成主要是基于双边投资条约（占所有案件的 60%），其次为外国投资者与东道国之间签署的投资契约（占比 16%）。② 事实上，投资条约并未具体指定哪些投资者拥有诉诸国际投资仲裁的权利，而是仅对有权提请投资仲裁的投资者与投资提供了一个总体的认定标准。结果就是，即便是在投资条约通过之时无权提起投资条约框架下投资仲裁的投资者，只要事后满足了条件，同样地可以在条约通过后取得申诉权。对以往的投资仲裁裁决仔细分析后不难发现，凡是对有关于仲裁程序启动所主张的"程序滥用"抗辩无外乎均声称投资申请人在投资条约通过后（并且往往恰好在仲裁程序启动前不久）以"滥用"的方式获得投资仲裁申请权（abusive acquisition of the right to investment arbitration）。

如此问题就来了，在国际投资仲裁下，投资仲裁权的滥用性取得，或者更准确地讲，获得权利的一种滥用性企图（an abusive attempt to acquire the right）能否被适当地视为是"程序滥用"？如上所述，"程序滥用"应以司法或类司法程序权利的存在为先决条件。既然没有投资仲裁权的存在，也就无所谓投资仲裁的"程序滥用"。那么这是否意味着，投资仲裁庭将获取投资仲裁权利的一种滥用性企图当作"程序滥用"问题进行分析是错误的呢？答案当然是否定的。试想，假若我们对特定投资者所获得的投资仲裁权利和投资条约所赋予不特定投资者的一般投资仲裁权利（the general right to investment arbitration）进行区分的话，那么仲裁庭的处理则是正当的。因为根据这一区分，与发起投资仲裁程序有关的"程序滥用"关乎的并非特定投资申诉方所取得的投资仲裁权，而是投资条约所规定的一般性投资仲裁权利。换言之，投资者获取自身投资仲裁权利的滥用性企图正是投资条约下的一般性投资仲裁权利的滥用性行使。因此，

---

① FUKUNAGA Y. Abuse of Process under International Law and Investment Arbitration [J]. ICSID Review, 2018 (1): 1-31.

② ICSID Secretariat. The ICSID Caseload-Statistics (Issue 2020-1) [EB/OL]. worldbank, 2020-06-18.

虽然滥用性企图并未赋予特定投资者的投资仲裁权利，但是也并没有对投资条约下的一般性投资仲裁权利的存在予以否认。从投资申诉方可以一种滥用的方式来行使该项一般性权利的意义上讲，投资仲裁过程中完全有可能存在"程序滥用"这一问题。

概言之，相较于其他国际司法或准司法机构，国际投资仲裁下的"程序滥用"包含两个重要的不同之处。

其一，国际投资仲裁中"禁止程序滥用"原则的适用必须首先当作一个"仲裁庭是否拥有管辖权"（jurisdiction）问题而不是作为一个"程序权利的行使是否为可准许"（admissibility）问题予以审查。在其他国际司法或准司法机构下，适用"禁止程序滥用"原则是以特定申请者对该机构享有已存的诉权为先决条件的，该机构对申请者及其诉请也有当然管辖权。以国际法院为例，"程序滥用"问题关乎的是原告方是否以滥用性方式行使其对国际法院的诉权，以及最终国际法院是否应该限制行使其已对原告方及其诉请所享有的管辖权。就国际投资仲裁而言，应该强调的是，投资仲裁权利并非指的是具体某个申诉投资者的权利，而指的是某部投资协议所授予的面向不特定投资者的一般性权利。换言之，投资仲裁的"程序滥用"牵涉到具体投资申请方是否出于获取自身具体投资仲裁权利的目的而滥用了投资协议下的一般性投资仲裁权利。可以肯定的是，特定的投资申诉方以滥用性方式试图获取投资仲裁权利的行为并不能为其带来此种权利，结果将导致仲裁庭不能对投资者及其诉请主张管辖权——尽管此时，投资者在投资条约下的诉诸投资仲裁的一般性权利依然存在，但这并非意味着仲裁庭对申请者拥有管辖权。因而对于仲裁庭来说，问题在于申请方是否出于促成仲裁庭对其诉请享有管辖权的私心而滥用了投资仲裁的一般性权利，以及投资者是否最终未能就其诉请成功地创设起投资仲裁庭的管辖权。虽然投资仲裁庭并非一贯对"管辖权"与"可许性"问题予以区分，但两者在概念与结果方面的不同之处也是显而易见的。① 因此，将国际投资仲裁的"程序滥用"一开始就作为一个关乎"可许性"问题予以审视是不恰当的。②

---

① WILLIAMS D QC. Chapter 22: Jurisdiction and Admissibility [C] //MUCHLINSKI P, ORTINO F, SCHREUER C (eds). The Oxford Handbook of International Investment Law. Oxford: Oxford University Press, 2008: 868, 919-920.

② FUKUNAGA Y. Abuse of Process under International Law and Investment Arbitration [J]. ICSID Review, 2018 (1): 1-31.

其二，考虑到投资者在启动投资仲裁程序时易于出现滥用程序权利的倾向，而投资仲裁的"程序滥用"又具有独特性质，故在投资仲裁中同样地采纳其他国际司法或准司法机构所采用的"程序滥用"认定标准是不合适的。一方面，国际司法或准司法机构在认定"程序滥用"方面一直非常谨慎，原因在于滥用的认定将阻却具体国家的程序权利的行使。加之，这些机构在认定"程序滥用"时会考虑诸如递交材料不及时或提交误导性信息等因素。另一方面，对投资仲裁庭而言，一开始需确认的是，具体诉请投资者是否享有提起投资仲裁程序的权利，而并非仲裁权利的行使问题。有鉴于这一区别，其他国际司法或准司法机构在审查"程序滥用"事项所考虑的多个因素也许对于投资仲裁庭显得不是那么重要，原因在于这些因素是以管辖权存在为先决条件的。事实上，只要投资仲裁庭适用"禁止程序滥用"原则，那么"程序滥用"的认定门槛就不应低于其他国际司法或准司法机构所已采纳的标准。尽管国际法原则的适用随着领域或场合的不同会有所变化，但其核心概念应该对整个国际法领域是保持一致的。① 因而，若欲判定投资仲裁"程序滥用"的成立，就应对仲裁申请方行使权利过程中是否存在滥用、不合理与随意等具体情形进行检验。②

二、国际投资仲裁"程序滥用"的具体表现

总体而言，国际投资争端方所使用的、可冠以"程序滥用""标签"的仲裁策略可归纳为以下四种类型。

（一）不正当创设条件企图成就国际投资条约仲裁管辖权

当代投资条约与投资保护内国法通常包含"投资者"和"投资"的定义条款，并将一个或多个公司实体所做出的间接投资也纳入至保护范围。保护间接投资的政策并没有引起特别关注，仲裁实践中常常会碰到这些情况。③在此背景下，善于谋略的投资者在进行投资之初就对其公司的结构进行了精心设计，以便最大限度地获得投资保护（使投资尽可能处于多个投资条约的保护下），从而

---

① Phoenix Action, Ltd v. Czech Republic, ICSID Case No ARB/06/5, Award (15 April 2009) paras. 77-78.
② FUKUNAGA Y. Abuse of Process under International Law and Investment Arbitration [J]. ICSID Review, 2018 (1): 1-31.
③ VALASEK M J & DUMBERRY P. Developments in the Legal Standing of Shareholders and Holding Corporations in Investor-State Disputes [J]. ICSID Rev-FILJ., 2011 (1): 26-34.

在国际层面能大大增加其提起投资诉请的选择权。①譬如，投资者通过在第三国注册成立子公司，然后利用前述公司回到本国再次投资，寄希望受益于国际投资条约下的保护，关于这点已得到国际投资仲裁判例法的支持。②

　　鉴于投资条约术语的宽松规定以及在国外创设子公司或者将投资"迁徙至"另一管辖法域的相对较低成本，一些公司甚至可以在与东道国发生争议的情况下，通过"推换"合法投资受保护的"国界"来达到成功提起诉请的目的。③不受投资条约保护的投资者出于达到符合被保护对象的目标，会在东道国遭受质疑的行为（也即投资者欲诉诸投资仲裁的、投资者认为东道国涉嫌"违法"的行为）发生之日后对其投资进行结构调整，事实上对于投资者意在成功获得仲裁申请资格这一预谋举动投资条约仲裁庭基于"属时原因"是缺乏管辖权的。④当作为诉请方的公司出于日后能向东道国发起解决投资争端程序的目的（尽管争端只是可预见的，并未成为现实）而有意做出投资或对投资进行结构调整时，"程序滥用"情形将会发生。这正是 Pac Rim 案仲裁庭所面临的问题：仲裁申请将公司成立地从开曼群岛变更为美国，其主要目的是为了获得《中美洲自由贸易协定》（CAFTA）下的投资保护权利。萨尔瓦多政府反对仲裁庭的管辖权，理由在于申请方"通过将其太平洋开曼群岛国籍改为《中美洲自由贸易协定》成员方的国籍，以便根据《中美洲自由贸易协定》将事先已存在的争端递交至仲裁庭进行审理，这已经滥用了《中美洲自由贸易协定》条款和国际仲裁程序"。仲裁庭认为，正当的"条约规划"与"程序滥用"之间的分界线在于一个时间点，即争端方在当时"能够预见未来一个具体的争端将会成为一件大概率事件，而不仅仅只是一个可能的争议"，而且这几乎总是会"包括一个重要的灰色地带"。仲裁庭最终驳回了萨尔瓦多政府的"程序滥用"反对意见，理

①　FELDMAN M. Setting Limits on Corporate Nationality Planning in Investment Treaty Arbitration [J]. ICSID Rev-FILJ. , 2012（1）：281.

②　Tokios Tokeleas' v. Ukraine, ICSID Case No ARB/02/18, Decision on Jurisdiction（29 April 2004）, para. 21 ff.

③　在何种情况下，正当的"条约规划"（treaty planning）将变为不被允许的"条约挑选"（treaty shopping）行为？许多投资仲裁庭对这一问题予以了认真考虑。BAUMGARTNER J. Treaty Shopping in International Investment Law [M]. Oxford：Oxford University Press, 2016：93.

④　Libananco Holdings Company Limited v. Republic of Turkey, ICSID Case No ARB/06/8, A-ward（2September 2011）, para 121-28；Vito G Gallo v. The Government of Canada, NAF-TA/UNCITRAL, Award（15 September 2011）, para 328.

由在于仲裁申请方的公司重组发生于争端已成为大概率事件之前。就本案事实而言，时间点就是申请人实际上已经了解到了政府事实上禁止在萨尔瓦多境内采矿的情况。① 同样地，在 Tidewater 案中，认为申请方的公司重组构成"程序滥用"的主张被仲裁庭予以拒绝。该案被申请方委内瑞拉声称，申请方通过在巴巴多斯成立一家壳公司，而后将委内瑞拉的本土业务全部纳于其下，为着就是能根据《巴巴多斯—委内瑞拉双边投资条约》就有关征收行为的投资争端寻求仲裁解决，可事实是公司在进行结构重整时，争端就已经是可预见了的。但仲裁庭最后认定，投资争端在公司结构重整时并不具有合理的可预见性，因而也就不存在所谓的"程序滥用"问题。②

当然，针对被诉方所提出的认为申请方公司的结构调整相当于"程序滥用"的反对意见也得到了部分仲裁庭的支持：如 Philip Morris 案中，仲裁庭认为申请方公司在 2011 年的公司结构调整正如被诉方所称的是为着应对澳大利亚政府的 2010 年法律施行而引发的投资者—东道国间争端特意"滥用程序"的行为，并未接受申请方所主张的公司结构重整是始于 2005 年的、出于优化申请方现金流与纳税便利之目的所实施的大范围公司结构调整程序中的一环，因为这一观点缺乏事实与专家证据的支撑。③

不难发现，在投资仲裁案中，仲裁庭对外国投资者的公司结构调整或者投资兼并行为和投资者—东道国间的投资争端这两者间的紧密时间关系进行评估时，通常适用属时管辖（jurisdiction ratione temporis）标准，即应审慎考量外国投资控制权变化节点与投资争端引发时间点的关系。African Holdings Co. v. DRC④ 投资仲裁案中，被诉的刚果民主共和国提出大量抗辩主张与反对意见（其中包括反对仲裁庭的属时管辖权，该主张成功得到认可）。仲裁庭多数认为，美国投资者对刚果境内目标公司的控制权获得仅发生于 2000 年，远迟于

---

① Pac Rim Cayman LLC v. Republic of El Salvador Decision on the Respondent's Jurisdictional Objections, para. 2. 41，2. 17，2. 47，2. 85~2. 86，2. 110.

② Tidewater Inc, Tidewater Investment SRL, Tidewater Caribe, CA, and others v. The Bolivarian Republic of Venezuela, ICSID Case No ARB/10/5, Decision on Jurisdiction (8 February 2003).

③ Philip Morris Asia Limited (Hong Kong) v. The Commonwealth of Australia, PCA Case No 2012-12, Award on Jurisdiction and Admissibility (17 December 2015), paras. 586, 570.

④ African Holdings Co. v. DRC, ICSID Case No. ARB/05/21, 29 July 2008. 裁决书用法文作成。

"引发投资争端的事件"（即 20 世纪 90 年代初期所发生的对发票未予支付的情况）得以发生。这一事实违反了美国—刚果双边投资条约中关于要求的外国投资者对投资的控制必须发生于"引发投资争端的事件"发生之前的时间段。①

需注意的是，应将通过纯粹的欺诈行为来确保得到投资条约仲裁庭保护的情形与"程序滥用"相区分，鉴于前者不符合"程序滥用"诸特征，可利用既有的法律手段进行处理。在 Europe Cement 案中，土耳其提出了反对意见，认为申请方未能证明自己已经进行了任何投资，从而要求仲裁庭宣布其管辖权是"通过非真实的文件②来主张，因而明显站不住脚"。仲裁庭在对相关证据进行审核后，裁定"仲裁庭管辖权所基于的股权文件是通过欺诈实现的"，"既然所声称的投资不存在，仲裁庭无权审理该案"。从而，仲裁庭无须就"程序滥用"事项做出决定。③

（二）同时启动多个仲裁程序以使胜诉机会最大化

近些年来，投资条约仲裁申请方也设法通过启动多个仲裁程序来确保其申诉能得到有关仲裁庭的更好支持。实践中，投资条约的缔约国方面经常同意对其境内来自另一缔约国的国民所做出的直接和间接投资予以保护。参股当地公司的股东基于其母国所缔结的投资条约有资格就东道国对当地公司造成的任何损害提出索赔。但与此同时，通过双边或多边方式所缔结的投资条约并未对如何协调不同投资条约下基于同一争端而启动的平行仲裁程序进行过任何具体考虑。这不得不说是国际投资立法的缺陷漏洞之一。

当然，若对这些仲裁程序单独予以看待，那么每一单个程序都是没有问题的，因为程序各自反映的是对单个投资条约所载的仲裁合意的一般性操作。然而，若投资者就同一争端在多个仲裁平台同时启动针对东道国的多个程序，以期增加胜诉几率（确保其中任何一家仲裁机构作出对其有利的裁决），那么该投资者则有"程序滥用"之嫌。在这些并行的仲裁程序中，就当地注册的公司而言，其直接外国股东与间接外国股东有可能就同一事实各自提出一致的仲裁请

---

① LLAMZON A P. Corruption in International Investment Arbitration ［M］. Oxford：Oxford University Press，2014：172.

② 申请方仅提供了股权转让合同的复印件而非正本件，声称自己对当地的两家公司拥有利益（同时通过证人作证，宣称已向申请方出售上述股份）。

③ Europe Cement Investment & Trade SA v. Republic of Turkey，ICSID Case No ARB（AF）/ 07/2，Award（13 August 2009），paras. 146，159.

求。如此一来，东道国必须赢得每一项被诉的仲裁，而投资者只需要获得任何一个仲裁程序的成功就能胜出。

这些担忧不仅仅是理论上的：近年来，投资条约仲裁一再见证了此种程序性策略。比如，OI European Group BV 在诉委内瑞拉的 ICSID 仲裁案中已经胜诉了①，可是根据《ICSID 公约》第 25 条（2）（b）和荷兰—委内瑞拉投资条约第 1 条（b）（iii）的规定，一家当地公司基于同样事实再次启动了针对委内瑞拉的仲裁案，尽管后一案件以仲裁庭缺乏管辖权而告终。② 另外还有一个例子，就是 Yosef Maiman 先生针对埃及所提起的两项仲裁：一项是通过 Maiman 先生所控制的公司依据美国—埃及投资条约与《ICSID 公约》启动的 ICSID 仲裁③；另一项是 Maiman 先生以自己名义基于同一案件事实根据埃及—波兰投资条约所提起的《国际贸易法委员会仲裁规则》下仲裁④。

（三）并非出于寻求纠纷解决的真实目的而启动仲裁程序

国际仲裁事关仲裁庭对争端的解决，而仲裁庭的管辖权来自争端双方的仲裁合意。仲裁员的司法人员本质主要表现为：在裁决中，正是前者解决了两个或两个以上当事方无法通过自身得以解决的真正争议。关于这点，已得到各内国法律制度与国际公约的普遍认可。⑤ 比如，1958 年《纽约公约》第 II 条（1）项规定，争端方将其"分歧"提交仲裁。新《法国民事程序法典》第 1496 条规定，"仲裁员应解决争议"。⑥

但近年来，争端方试图通过发起一项或多项仲裁将仲裁程序沦为并非真正解决争端目的的工具，这显然有悖于国际仲裁法的精神。在投资条约仲裁中，当事方启动程序并不是为了真正解决争端，而是出于诸如逃避刑事调查之目的。

---

① OI European Group BV v. Bolivarian Republic of Venezuela, ICSID Case No ARB/11/25.

② Fabrica de Vidrios Los Andes, CA and Owens‑Illinois de Venezuela, CA v. Bolivarian Republic of Venezuela, ICSID Case No ARB/12/21, Award (October 17, 2017), para. 322.

③ Ampal‑American Israel Corporation and others v. Arab Republic of Egypt, ICSID Case No ARB/12/11.

④ Yosef Maiman, Merhav (Mnf) Ltd, Merhav Ampal Group Ltd, and Merhav Ampal Energy Holdings Limited Partnership v. the Arab Republic of Egypt, PCA Case No 2012‑26.

⑤ GAILLARD E. Abuse of Process in International Arbitration [J]. ICSID Review, 2017 (1): 17‑37.

⑥ Decree No 2011‑48 (13 January 2001) French Code of Civil Procedure, art 1496.

近期的一些投资仲裁案表明,投资条约项下的个人和公司投资者在国际舞台上提出了索偿,要求仲裁法庭采取临时措施,以阻却东道国对他们正在进行的调查。例如,在 Rompetrol 案中,仲裁庭面临判断的一个问题是:仲裁申请方启动程序的目的是否为迫使罗马尼亚政府终止对 Rompetrol 集团管理人员正在进行的刑事调查。①

更通俗地讲,仲裁申请方基于此种策略而发起的仲裁,其深藏的动机可能只是试图干扰对方或对另一方施加压力。比如说,处于公司组织链各层级的股东可就同一争议发起多个仲裁程序,从而可对东道国施加最大限度的压力,直至耗尽该国资源。无疑,出于尊崇国际投资仲裁法理与均衡争端双方权利义务之考虑,仲裁程序发起方的此种仲裁策略亦应归属于"程序滥用"之列。

(四)争端方出于阻碍或破坏仲裁程序之目的滥用程序性"权利"

作为在现行国际法律框架下能为高效、快速与简捷解决跨国投资争端提供可行路径的一种方式,国际投资仲裁的重要影响与日俱增。结果就是,越来越多的投资争端方日益积极地投身于国际投资仲裁程序中,成为经验丰富的参与者。伴随着参与各方对程序规则的理解与运用日渐娴熟,相应的仲裁应诉策略应运而生,难免出现争端方行使其程序性"权利"的真实目的是为了实现在一定程度上阻碍甚至破坏仲裁程序的情形。譬如,当事方通过向仲裁庭申请临时措施来为己方赢得时间或增加对方时间成本,意图为对方施压甚至企图拖垮对方,从而实现己方利益的考虑对仲裁程序造成战术性迟延;在投资仲裁过程中,当事方提出腐败抗辩,以此转移投资仲裁庭的裁判重心工作或干扰仲裁员的自由心证,从而达到为己方不法行为开脱责任或寻求减轻责任承担的目标。

三、国际投资仲裁"程序滥用"的规制

当面临上述的种种具体"程序滥用"行为时,如何采纳有效工具予以应对的重任无疑就落在了国际投资仲裁理论界与实务界人士的肩上。其中一个可行的选择是,国际投资仲裁立法者可在投资协议中纳入要求投资者不能通过"滥用程序"的不当行为获取诉诸投资仲裁权利的明文条款。

---

① The Rompetrol Group NV v. Romania,ICSID Case No ARB/06/3. 罗马尼亚政府曾认为申请方的仲裁诉求构成了"程序滥用"。

（一）禁止"程序滥用"原则的明文规制

在运用这一最直接明了的应对方法上就不得不提欧盟与加拿大《全面经济与贸易协定》（CETA）。协议第8.18（3）条规定："假若投资是通过……相当于滥用程序的行为得以做出，那么投资者不可（在本协议有关投资者与东道国间投资争端解决章节项下）提交仲裁诉请。"但不可否认的是，无论国际投资条约，还是国际投资契约，抑或国际投资仲裁规则，囿于对"程序滥用"问题的重视不够，采取明文规定禁止"程序滥用"的做法并非主流。

当然，法律文件中禁止"程序滥用"明文条款缺失的事实并不意味着争端方不需要遵守正当履行程序权利的义务。相反，禁止"程序滥用"这一法律义务可被视为已构成为相关法律原则的默示要求或应有之义。

（二）相关法律原则对禁止"程序滥用"义务的默示规制

1. 未决诉讼原则（doctrine of lis pendens）

针对就同一争端提起平行仲裁①所引发的"程序滥用"问题，未决诉讼原则不失为一种可行的解决方法。② 未决诉讼原则被内国法院经常运用来中止、暂缓其诉讼程序或等待另一法院的在审诉讼程序，以避免法院间就相同案件事实作出不相一致的判决，又或避免争端方就同一争端诉诸两个或两个以上仲裁庭而导致产生的重复开销、故而司法效率低下的结果。③

但需注意的是，无论在普通法系还是大陆法系，未决诉讼原则的适用均是建立在多个受案法院各自对同一争端拥有合法管辖权的基础上。也正是考虑到这一原因，许多学者指出，未决诉讼原则并不能轻易适用于国际仲裁领域，后者是建立在有效仲裁协议赋予仲裁庭专属管辖权的前提下，该仲裁庭成立后对争端方所同意递交的争议予以审理。

---

① 平行仲裁指争端方就同一争议基于相同事实以及相同目的同时在两个或两个以上仲裁庭申请仲裁的现象。包括以下两种情形：其一是相同当事人的仲裁，即同一申请方在不同仲裁机构就同一争议对同一被诉方提起仲裁；其二是相反当事人的仲裁，即同一仲裁事项，一仲裁程序的申请方在另一仲裁程序下又成为被诉方。

② 对国际仲裁中的未决诉讼原则的广泛讨论，参阅 REINISCH A. The Use and Limits of Res Judicata and Lis Pendens as Procedural Tools to Avoid Conflicting Dispute Settlement Outcomes [J]. L Practice Intl Courts Tribunals, 2004 (3)：37；LE' VY L, GEISINGER E. Applying the principle of litispendence [J]. Int' l Arb. L. Rev. , 2010 (3)：73.

③ DE LY F & SHEPPARD A. ILA Final Report on Lis Pendens and Arbitration [J]. Arb. Int'l. , 2009 (3)：25.

在采用未决诉讼原则解决国际投资仲裁程序中的"程序滥用"事项上，要区分基于平行仲裁所引发的"程序滥用"与非基于平行仲裁所引发的"程序滥用"两种情形。对于前者，未决诉讼原则的适用被证实是行之有效的。但对于后者，部分学者认为，未决诉讼原则并不适用。譬如，争端一方力求通过将其一部分索赔提交给一个仲裁庭，而将剩余的索赔提交给另一仲裁庭来增大胜诉的概率。在此情形下，每一仲裁庭被视为处理不同的争议，故而未决诉讼原则并不适用。

同样地，未决诉讼原则在应对处于同一公司组织链不同层级的申诉方所提起的多个投资仲裁问题方面也被证实不太奏效。关于这点，以由美国企业家罗纳德·劳德依据美国—捷克双边投资条约启动的《国际贸易法委员会仲裁规则》仲裁以及劳德先生的荷兰投资工具（CME 公司）所提起的并行仲裁为例①，颇具启发意义。先于 CEM 案仲裁庭作出裁决的 Lauder 案仲裁庭拒绝了捷克共和国认为未决诉讼原则应阻却该案仲裁程序并行的观点，同时指出未决诉讼原则在该案中其适用的要求并不符合。具体而言，Lauder 案仲裁庭考虑到，两个仲裁程序中的诉因并不相同，理由在于各案诉请都是根据一项独立的投资条约分别提出的。仲裁法庭还认为，鉴于所有其他法院和仲裁程序涉及的当事方与诉讼理由各不相同，被诉方所援用的未决诉讼原则就毫无用处可言。②

2. "集中解决争议"法律原则

解决国际投资仲裁"程序滥用"问题的另一个有效工具就是要求争端各方在同一仲裁法庭下提出与该项争议有关的所有主张或诉请。事实上，无论在大陆法系还是普通法系管辖范围内，对诉讼当事方早就施加了这一义务，尽管所依据的法律原则或在程度要求上有所区别。③

比如在法国，最高上诉法院在 2006 年的 Cesareo 上诉案中驳回了申诉方的

① Ronald S Lauder v. The Czech Republic，UNCITRAL，Final Award（3 September 2001）；CME Czech Republic BV v. The Czech Republic，Partial Award（13 September 2001）.

② Ronald S Lauder v. The Czech Republic，UNCITRAL，Final Award，para 171. 无独有偶，CME 案仲裁庭不予采纳捷克共和国认为 Lauder 案裁决相当于已决案件（res judicata）的主张，仲裁庭推理坚持 Lauder 仲裁案的争端方与本案不同，两仲裁案所依据的双边投资条约亦不一样。CME Czech Republic BV v. The Czech Republic，Partial Award，para 355.

③ GAILLARD E. Abuse of Process in International Arbitration［J］. ICSID Review，2017（1）：17-37.

上诉，后者针对同一笔款项的支付发起了两个诉讼程序。在该案中，最高上诉法院认为诉讼方有义务将他认为足以支撑其诉讼请求的所有正当理由在单一诉讼程序中全部提出。继 Cesareo 上诉案后，法国最高上诉法院在 2008 年的 Prodim 案中更进一步确立了要求诉讼当事人在一个单一的程序中对对方提出所有的诉讼请求这一判决法理。但遗憾的是，法国各级法院在随后的案件审理中，并未遵循这两项判决法理。例如，在 2011 年 Somercom 案的判决书中，巴黎上诉法院认为集中陈述诉讼理由的义务原则不应适用于国际司法程序。Prodim 案之后，法国各级法院的其他判决同样拒绝对诉讼当事人施加集中陈述诉讼请求的义务。

与部分法国法院所持的摇摆态度相反，其他大陆法系国家在坚持"集中解决争议"原则方面表现得更为坚定，认为诉讼当事方有义务在单一诉讼程序中集中提出与该项争议相关的一切诉讼主张或请求。例如，《西班牙民事诉讼程序法典》第 400 条（1）款规定："起诉中所提出的诉讼请求可基于不同的事实、不同的理由或不同的法律观点，假若诉请已明确，则必须在起诉时一次性提出。……不允许将诉请推迟至以后的诉讼程序才予提出。"

司法实践中，普通法已被证实比法国法更为大胆，前者创设了更为深远和灵活的工具来排除某些类型的"程序滥用"行为。如英国法院就根据 19 世纪的 Henderson v. Henderson 案确立了一条原则，即不允许诉讼方在随后的诉讼中提出他们可以并且本应（他们却没这么做）在先前程序中就提出的事项。①

在最近的一件国际商会仲裁案中（尽管裁决书未公开），在新加坡成立的仲裁庭适用了 Henderson v. Henderson 案所确立的原则以拒绝作出申请国所要求的被诉方不得强制执行或试图强制执行于 2009 年在另一针对该国的投资条约仲裁中所作裁决的命令。事实上，在 2008 年该申请国家就已经发起了首次国际商会仲裁，要求仲裁庭下令被诉方不可撤销地撤回后者在投资条约仲裁中的诉请，当时该投资仲裁仍在审理。第二次组成的国际商会仲裁庭注意到，自从双边投资条约仲裁书作出后，该申请国就已经对其在第一次国际商会仲裁中所提出的救济请求修改过两次，其中包括要求针对被诉方的所谓"恶意"，下达道德损害赔偿令。第二次国际商会仲裁庭认为，申请国的这些诉请已经"到达了反复提请的程度，因而对被诉方构成了不正当的压制"，因而"应该禁止提出这些请

---

① Virgin Atlantic Airways Limited（Respondent）v. Zodiac Seats UK Limited［2013］UKSC 46.

求"。因此，有学者认为，在今后的投资仲裁案中，仲裁庭被寄望将继续在对当事方的争端予以整体考虑后，再就自身管辖权进行评估，更多地运用 Henderson 案原理，排除申请方可以且本应该在先前程序中就已经提出的仲裁诉请。①

3. "诚实信用"法律原则

事实上，禁止"程序滥用"原则与诚信原则密切关联，后者被视为"任一法律制度内的一项最基本原则"。② "诚信原则一般法律原则地位"的陈述亦可参见 Nuclear Tests（Australia v. France），Judgent（20 December 1974）ICJ Rep 253，para 46；Nuclear Tests（New Zealand v. France），Judgment（20 December 1974）ICJ Rep 457，para 49。尤其在条约的履行方面，《维也纳条约法公约》第26 条规定，每一条约"必须得到（缔约各方的）诚信遵守"。国际法院的判决指出，条约条款"促使缔约方能合理适用（条约），以此能使条约目的得以实现"。③ 换句话说，条文要求条约义务"能遵照缔约方的共同与真实意图得到履行"。同样地，国际投资仲裁法律框架下也对仲裁参与各方施加了"诚实信用"的"对一切"义务，禁止"程序滥用"原则只是以一种否定的方式规定了与"诚实信用"原则相同的义务要求：前一原则禁止行使与后一原则相悖的条约权利。④

4. 禁止"权利滥用"法律原则

一般说来，禁止"权利滥用"原则是建立在这样的一种理念上：争端一方虽拥有一项有效的权利（包括程序性的权利），但是却以一种异常、过度或滥用的方式予以行使，唯一的目的就是对另一当事方产生损害或出于逃避法律规则的约束，该争端方从而丧失其所依赖于该权利的应得权益。⑤ 禁止"权利滥用"

---

① GAILLARD E. Abuse of Process in International Arbitration [J]. ICSID Review, 2017 (1)：17-37.

② CHENG B. General Principles of Law as Applied by International Courts and Tribunals [M]. Cambridge：Cambridge University Press, 2006.

③ Gabcˇıkovo - Nagymaros Project (Hungary/Slovakia), Judgment (25 September 1997) [1997] ICJ Rep. 7, para. 142.

④ FUKUNAGA Y. Abuse of Process under International Law and Investment Arbitration [J]. ICSID Review, 2018 (1)：1-31.

⑤ BYERS M. Abuse of Rights：An Old Principle, A New Age [J]. McGill LJ., 2002 (47)：389-431.

理论源自私法，并且已为绝大多数内国法律制度所承认。①

作为国际公法内容的禁止"权利滥用"原则同样适用于"一国任意行使其权利，以至于对另一国产生了通过对前者优势地位予以正当考虑亦不能被认为其损害合法"的情形。② 禁止"程序滥用"观念被看成为禁止"程序滥用"原则的一种应用，它"形成于一方或多方为着不相容于程序性权利之所以创设的目标而运用程序工具或权利的场合"。③ 不难发现，无论是禁止"权利滥用"原则还是禁止"程序滥用"原则均为国际法院的司法实践广泛认可。④

作为众多内国法制度与国际公法制度普遍认同的禁止"权利滥用"原则也常被国际仲裁庭（包括投资仲裁庭）视为一般法律原则，无论仲裁地点与适用法如何。在一些已经报道的国际投资仲裁案中，仲裁庭依据这一原则对投资者申请方进行制裁，鉴于后者曾以破坏仲裁程序的方式行使其程序性权利。

Phoenix Action v. Czech Republic 案是投资条约仲裁庭基于申请方滥用权利的事实对其全部诉请予以了驳回的第一案。在该案中，仲裁庭认定，Phoenix Action 公司收购捷克公司的"独特目标"是"将一个先前存在的国内争端转变为国际争端"，而这"不是诚信的交易，也不能成为 ICSID 制度下的受保护投资"。仲裁庭援引禁止"滥用权利"的概念，以证明 Phoenix Action 公司的并购并非 ICSID 公约第 25 条（1）款所指的投资，申请方家族的整个所作所为均直

---

① 在法国，早在 19 世纪中期，禁止"权利滥用"原则就在法国诸法院得到适用。该项原则也体现于《法国民事诉讼程序法典》的第 32 条第 1 款，第 118 条，第 123 条，第 550 条，第 559 条与第 560 条。其他大陆法系国家也将禁止"权利滥用"原则作为一般法律原则对待——如瑞士民法典第 2 条；德国民法典第 226 条；奥地利民法典第 1295 条第 2 款；意大利民法典第 833 条；西班牙民法典第 7 条；荷兰民法典与财产法第 13 条第 2 款；魁北克民法典第 7 条和美国路易斯安那州等。在普通法国家，英国法院长期维护其固有的审判模式，对当事人以滥用方式行使程序权利的行为给予制裁。美国法院也坚持制裁各种形式的程序性不当行为的广泛司法实践。
② JENNINGS R, WATTS A. Oppenheim's International Law [M]. 9th ed. Oxford: Oxford University Press, 2009: 407.
③ KOLB R. General Principles of Procedural Law [C] //ZIMMERMANN A (eds). The Statute of the International Court of Justice, A Commentary. Oxford: Oxford University Press, 2006: 831, para 65.
④ 比如 Fisheries Case (United Kingdom v. Norway) [1951] ICJ 3; Case of Certain Norwegian Loans (France v. Norway) [1957] ICJ Rep 9; Nottebohm Case (Liechtenstein v. Guatemala) [1955] ICJ 1; 12 Gabcikovo-Nagymaros Project (Hungary v. Slovakia) [1997] ICJ Rep 7.

接导致权利滥用的结论。① 诚然，正如 Phoenix 案仲裁庭所认定的，禁止"程序滥用"原则可为阻碍相关争端方施行"程序滥用"的种种策略提供一个强有力的应对武器。

在最近的 Renée Rose Levy 案中禁止"程序滥用"原则也得到了采用。该案仲裁庭单独裁定，将 Gremcitel 公司的股份转让给 Levy 小姐事件与秘鲁政府决议的公开发布、出版事件之间存在着"明显的事件接近度"，并且申请方不能就股权转让的时间提供合理解释，从而仲裁庭得出结论认为，"通过 Levy 小姐变为 Gremcitel 公司主要股东这一方式完成的公司重组……构成程序滥用行为"，在此基础上仲裁庭拒绝行使管辖权。②

从技术层面讲，Renée Rose Levy 案起作用的理念是禁止"欺骗法律"（fraus legis）的罗马法原则。这一原则旨在使表面上符合法律条文但真实意图却为着规避法律的行为成为非法。在具体案件中，若当事方权利的获得是出于获取其本无权享有利益的目的，那么基于违反法律精神这一理由，当事方的行为应被裁定为非法。就 Renée Rose Levy 案来说，将 Levy 小姐强拉进其家族位于秘鲁境内投资的所有权结构的行为纯粹是出于谋划国际投资争端的目的，因而构成对法律的欺骗，也即违反了禁止"欺骗法律"原则。

事实上，针对上文所述的争端方"程序滥用"的第三种具体表现，即争端方启动仲裁程序并非出于真正解决争端的目的，而是基于其他不可告人目的（比如为搏公共媒体关注；为着骚扰对方当事人或给对方施加压力等），仲裁庭完全可基于禁止"权利滥用"或"程序滥用"原则驳回国际投资仲裁诉请。

当然，在仲裁实践中，投资仲裁员还可利用一些传统的庭审策略对当事方的"程序滥用"行为予以应对。比如，部分投资条约仲裁庭对从事不当行为的索赔人裁决要求后者支付全部仲裁费用。③ 在一方就同一争议发起多个仲裁程序的情况下，仲裁员在评估哪些损害可予赔偿时是有较大的自由裁量空间的。

---

① Phoenix Action, Ltd v. The Czech Republic, ICSID Case No ARB/06/5, Award（15 April 2009），paras. 142, 144.

② Rene'e Rose Levy and Gremcitel SA v. Republic of Peru, ICSID Case No ARB/11/17, Award（9 January 2015），paras. 194, 195.

③ Phoenix Action, Ltd v. The Czech Republic, ICSID Case No ARB/06/5, Award（15 April 2009）；Cementownia 'Nowa Huta' SA v. Republic of Turkey, ICSID Case No ARB（AF）06/2, Award（17 September 2009）；Europe Cement Investment & Trade SA v. Republic of Turkey, ICSID Case No ARB（AF）/07/2, Award（13 August 2009）.

例如，先前仲裁庭就同一争议所作出的有关赔偿总额的裁决应为后来仲裁庭在裁处相关损害赔偿时所考虑。①

四、国际投资仲裁"程序滥用"的中国应对

（一）中国投资协议对投资仲裁"程序滥用"的规制

总体而言，我国与外国所缔结的国际投资协议在应对争端方滥用投资仲裁程序方面还有进一步完善空间。首先，据不完全统计，我国政府所缔结的双边投资条约中几乎没有纳入禁止"程序滥用"明文条款的例子。当然，这一立法现状并非意味着我国在面对我国双边投资条约框架下的种种"程序滥用"行为时陷入了"无法可依"的被动局面——毕竟我们还是可以通过援引已在投资条约内所纳入的诸如投资的合法性要求条款、利益拒绝条款与诚信原则条款等予以灵活应对。

在国际投资仲裁实践中，即便遭遇禁止"程序滥用"明文条款缺失的情形，禁止"程序滥用"原则仍可被看作构成国际投资协议下投资仲裁管辖权要求的组成部分。具体来说，一些投资仲裁庭已将投资协议下的"投资"术语作"仅涵盖依善意所做出投资"的解读。这也就表明，以恶意的、不合理的或任性方式所做出的旨在获取投资仲裁权利的投资并不属于投资协议缔约国意在保护的投资范围。② 事实上，有学者甚至认为，如果足够多的仲裁庭都坚守只有善意的投资才为国际投资协议所保护，并且诚信要求需得到一贯适用这一理念的话，那么就没必要在投资协议框架内单独将禁止"程序滥用"原则作为一个仲裁管辖权要求予以提出。③

早期的中国双边投资条约在对"资产"进行限定时，一般会设置"遵守东

---

① 然而也有学者认为，这些传统的应对方法存在不足之处。比如，支付全额仲裁费用的惩处不足以阻碍大多数当事方（特别是投资条约仲裁中的申请方公司）运用"程序滥用"策略。同样地，对最终裁决的赔偿总额的调整至多可以防止一方或相关方就同一争端进行一次以上的索偿，而这仅可能发生在已受案仲裁庭推迟对赔偿总额的裁决、直到其他仲裁庭作出裁决后的情形。GAILLARD E. Abuse of Process in International Arbitration [J]. ICSID Review, 2017（1）: 17–37.

② United Nations Conference on Trade and Development（UNCTAD）, Investment Policy Framework for Sustainable Development（2015）at 85, 94.

③ FUKUNAGA Y. Abuse of Process under International Law and Investment Arbitration [J]. ICSID Review, 2018（1）: 1–31.

道国法律与法规"的要求,并且将其作为唯一的要求,如中国—瑞典双边投资条约(1982)第1条第1款与中国—挪威双边投资条约(1984)第1条第1款等。需注意的是,我国近年来所缔结的一些双边投资条约已经将"遵守东道国法律与法规"的要求从"投资"的定义条款中予以删去。但是通过对条文进行仔细研读后发现,对"投资"所做的"遵照东道国法律与法规"这一要求事实上并未从中国双边投资条约中真正消失。①

此外,国际投资协议中的"利益拒绝"条款亦可被用来应对仲裁当事方的"程序滥用"行为。在一定程度上,通过"权利滥用"而做出的投资可被排除出包含"利益拒绝"条款的投资协议保护范围之外。比如,《中国—东盟全面经济合作框架协议投资协议》(2009)第15条"利益的拒绝"条款规定:"一、经事先通知及磋商,一方可拒绝将本协议的利益给予:(一)另一方投资者,如果该投资是由非缔约方的人拥有或控制的法人进行的,且该法人在另一方境内未从事实质性商业经营;或者(二)另一方投资者,如果该投资是由拒绝给予利益一方的人拥有或控制的法人进行的。"尽管此类条款并未明确提及投资者的"权利滥用"行为,但即便是表面符合本条所描述的情形,只要投资者及其投资并非出于"善意",那么就不应受到保护,关于这点已为国际投资仲裁实践所证实。②

针对我国在应对国际投资仲裁"程序滥用"问题上的较为被动的局面,相关方面(包括理论界与实务界)应引起足够的重视,采取切实可行的措施逐渐改变这一现状。一是要重视并加强对国际投资仲裁"程序滥用"问题的研究。相较于对国际民事诉讼程序中的"滥用程序"问题研究,国际投资仲裁理论与实务界对投资仲裁的"程序滥用"研究的关注程度明显不足。国际投资仲裁"程序滥用"现象的危害性及其解决的必要性和紧迫性是显而易见的,学界与实务界有义务深入探索解决问题的行之有效的应对路径。二是通过废、改、立,

① 虽然中国—加拿大双边投资条约(2012)第1条第1款在定义"投资"时,并未对其施加须遵守或符合"东道国法律与法规规定"的要求,但是在该条第4款补充规定,"对于缔约一方来说,'涵盖投资'指本协定生效时缔约另一方投资者在该缔约方境内已存在的投资,或投资者在此后根据其法律法规获准的投资。该投资包括资本或其他资源的投入,收益或利润的预期,或者风险的承担。"参阅银红武.中国双边投资条约的演进——以国际投资法趋同化为背景[M].北京:中国政法大学出版社,2017:106.
② Pac Rim Cayman LLC v. Republic of El Salvador, ICSID Case No ARB/09/12, Decision on the Respondent's Jurisdictional Objections (1 June 2012), paras 4.63~4.82, 4.92.

完善我国应对国际投资仲裁"程序滥用"的国际投资立法实践。①

（二）中国投资争端仲裁规则对"程序滥用"的规制

毋庸置疑，国际投资仲裁庭对仲裁程序事项的裁判享有固有的权力，其中包括对"程序滥用"问题的审查。投资仲裁庭的这一权力不仅有理论支撑依据，而且还得到投资仲裁规则的明文确定。比如，ICSID《仲裁程序规则》第19条"程序性决议"条款规定："仲裁庭应按进行仲裁程序之要求，作出决议。"《联合国国际贸易法委员会仲裁规则（2010修订）》第17条第1款也同样明确："在不违反本《规则》的情况下，仲裁庭可以其认为适当的方式进行仲裁，但须平等对待各方当事人，并在仲裁程序适当阶段给予每一方当事人陈述案情的合理机会。仲裁庭行使裁量权时，程序的进行应避免不必要延迟和费用，并为解决当事人争议提供公平有效的程序。"

随着中国成为全球第二大对外投资国、第三大吸收外资国，中国海外投资者与东道国外国政府间、外国投资者与中国政府间的投资争端日益增多。在此背景下，作为我国仲裁机构第一部国际投资仲裁规则的《中国国际经济贸易仲裁委员会国际投资争端仲裁规则（试行）》于2017年9月19日在北京发布。这是我国国际投资争端实践中具有里程碑意义的大事，规则填补了中国在该领域的空白，有助于保护国际投资者的合法权益，将为"走出去"的中国企业与来华投资的外国投资友人带来实质性利好。

值得称道的是，就应对国际投资仲裁"程序滥用"问题，我国《国际投资争端仲裁规则》（简称《规则》）在对"程序滥用"行为的规制力度与全面性方面甚至超过了部分在世界范围内具有较大影响的国际投资仲裁规则，体现了一定的先进性与创新意识。如我国《国际投资争端仲裁规则》单独设立了第六条"诚实信用"条款，明确强调"仲裁参与人应遵循诚实信用原则，进行仲裁程序。"该项规定无论对投资仲裁庭在规制仲裁参与方的"程序滥用"行为方面，还是在对参与方施加禁止"程序滥用"的义务方面，均起到良好的作用。

此外，我国《国际投资争端仲裁规则》第31条针对"根据本规则进行的两个或两个以上仲裁案件涉及共同的法律或事实问题，并且源于同一事件或情况"

---

① 银红武. 论国际投资仲裁"程序滥用"及其规制 [J]. 西北大学学报（哲学社会科学版），2020（2）：69-81.

的合并仲裁事项予以了专门规定。该条第4款规定:"如果依据本条组成的仲裁庭认为两个或两个以上仲裁案件的仲裁请求涉及共同的法律或事实问题,并源于同一事件或情况,为保证仲裁程序公正高效进行,在征询当事人意见后,仲裁庭可以决定:1. 合并审理并对所有或部分仲裁请求作出裁决;2. 审理一项或多项仲裁请求并作出裁决,但应以仲裁庭认为其裁决有助于其他仲裁请求事项的解决。"

总体而言,我国《国际投资争端仲裁规则》第31条"合并仲裁"的规定在应对该规则项下的多个仲裁程序方面具有较强的指导作用。但其缺陷也是明显的:其一,规定并未涉及解决根据其他仲裁规则而启动、涉嫌"程序滥用"的多个仲裁程序并行存在的难题;其二,第31条第5款规定:"如果依据本条组成的仲裁庭已经开始审理案件,除非该仲裁庭另有决定,则被合并案件的原仲裁庭对该仲裁庭审理的仲裁请求不再具有管辖权。"显然,该款规定具有瑕疵,因为它未能全面考虑"被合并案件的原仲裁庭对该仲裁庭所审理的仲裁请求已经在审"的具体情形,而是对"被合并案件的原仲裁庭"一律剥夺其管辖权,如此"一刀切"的规定明显违反"未决诉讼"或"未决仲裁"原则。针对缺陷一,建议《规则》应规定仲裁申请方对于因同一投资争端而起,但却根据其他仲裁规则而启动的另外仲裁程序予以披露的义务;针对缺陷二,建议《规则》规定,假若"被合并案件的原仲裁庭对该仲裁庭所审理的仲裁请求已经在审",则"该仲裁庭不具有管辖权"。

总之,我国《国际投资争端仲裁规则》虽然已经公布并生效了,但迄今中国内地仲裁机构尚没有受理国际投资争端的实践。也许,《国际投资争端仲裁规则》只有在不断应对新问题、新情况的施行过程中,才能不断完善,永葆活力。我国在应对国际投资仲裁"程序滥用"现象上,虽然取得了一定的成效,但是不足之处也是显然存在的,需进一步重视对"程序滥用"问题的研究,探索出更为有效的应对方法。就世界范围内的国际投资仲裁实践而言,仲裁程序各参与方(特别是仲裁庭)应利用好现行的国际投资仲裁法律框架,对争端方的"程序滥用"行为进行行之有效的规制。

第二节　国际投资争端方腐败抗辩的"程序滥用"甄别

腐败问题在 ICSID 投资仲裁中日益被引起重视，有时甚至发展成为案件审理的关键或争议焦点。关涉腐败的国际投资仲裁实践可追溯至 1992 年的 SPP v. Egypt 案裁判。20 世纪 90 年代还出现了另一起被一方当事人提及腐败事项的 ICSID 投资争端案，即 Wena v. Egypt 案。然而，该案仲裁庭最后裁决却认为案件无关于影响国际投资法的腐败事项。[1]

随后，在 SGS v. Pakistan 案中，仲裁庭历史性地承认投资争端案中腐败问题所蕴藏的法律重要意义，特别是关涉仲裁庭管辖权的同意事项（法律依据是 ICSID 公约第 25 条以及瑞士—巴基斯坦双边投资条约的具体条款）。遗憾的是，鉴于该案缺乏足够证据对腐败事项进行穷尽式评估，故仲裁庭最终未能以一种更详尽的方式解决问题，腐败抗辩悬而未决。[2]

在 SPP v. Egypt 案后，投资争端方（包括东道国政府与外国投资者）在仲裁程序中提起跨国投资腐败抗辩的仲裁案件纷纷涌现。截至 2014 年 4 月，共出现了约 28 个[3]涉腐国际投资仲裁案。在这些案件的仲裁程序中，当事方的跨国投资腐败行为腐败问题或被暗指，或被明确用以抗辩。鉴于有些涉腐投资仲裁案的裁决书对争端方所提出的事关腐败的主张未做专门的详细讨论，故从资料的可获得性方面进行考虑，本书的研究剔除了其中的 8 个涉腐投资仲裁案，它们分别为：

1. Metalclad Corporation v. Mexico, ICSID Case No. ARB（AF）/97/1（Addtional Facility）, Award dated Aug. 30, 2000;

2. SGS v. Pakistan, ICSID Case No. ARB /01/13, Decision on Objections to Jurisdiction, August 6, 2003;

---

[1] Wena Hotels Limited v. Arab Republic of Egypt（ICSID Case No. ARB/98/4）, Award: December, 2000. Para. 46.

[2] SGS v. Pakistan（ICSID Case No. ARB/01/13）, Decision on Objections to Jurisdiction, August 6, 2003. Paras. 141-143.

[3] LLAMZON A P. Corruption in International Investment Arbitration [M]. Oxford: Oxford University Press, 2014: 100.

3. Bayindirv. Pakistan, ICSID Case No. ARB /03/29, Award of Aug. 27, 2009;

4. Azurix v. Argentina, ICSID Case No. ARB /01/12, Award, June 23, 2006/ Annulment Decision, Sept. 1, 2009;

5. Lemire v. Ukraine, ICSID Case No. ARB /06/18, Decision on Jurisdiction and Liability, Jan. 14, 2010;

6. Chevron and Texaco v. Ecuador, UNCITRAL Rules Arbitration (PCA Administered; U. S. -Ecuador BIT), Partial Award on the Merits, March 30, 2010;

7. Oostergetel v. Slovak Republic, UNCITRAL Rules Arbitration (Dutch-Slovak BIT), Final Award dated April 23, 2012;

8. Rompetrol v. Romania, ICSID Case No. ARB /06/3, Award Dated May 6, 2013.

有鉴于此,涉腐国际投资仲裁案的探讨主要围绕其中剩余的 20 个案例予以展开。

一、腐败抗辩大多由东道国提起

在重点研究的 20 个涉腐投资仲裁案中,东道国对投资者诉请提出腐败抗辩的数量为 15 件(见表 4-1),仅有 5 个案件为外国投资者针对东道国做出腐败指控(见表 4-2)。3:1 的比例极有可能将维持为腐败抗辩大多由东道国提出的常态化特征。东道国援用腐败抗辩大致想实现三个目的:其一,从整体上挑战仲裁庭的管辖权;其二,对投资者诉请的可许性提出异议;其三,寻求对投资基础协议予以撤销。在表 4-1 的第 1 至第 10 个仲裁案中,外国投资者的仲裁诉请均被仲裁庭予以驳回,其结果等同于东道国提请的腐败抗辩主张得到了仲裁庭的肯定。而在第 11 至第 15 个案例中,外国投资者的诉请(至少大体上)获仲裁庭支持。

表4-1 东道国政府（或国有公司）主张投资者腐败抗辩案例

序号	主张腐败抗辩当事方	案例名称	裁决机构
1	东道国（肯尼亚）	World Duty Free v. Kenya（2006）	ICSID
2	东道国（乌兹别克斯坦）	Metal-Tech v. Uzbekistan（2013）	ICSID
3	东道国（阿根廷）	Siemens v. Argentina（2008）①	ICSID
4	东道国（阿塞拜疆）	Azpetrol v. Azerbaijan（2009）②	ICSID
5	东道国（秘鲁）	Lucchetti v. Peru（2005）	ICSID
6	东道国（墨西哥）	Thunderbird v. Mexico（2005）	NAFTA/UNCITRAL
7	东道国（萨尔瓦多）	Inceysa v. El Salvador（2006）	ICSID
8	东道国（菲律宾）	Fraport v. Philippines（2007）	ICSID
9	东道国（刚果）	African Holdings Co. v. DRC（2008）	ICSID
10	东道国（阿根廷）	TSA Spectrum v. Argentina（2008）	ICSID
11	东道国（埃及）	SPP v. Egypt（1992）	ICSID
12	东道国（埃及）	Wena v. Egypt（2000）	ICSID
13	东道国（坦桑尼亚）国有公司③	Tanesco v. IPTL（2001）	ICSID
14	东道国（埃及）	Siag v. Egypt（2009）	ICSID
15	东道国（孟加拉国）	Niko v. Bangladesh（2013）④	ICSID

---

① 2008年阿根廷寻求对ICSID已作出的、裁定阿根廷赔偿申请方西门子公司2.18亿美元的2007年裁决书进行撤销，理由在于西门子前高层在裁决书作出后的其他非仲裁程序中承认公司曾花0.97亿美元获取与阿根廷政府的商业合同。撤销程序启动后不久，西门子公司宣布放弃2007年裁决书中所列权利，撤销程序于2009年终止。Siemens AG v. Argentine Republic, ICSID Case No. ARB/02/8, Award, P. 78（Feb. 6, 2007）; 14 ICSID Rep. 518（2009）.

② 该案虽以和解告终（2009年程序终止），但事实表明和解谈判缘于庭审过程中申请方证人对腐败予以了承认，并且和解协议内容对东道国方面更有利。

③ 该仲裁案情形特殊：申请方Tanesco为坦桑尼亚国有公司，外国投资者为被诉方。申请方以该国政府官员腐败行为为由主张合同撤销权。

④ 仲裁庭认为对申请方诉请有管辖权。截至2020年6月15日，该案事实审理程序仍处进行中，最终结果未决。

二、外国投资者提起腐败抗辩

在表 4-2 所示的 5 个涉腐投资仲裁案件中，外国投资者基于自身被东道国官员索贿或认为东道国（或其官员）涉嫌腐败等事实，认为东道国有违于其在相关投资协议中所承诺的给予外国投资者公平平等待遇以及全面保护与安全保障义务的理由而提出腐败抗辩。但在第 1 至第 4 个仲裁案件中，令人觉得遗憾的是，外国投资者的所有诉请均被驳回。如 EDF（Services）v. Romania 案中，尽管投资者提供了罗马尼亚时任首相试图索贿 250 万美元的录音带证据，但仲裁庭认定该证据未能达到"清晰且令人信服"的标准，因而不予采纳。该案的裁决结果是其他同类的投资者提出腐败指控案件的缩影，迄今很少发现外国投资者在投资仲裁中通过援用东道国腐败理由寻求到赔偿的成功案例。

唯有在表 4-2 的第 5 例案件（即 Rumeli v. Kazakhstan 案）为例外情形。在该案中，作为腐败抗辩提起方的外国投资者其诉请（至少大部分）获仲裁庭支持——2008 年 7 月 29 日，申请方赢取了 1.25 亿美元的裁决书。

表 4-2　外国投资者援引腐败抗辩案例

序号	外国投资者诉请是否获支持	案例	裁决机构
1	外国投资者所有诉请均未获投资仲裁庭支持	Methanex v. U. S.（2005）	NAFTA/ UNCITRAL
2		F－W Oil v. Trinidad & Tobago（2006）	ICSID
3			
4		EDF（Services）v. Romania（2009）	ICSID
		RSM v. Grenada（2009）	ICSID
5	外国投资者（至少大部分）诉请获支持	Rumeli v. Kazakhstan（2008）①	ICSID

---

① 2008 年 11 月 7 日 ICSID 秘书长对启动撤销程序的申请予以了登记，通知争端方暂缓执行仲裁裁决。2010 年 3 月 25 日撤销委员会发布了适用撤销程序的决定。

三、国际投资仲裁庭对争端方腐败抗辩的"程序滥用"甄别

鉴于国际投资争端解决的日益专业化与职业化（如负责代理诉讼或仲裁的律师与仲裁员出现角色轮换的现象），国际投资仲裁策略与技巧也日臻完善与成熟，随之而来的结果就是，争端方及其代理人可能会滥用其仲裁程序权利。

（一）东道国腐败抗辩的"程序滥用"甄别

从目前来看，东道国在投资仲裁程序中所提出的腐败抗辩已发展为前者在投资仲裁案中用以挫败外国投资者种种诉请的一项庭审应对策略（即便是案件涉及外国投资者与东道国政府或官员均卷入腐败的情形）。并且随着投资仲裁庭越来越倾向于采纳东道国所主张的腐败抗辩，更多的国家相应地依赖其来作为普遍的应诉技巧。

面对外国投资者的 ICSID 仲裁诉请，东道国无疑会使出浑身解数来主张法律责任的免除，进而也就无须向投资者支付相应赔偿金了。其中，投资者的投资活动涉腐就成为东道国惯常使用的抗辩理由之一。正如仲裁庭在 African Holdings Co. v. DRC（2008）案①中所表达的担忧一样，在国际投资仲裁中为数众多的东道国寻求通过腐败抗辩的方式来实现阻碍仲裁庭行使管辖权或影响仲裁庭在事实方面的裁决。

事实上，当由东道国提起时，腐败就通常被视为一个不容太多反抗的事项。这也意味着，一旦外国投资者潜在的腐败行为大白于天下或者在仲裁程序的任何阶段得以承认，东道国可基于投资仲裁庭不享有管辖权或者投资者的诉请不具有许可性（尽管这点存在争议）的理由寻求对案件整个地予以"销案"——根本不再对投资者所提出的有关于东道国的任何违法事由予以考虑。站在投资仲裁庭的角度看，其管辖权是通过投资条约得以确立——这一理据的发展是基于这样的一个事实：双边投资条约项下关于"投资"的法律定义要求与东道国法律（也包括反腐败方面的法律）相符。因此，不符合东道国法律而做出的投资并非有关投资条约意涵内的受保护"投资"，故投资仲裁庭对此类投资并不具有管辖权。

由此可见，面对东道国更热衷于将腐败抗辩作为一项挫败投资者诉请的应

---

① African Holdings Co. v. DRC, ICSID Case No. ARB/05/21, 29 July 2008. 裁决书用法文作成。

诉策略（乃至技巧）加以运用的现实（投资仲裁庭的仲裁法理"漏洞"与拒绝行使管辖权的"错误决定"难辞其咎），投资仲裁庭正遭遇对东道国腐败抗辩进行"程序滥用"甄别的更大压力。

（二）投资者腐败抗辩的"程序滥用"甄别

但在外国投资者提起腐败抗辩时，情况则显然不同，具体而言，投资者所主张的腐败抗辩（通常是以东道国官员企图索取钱财的形式而提起）并不被当作一项有关管辖权的事项予以对待。相反，腐败抗辩被留待事实审查阶段与投资者其他的大量诉请以及东道国的辩护与反请求等事项一道予以裁判。当然，投资者需承担举证责任以证明东道国的腐败行为是己方主张公正平等、全面保护与安全待遇等诉请的部分理由。

投资仲裁庭对外国投资者所提起的腐败抗辩进行有别于应对东道国腐败抗辩的不同实践从一个侧面也表明了，投资者腐败抗辩的"程序滥用"伎俩无法与东道国滥用腐败抗辩"诉讼权利"所取得的实际效果相提并论。有鉴于此，投资者腐败抗辩的"程序滥用"风险远小于东道国在仲裁程序中"滥用程序权利"的风险。在现实中，更应防范并加强有效规制的主要为东道国利用有关腐败抗辩仲裁规则的"程序滥用"行为。

第五章

国际投资仲裁反腐法治的概念证成

贪污腐败是全人类的公敌，任何具有正义良知的国家与个人均无法容忍它的滋生与蔓延。经济全球化的发展浪潮下，商业腐败行为的跨国性特征日益彰显。历经过去二十余年的巨大发展变化后，表现为国际规范①和国家措施②的全球反腐法治标准方兴未艾。跨国投资腐败是全球经济一体化的自然伴生与道德异化现象。反腐法治问题亦逐渐发展成为新近国际投资仲裁的焦点议题之一。在国际社会"推动构建人类命运共同体"③与"一带一路"建设纵深推进的当今，反思以 ICSID 为代表的国际投资仲裁机构的反腐法治实践无论是对跨国投资腐败问题全球法治还是中国特色国际投资反腐法治协作机制的创建都具有重要的启示意义与实际价值。

---

① 表现为世界性"普遍愿景"形式的《禁止在国际商业交易中贿赂外国公职人员公约》(1997)、《反腐败刑法公约》(1999) 与《联合国反腐败公约》(2005) 等国际法律文件依次登台亮相，国际组织（如联合国、经合组织、世界银行与区域性国际组织等）已然成为制定国际合作反腐规范和程序的中坚力量。

② 早在 1977 年，美国《海外腐败行为法》得以颁布实施。自本世纪初以来，打击跨国腐败行为的内国强制执行法的数量呈现出大幅增长的态势。单在 2004 年至 2009 年期间，国际范围内的反腐败内国强制执行法从最初不多见的 5 部上升至 40 多部。

③ 2017 年 2 月 10 日，"构建人类命运共同体"被写入联合国社会发展委员会"非洲发展新伙伴关系的社会层面决议"；同年 3 月 17 日，人类命运共同体理念又接着被写入联合国安理会关于阿富汗问题的第 2344 号决议；3 月 23 日，理念被写入联合国人权理事会关于"经济、社会、文化权利"和"粮食权"两个决议；2017 年 11 月 2 日，这一理念又被纳入联大"防止外空军备竞赛进一步切实措施"和"不首先在外空放置武器"两份安全决议之中。

第一节　跨国投资腐败的界定与范围

一、腐败的定义

腐败是一个"多价词"（polyvalent word）。正如其他被用于描述复杂人类现象的术语拥有多种道德基础一样，腐败是每个人都本能了解但却发现很难予以全然表述的一个概念。世界范围内基于不同的社会、政治、经济、文化、宗教、历史和法律背景，各个国家乃至其他社会主体对腐败的认识存在明显差异。因此，国际社会对腐败概念至今尚无统一准确的界定。有关反腐败的区域性和国际性公约，如《联合国反腐败公约》也未对腐败的概念进行统一明确定义。部分国际组织（如世界银行、透明国际、资讯国际等）尝试对腐败作了较为宽泛的界定。世界银行和透明国际对腐败的定义是"利用公共职权非法谋取个人利益"。资讯国际的定义是"腐败是个人或政府官员违反规定的责任，利用其权力职位为个人目的服务和获取个人利益"。《联合国反腐败全球计划》则将腐败界定为"为个人利益滥用权力"。尽管对腐败予以界定的表述各不相同，但这些定义将滥用职权、以权谋私作为腐败的基本特征。

从语源上讲，"腐败"一词可追溯至拉丁语"corrumpere"，意思为"破坏"。《牛津英语字典》将"腐败"界定为"对正直与忠诚履行职责的一种颠覆"以及"诱使他人采取不诚实或不忠诚的行动，或使其变得贪赃枉法"。①"腐败"区别于"纯粹的喜爱"的一个关键因素在于是否存在"诱使"事实：一个人向他人表达喜爱是出于诱使获取好处的目的，而不是仅仅表示喜爱本身。② 腐败是以一种牺牲公共需要的代价来使私人需求受益的方式蓄意运用或

---

① NICHOLLS C QC, DANIEL T, POLAINE M, et al. Corruption and the Misuse of Public Office [J]. Oxford：Oxford University Press, 2006 (36)：paras. 1. 01−1. 02.

② KRAFT D. English Private Law and Corruption：Summary and Suggestions on the Development of European Private Law [C] //MEYER O (ed.). The Civil Consequences of Corruption. Nomos Press, 2009：207, 208.

拒绝适用法律的行为。① 可见，广义上的腐败泛指行为主体为其特殊利益而滥用职权或偏离公共职责的权利变异现象；从狭义上说，腐败指的是国家公职人员为其特殊利益而滥用权力，从而使国家政治生活发生病态变化的权利蜕变现象。

腐败形成的原因在不同的国家也不尽一致。但促成腐败的主要因素在各国基本相同。这些因素包括：不完善的体制和发展政策；草率构想和管理不善的计划；落后的社会公共机构；无能的制衡机制；不发达的公民社会；软弱无力或腐败的刑事司法制度；公务员酬金不足；缺少问责制和透明度等。

腐败给人类社会带来的灾难是多重性的：其一，腐败亵渎法治并破坏民主的合法性和稳定性，造成不尊重人权、践踏民主的行径泛滥。腐败严重扰乱行政管理程序，使政府政策的实施无效或"失语"，从而有损政府权威甚至令其荡然无存。其二，腐败妨碍经济发展，对发展中国家和经济转型国家的经济危害尤为严重。由于国际投资者和捐助者越来越不愿意对在政府管理中缺少足够的法治、透明度和问责制的国家拨给资金，从而使这些国家因建设发展资金短缺而愈加贫困。其三，公职人员贪污挪用公共资金，侵吞国有资产，并通过洗钱等手段使巨额资产流失，使国家陷入严重债务。其四，腐败直接或间接影响社会的每一个人，影响卫生、教育、公用事业等所有的社会公共机构，譬如贪腐者设计恶劣的基础设施工程、提供过时失效的医疗用品等危害公民生命健康与安全等行为。其五，腐败者转移稀缺资源影响政府为其公民提供基础服务，对国家人口最脆弱部分即贫困人口产生极大的消极影响，加剧社会不公和两极分化。其六，腐败同其他形式的犯罪（特别是同有组织犯罪和包括洗钱在内的经济犯罪）通常联系在一起，甚至发展成为这些犯罪活动猖獗和难以遏制的原因之一。②

二、跨国投资腐败的范围

随着世界经济全球化的发展，在跨国性的商业活动中，一些跨国公司或组织为了在激烈的国际竞争中取得优势地位以牟取更大的利益，不惜采取不正当手段对有关国家的政府官员或国际组织官员行贿。这种行为严重破坏了国际政

---

① LLAMZON A P. Corruption in International Investment Arbitration ［M］. Oxford：Oxford University Press, 2014：22.

② 廖敏文. 国际视野中的腐败和反腐败对策 ［J］. 国家行政学院学报, 2004（4）：88-91.

治、经济秩序，具有很大的危害性。

众所周知，腐败问题是全世界需共同面对的一个难题，无论在发达国家还是发展中国家，腐败现象仍较为普遍地存在着。政府和公职人员的腐败损害了公权力的权威和公共利益，其违法性和不道德性毋庸置疑。因此，世界各国法律都明确将此类腐败规定为犯罪，并予以严厉打击。近些年来随着世界反腐败行动的深入和扩大，贿赂和腐败成为跨国企业海外投资活动中所面临的一个日益严重的问题，对于在贿赂问题风险偏高的国家寻找投资机会的投资者来说更是如此。尤其是进入 21 世纪以来，随着部分企业（甚至是全球知名企业）贿赂丑闻不断曝光，私营部门腐败问题越来越受到世界各国的重视，人们逐渐意识到此类腐败与公共部门腐败同样是严重危害社会的毒瘤。

腐败所涵括的范围较广。表现为世界性"普遍愿景"形式的《禁止在国际商业交易中贿赂外国公职人员公约》（1997）、《反腐败刑法公约》（1999）、《联合国打击跨国有组织犯罪公约》（2000）与《联合国反腐败公约》（2005）等国际法律文件依次登台亮相，国际组织（如联合国、经合组织、世界银行与区域性国际组织等）已然成为制定国际合作反腐规范和程序的中坚力量。

首先，堪称国际社会反腐法律文件先驱的经济合作与发展组织《禁止在国际商业交易中贿赂外国公职人员公约》（1997）调整的是"贿赂"① 议题。事实上，该公约所规制的"贿赂"主要指的是"行贿"行为，并未规范"受贿"行为。②

其次，在国际反腐败合作方面另一个必须提及的区域性成果就是欧洲委员会《反腐败刑法公约》（1999 年）。相较于经合组织《公约》，《反腐败刑法公约》的调整范围更广：缔约国有义务对贿赂（包括国内和国外）、权势交易、洗钱和会计犯罪等腐败行为实施刑罚（第 12 至 15 条）。此外，规制的对象除了内

---

① "任何人，无论直接还是通过中间方，故意向一外国公职人员，为该官员或一第三方提供、承诺或给予金钱或其他利益，以期影响该公职人员在履行公务方面作为或不作为，从而在从事国际商业过程中获得或保留商业或其他不当利益。"（第 1 条第 1 款）

② 实践证明，经合组织《公约》在国际投资仲裁语境下其直接影响力实在有限，主要原因在于：其一，尽管绝大多数资本输出国已签署 ICSID 公约，但仅有少数 ICSID 公约缔约国同时亦经合组织《公约》缔约国；其二，公约只要求对投资者母国境内的行贿行为实施刑罚。但众所周知的是，国际投资争端却主要聚焦于东道国对投资者的待遇问题。因而可以说，经合组织《公约》的重要性在于它向国际社会传递了一个信号，即对国际公共政策所关切的腐败问题应日益引起人们的重视并设法应对。

国政府官员外，还涵盖国际组织机构中的行政官员、法官及立法成员，即便是私营部门的腐败行为也纳入刑罚之列（第2至11条）。①

最后，作为联合国历史上第一个指导国际反腐败的法律文件——《联合国反腐败公约》（2005年12月14日正式生效）构建了一系列综合性反腐败措施，其中针对私营部门腐败的规定，更是为各缔约国防治私营部门腐败提供了指导和依据，其"方法意义深远，其中许多条款具有强制性，为全面解决世界全球反腐败问题提供了独特的蓝本"。《联合国反腐败公约》在充分吸收众多控制腐败犯罪的国际立法成功经验的基础上，力图将腐败行为的各种形态加以确定，在国际法层面建立起腐败犯罪的新标准。较以往的国际法律文件所界定的腐败犯罪主要是贿赂公职人员犯罪而言，公约有了重要发展。

（一）公职人员腐败

国际社会普遍认为，腐败犯罪主体不再局限于本国公职人员，而且应扩大至外国公职人员或国际组织官员。因而，贿赂外国公职人员或者国际组织官员的行为亦是一种国际犯罪行为，对行为人应当追究刑事责任。《联合国反腐败公约》在第16条第1款明确要求缔约国必须对下述故意实施的行为规定为犯罪：直接或间接向外国公职人员或者国际公共组织官员许诺给予、提议给予或者实际给予该公职人员本人或者其他人员或实体不正当好处，以使该官员在执行公务时作为或不作为，以便获得或者保留与进行国际商务有关的商业或者其他不正当的好处。公约将贿赂外国公职人员或者国际组织官员确定为刑事犯罪，这在国际法律文件中尚属首次，是在与贿赂犯罪行为斗争过程中迈出的重要一步，为各国打击并在国内法中规定这种犯罪提供了国际法律依据。

（二）私营部门人员腐败

由于私营部门在全球经济中所起的重要作用，私营部门中的腐败对经济造成的损害，丝毫不亚于公共部门。早在1999年修订的国际商会《打击国际商业交易中的勒索和贿赂的行为准则》的前言中就曾明确指出，另一个需要引起格外注意的领域是私营部门的贿赂。《联合国反腐败公约》对私营部门中的腐败问题非常关注，在第21条专门列出私营部门内的行贿和受贿两种犯罪行为，在第

---

① 　与经合组织《公约》一样，欧洲委员会《反腐败刑法公约》仅要求成员国设法在其内国法中对各种腐败行为方式实施刑罚，并未能在东道国与投资者的国际关系方面就腐败问题创设直接的条约义务。

22 条规定了私营部门内的侵吞财产罪，公约的这些规定是国际刑法的一大革新。公约同时强调这些犯罪的主体是以任何身份领导私营部门实体或为该实体工作的任何人，即把私营部门中的任何工作人员视为该类犯罪的主体。如此宽泛的规定，是顺应国际社会反腐败力度不断加大的历史潮流，是严惩腐败的刑事政策在联合国文件中的体现。

（三）法人腐败

严重而复杂的犯罪常常是由法人实施的，特别是跨国大公司、大企业的犯罪不仅严重破坏了国际经济交往中本应遵循的基本准则和法律秩序，而且对国家主权和全球经济安全构成严重威胁。所以，仅以自然人为犯罪主体的国际刑法理论显然不能适应经济全球化下预防和惩治腐败犯罪的需求。法人以及自然人以法人代表身份从事国际犯罪被认为是国际犯罪的主体应受到国际法的惩治的观念和法律规定主要是在 20 世纪 90 年代以后发展起来的，如经社理事会在 1994 年的"关于刑法在保护环境方面的作用的建议"中指出，应支持扩大对公司处以刑事或非刑事罚款或其他处罚措施的概念；作为国际反洗钱领域中最著名的指导性文件，金融行动特别工作组的《关于洗钱问题的四十项建议》（最早于 1990 年发布，此后经过多次修订）也提出法人应负刑事法律责任。《联合国打击跨国有组织犯罪公约》是第一个以联合国公约的形式明文规定法人的刑事责任的国际法律文件，使国际刑法领域内法人犯罪问题由理论变成了立法现实。《联合国反腐败公约》在第 26 条再次强调规定法人承担责任是缔约国的强制性义务，公约要求各缔约国均应采取符合其法律原则的必要措施，确定参与公约所确立的犯罪的法人应当承担的责任（责任可以是刑事、民事或行政责任）。《联合国反腐败公约》同时规定，法人责任的确定不应影响实施此种犯罪的自然人的刑事责任，体现了公约倾向双罚制的立场。

不难看出，《联合国反腐公约》综合了以往国际法律文件关于腐败主体的规定，从国际角度做出了适用更为广泛的有关腐败主体的规则，已超越了当时已有的国际刑法的理论与实践。公约的规定，有助于一些国家改革内国刑法中由于腐败行为的主体规定太窄，不利于打击腐败的问题，对国际社会预防和合作打击腐败有极其重要的意义。① 有鉴于此，本书特将涉腐国际投资限定为凡是

---

① 张丽娟. 腐败犯罪的法律控制与国际刑法的演进——以《联合国反腐败公约》为视角 [J]. 西部法学评论，2009（3）：127-131.

被争端方据以抗辩、涉嫌《联合国反腐败公约》第三章"定罪和执法"第15条至25条所全面列举的十一种腐败（犯罪）行为的国际投资活动，即在从事跨国投资经营中存在贿赂本国公职人员；贿赂外国公职人员或者国际公共组织官员；公职人员贪污、挪用或者以其他类似方式侵犯财产；影响力交易；滥用职权；资产非法增加；私营部门内的贿赂；私营部门内的侵吞财产；对犯罪所得的洗钱行为；窝赃；妨害司法的情形。

第二节　国际投资仲裁反腐法治：概念及其证成

一、国际投资仲裁反腐法治的概念及其前提

对于国际投资活动而言，腐败日益成为一个重大挑战。部分原因在于，许多国际投资流向了法制不尽完善且腐败行为发生概率较高的发展中国家。近些年来，腐败问题已经在国际投资法的研究与实践中日益引起重视。部分 ICSID 仲裁裁决表明，绝不能姑息这些腐败行为所带来的负面影响。①

（一）国际投资仲裁反腐法治的概念

无疑，腐败不可能仅靠内国层面得到有效控制。过去的二十年间，围绕腐败议题，国际社会诞生了大量的国际公约。通过签署这些反腐败公约，各国清楚认识到，虽然腐败在国际贸易与投资活动中普遍存在，但无论从道义还是法律上讲，都是不能被接受的。② 对腐败所带来的负面经济影响的日益清醒认识使得腐败问题已成为新近国际投资仲裁的焦点议题。

国际投资仲裁反腐法治指的是国际投资仲裁机构基于外国投资者与东道国间的投资仲裁合意对直接与跨国投资有关的腐败行为依法进行调查，并作出有法律拘束力的惩治腐败裁决结果的活动。当然，国际投资仲裁反腐法治概念是建立在跨国投资腐败行为具有可裁决性的基础上的。

---

① MORCHILADZE T. Impact of Investment Wrongdoing on Arbitration Proceedings：How Far Should an Investment Wrongdoing Get？［EB/OL］. https．//www．duo．uio．no/handle/10852/3564. 2020-02-26.

② HAUGENEDER F. Corruption in Investor – State Arbitration［J］. Journal of World Investment & Trade，2009（10）：323-343.

（二）国际投资仲裁反腐法治的前提：跨国投资腐败事项的可裁决性

国际投资仲裁实践中，仲裁庭依法行使管辖权是基于外国投资者与东道国间已成就的合法有效仲裁协议（无论是传统上体现于一份单一法律文件中的协议，还是属于新近为投资仲裁理论所发展的"无默契"仲裁协议）。当然，合法有效的仲裁协议必须符合两项条件：一是，协议必须为有权将他们之间争端递交仲裁解决的当事方所达成（即协议具备主体可裁决性或属人可裁决性）；其二，协议关乎的事项必须是能通过仲裁予以解决的（即协议具备客体可裁决性或属物管辖权）。可裁决性通常取其狭义，指的是争端具备通过仲裁予以解决的性质，也即争议事项能为仲裁方式解决。①

1. 承认跨国投资腐败事项可裁决性的实体法规定

依照 ICSID 公约第 25 条第 1 款关于"解决国家与他国国民间投资争端国际中心"（ICSID）管辖权的规定，"中心的管辖适用于缔约国（或缔约国向中心指定的该国的任何组成部分或机构）和另一缔约国国民之间直接因投资而产生并经双方书面同意提交给中心的任何法律争端。"由此可见，ICSID 的管辖权较为广泛，凡是作为缔约国的东道国与来自另一缔约国的国民（即外国投资者）间直接因投资而引发的任何法律争端均可基于合法有效的仲裁合意提交 ICSID 仲裁。依据该项规定，跨国投资腐败无疑属于 ICSID 的可裁决事项。

在"无默契仲裁协议"达成方式下，载有东道国"普遍性仲裁要约"的双边投资条约一般都将 ICSID 公约第 25 条关乎 ICSID 管辖权的规定接受为规范性条款，照搬纳为接受 ICSID 全面管辖的条约内标准条款。如标志我国进入"同意接受 ICSID 全面管辖"式双边投资条约时代的 1998 年中国—巴巴多斯双边投资条约第 9 条"投资争议的解决"第 1 款与第 2 款规定，缔约一方的投资者与缔约另一方之间任何投资争议，在争议一方自另一方收到有关争议的书面通知之日后六个月内不能协商解决，投资者有权选择 ICSID 或根据《联合国国际贸易法委员会仲裁规则》设立的仲裁庭通过国际仲裁的方式解决。无疑，跨国投资腐败属于"投资争议"事项。即便是作为 ICSID 仲裁合意达成基础文件的具体双边投资条约载有限制 ICSID 全面管辖权的条款（如作了类似"有关征收补

---

① 广义的可裁决性则指端方间存在仲裁协议，且协议有效。FOUCHARD G. Goldman on International Commercial Arbitration［M］. The Hague：Kluwer Law International. 1999：312 －313.

偿款额的争议"等限制性规定），但结合国际投资仲裁庭管辖权宽泛化的实践态势，跨国投资腐败的可裁决性得到继续认可将是大概率发生的事情（毕竟，有些征收行为本身与跨国投资腐败密切相关）。

2. 承认跨国投资腐败事项可裁决性的国际投资仲裁实践

迄今，未有公开的国际投资仲裁裁决书明确表示仲裁庭拒绝行使管辖权或认为自身无管辖权是基于不认可跨国投资腐败事项的可裁决性理由。事实上，在所有的涉腐国际投资仲裁案中，唯有 World Duty Free v. Kenya（2006）与 Metal- Tech v. Khazakhstan（2013）无疑是公开已知的、仲裁庭明确将跨国投资腐败（特指狭义意义上的腐败，如贪污贿赂）理由作为驳回投资者仲裁诉请的两个案例①，尽管仲裁庭的裁判路径有所不同——World Duty Free 案仲裁庭基于合同基础认定投资合同无效，从而投资者的任何金钱或非金钱救济请求均未获支持；在 Metal- Tech 案中，仲裁庭则基于投资条约拒绝行使管辖权，鉴于投资者的腐败行为致使所涉"投资"被排除出双边投资条约的保护范围之外，东道国从未同意将该非法投资付诸仲裁。不难发现，无论是前一个案例的裁判法理（腐败招致合同无效或使得关乎合同的诉请不受支持）抑或后一仲裁案仲裁法理（腐败导致投资变为不受投资条约保护的"不合格投资"，故而仲裁庭的管辖权全部丧失）均是在承认跨国投资腐败事项的可裁决性这一前提问题的基础上得以进一步推断而出的。

二、人类命运共同体理念下的国际投资仲裁反腐法治：必然要求与具体创新

2020 年新冠肺炎疫情全球肆虐与国际资本市场"多米诺骨牌"式重创的现实再次以鲜活事例强力佐证了"人类命运共同体"的客观存在。人类命运共同体理念是中国传统文化与中国共产党执政理念合璧的结晶，是西方国际关系理论和国际法思想"扬弃"的结果，是新时代全球治理的先进理念和中国方案，将对国际法理论产生重要影响。构建人类命运共同体理念的核心内涵是建设"持久和平""普遍安全""共同繁荣""开放包容"与"清洁美丽"② 的世界。

---

① LLAMZON A P. Corruption in International Investment Arbitration [M]. Oxford：Oxford University Press，2014：198.

② 目前对"清洁美丽"核心内涵的阐述主要聚焦于生态环境文明方面。但作者认为，精神文明方面不可忽视，两种文明都应予以同等程度的重视。只有两种文明齐头并进的世界才是真正全面意义的"清洁美丽"人类命运共同体。

（一）国际投资仲裁反腐法治是推动构建"清洁美丽"人类命运共同体的必然要求

国际投资领域的公共利益保护在整体上逐渐表现出以人类共同利益和可持续发展作为价值取向的发展趋势，这些变化为国家公共利益升格为全球公共利益提供了深刻的时代背景与条件。事实上，国际投资法的法律渊源也正是在全球层面的共同利益（该种利益在世界范围内对于所有或大多数国家都是相同的）这一点上得以"链接"的。国际投资法的全球公共利益保护主要表现为国际环境保护、基本人权保护与跨国投资反腐三个具体方面。"推动构建人类命运共同体"要行稳致远，离不开廉洁保驾护航——这直接回应了为何要将"清洁美丽"国际投资共同体的建设作为构建人类命运共同体理念的核心内涵之一的问题。当前，反腐法治能为"清洁美丽"人类命运共同体构建提供强有力的制度与方法保障已成为国际共识。国际投资法制度创建了一个具有不同效力等级的规范系统（包括国际投资协议与内国调整国际投资法律关系规范）。国家通过经济主权的行使实现对国际投资者（或投资）的行政监管。国际投资仲裁庭对东道国的国际投资行政监管行为实施审查的权力类似于内国宪法法院或最高法院被授予的最终司法审判权。事实上，将投资争端递交至国际仲裁庭进行裁决的国际投资仲裁有别于国际商事仲裁，而这也表明了国际投资仲裁的全球行政法的性质。[①] 作为构建人类命运共同体物质基础的全球公共利益既是国际投资仲裁反腐法治的基本出发点又是终极保护目标。在实现"清洁美丽"人类命运共同体从蓝图描绘到现实构建的光辉进程中，国际投资仲裁反腐法治必定是色彩斑斓的那一笔。

（二）国际投资仲裁反腐法治是推动构建"清洁美丽"人类命运共同体的具体创新

人类命运共同体理念下加强国际合作反腐法治已得到越来越多的国家与国际组织的响应，这是鼓舞人心的好现象，但跨国投资反腐法治仍应注重从强化国际投资仲裁机构的反腐法治主体地位与方法创新上做出具体应对。

1. 反腐法治主体地位强化的创新。从传统上讲，国际投资仲裁机构解纷止争的功能定位似乎不应该对投资仲裁庭在打击跨国投资腐败行为方面做出过高

[①] 银红武. 略论国际投资法的全球公共利益保护 [J]. 湖南师范大学社会科学学报，2015（3）：90-99.

期望。然而，鼓励更多社会主体参与到打击腐败，营造公平竞争营商环境，共同推进企业廉洁建设体系已成国际社会共识，更是推动构建"清洁美丽"人类命运共同体的具体创新要求。正如 2014 年《北京反腐败宣言》所启示的，国际投资仲裁庭作为国际合作反腐的重要社会参与力量，应在解决涉腐国际投资争端中强化腐败治理功能，将反腐法治定位为国际投资仲裁庭的能力建设目标之一，国际投资仲裁机构应最终转变为反腐法治重要主体，让国际投资仲裁实践发展为国际合作反腐法治的高地与战场。

2. 反腐法治方式创新。国际投资仲裁庭应实现从"被动腐败应对"向"主动反腐法治"的工作方式转变。换言之，国际投资仲裁庭在解决涉腐国际投资争端时，应重新审视自身的反腐法治功能，重视自己的反腐法治能力建设，通过与其他反腐法治机构合作，创新反腐法治工具或机制，捍卫人类命运共同体在维护市场公平、投资诚信、社会法治和可持续发展方面的全球共同利益。

第六章

国际投资仲裁反腐法治的现实
困难与因应路径

第一节　国际投资仲裁反腐法治的现实困难

在一些东道国提起腐败抗辩的典型国际投资争端案件中——如 World Duty Free v. Kenya（ICSID Case No. ARB/00/7）案；Fraport AG Frankfurt Airport Services Worldwide v. The Republic of the Philippines 案（ICSID Case No. ARB/03/25）；Inceysa Vallisoletana S. L. v. Republic of El Salvador 案（ICSID Case No. ARB/03/26）；Metal-Tech Ltd. v. Republic of Uzbekistan（ICSID Case No. ARB/10/3）案与 MOL v. Republic of Croatia（ICSID Case No. ARB/13/32）案等，鉴于东道国对外国投资者腐败控诉得到了一定程度的证实①，ICSID 仲裁庭均采纳了东道国针对腐败外国投资者所提起的腐败抗辩理由，认定仲裁庭对该投资争端无管辖权，遂驳回投资申请方的诉请。针对国际投资仲裁庭过去 20 多年间应对跨国投资腐败指控的实践，对照人类命运共同体理念下的国际投资仲裁反腐法治的必然要求与具体创新标准，现实困难不容小觑。

---

① 投资仲裁庭一般认定，东道国应承担腐败抗辩的举证责任。参见 LOSCO M A. Note：Streamlining the Corruption Defense：A Proposed Framework for FCPA-ICSIDInteraction［J］. Duke L. J.，2014（63）：1203. 尽管 ICSID 仲裁庭所统一适用的证明标准还不确定，但该标准理应是一个较高的标准（比如"清晰且令人信服的证据"标准）。但也有中国学者指出，支持国际商事仲裁庭采用"更高证明标准"的传统理由及潜在动机在国际投资仲裁中并不存在。参见王海浪. 论国际投资仲裁中贿赂行为的证明标准［J］. 法律科学，2012（1）：158-167.

一、国际投资仲裁庭拒绝行使管辖权的裁判法理诟病

尽管 ICSID 仲裁庭在涉及腐败的国际投资争端案中对争端当事方的腐败抗辩予以了审慎考虑并做出了相应裁决，但部分裁决法理饱受诟病，特别是在仲裁庭判定自身对涉腐投资没有管辖权的裁决推理上。对此，学界发出部分质疑与反对之声①，个别学者甚至极端地认为，在国际投资仲裁的长期实践中，仲裁庭在应对腐败抗辩时表现得"目光短浅"，假若不说其"无知"的话。②

（一）仲裁庭对涉腐投资主张无管辖权的两大基础理由

1. 涉腐投资有违一般法律原则

在东道国境内所做出的外国投资必须符合被普遍认同为构成国际公共政策的特定基本法律原则，譬如禁止从事腐败活动等。③ 在 ICSID 仲裁法理中，一个俨然相对牢固树立的观念就是：考虑到腐败与国际公共政策背道而驰，因而在决定投资不法行为会否导致仲裁庭拒绝行使管辖权方面，投资与国际公共政策的相符性就变得至关重要。在东道国的腐败抗辩成功获支持的 ICSID 仲裁案中，仲裁庭认为通过腐败行为做出或获得的投资有悖于国际公共政策，从而裁定自身缺乏处置投资者仲裁诉请的能力（原因在于自身无管辖权），同时亦将涉嫌腐败的投资者排除于投资条约的保护范围之外。

其中，Inceysa v. El Salvador 案仲裁庭认为，鉴于西班牙—萨尔瓦多双边投资条约与 ICSID 公约均为国际条约，那么条约的解释理应考虑作为国际公法组成部分的一般法律原则，后者根据 ICSID 公约第 42 条第 1 款也是可适用的。仲裁庭裁决，依照诸如诚信原则、任何人不能从其违法行为中获益（Nemo auditur

---

① 如 LOSCO M A. Note：Streamlining the Corruption Defense：A Proposed Framework for FCPA-ICSID Interaction [J]. Duke L. J.，2014（63）：1201-1241；HALPERN M. Corruption as a Complete Defense in Investment Arbitration or Part of a Balance [J]. Willamette J. Int' l L. & Dis. Res. 2016（23）：297-312；HABAZIN M. Investor Corruption as a Defense Strategy of Host States in International Investment Arbitration：Investors' Corrupt Acts Give an Unfair Advantage to Host States in Investment Arbitration [J]. Cardozo J. Conflict Resol.，2017（18）：805-826 等。

② KULICK A. Global Public Interest in International Investment Law [M]. Cambridge：Cambridge University Press，2012：314.

③ HEPBURN J. In Accordance with Which Host State Laws? Restoring the 'Defence' of Investor Illegality in Investment Arbitration [J]. Int. Disp. Settlement，2014（5）：12-34.

propriam turpitudinem allegans）、国际公共政策与不当得利禁止等一般法律原则，Inceysa 公司均不能诉诸 ICSID 仲裁。①

在 World Duty Free v. Kenya 案中，仲裁庭裁决认为自身不拥有管辖权，理由在于争端双方根据 ICSID 公约第 42 条第 1 款选择英国法作为解决争端的适用法，而英国法原则规定任何人不应通过其自身的犯罪行为（criminal behavior）获得利益（ex dolo malo non oritur actio）。② 该案仲裁庭更进一步指出，投资者的行贿"有悖于大部分（如果不是全部的话）国家的国际公共政策"，因而也与跨国公共政策（transnational public policy）背道而驰。尽管跨国公共政策在范围上比国际公共政策要窄，但仍具有普遍适用性。前者包括"自然法基本规则，普遍正义原则，国际强行法（规范）以及'文明国家'所认可的一般道德原则"。③

2. 涉腐投资有违国际投资协议中的"遵照东道国法律法规"条款

双边投资条约的"投资"定义条款通常规定，投资应"符合东道国法律"。这也就意味着，根据东道国的内国法，任何非法做出的投资均被排除在"适格投资"范围之外。立法者作如此规定，其背后的用意颇为明显：东道国并不情愿这些非法投资能从双边投资条约所授予的外国投资保护优惠中获益，事实上依据内国法也不允许这么做。正因为在几乎所有的内国法律秩序中，腐败均为非法行为，因而管辖权问题通常就构成了关涉腐败抗辩的国际投资仲裁案（主要为 ICSID 仲裁案）中的最有争议的事项。可以说，外国投资与东道国法律的相符性问题事关投资仲裁庭的管辖权。④

在部分 ICSID 投资争端仲裁案中，仲裁庭正是考虑到具体投资的做出并不符合相关投资条约内的"遵照东道国法律"要求，从而认定投资为非法投资，不受投资条约的保护，故而仲裁庭不能行使管辖权，投资者的仲裁诉请应予驳

---

① Inceysa Vallisoletana S. L. v. Republic of El Salvador（ICSID Case No. ARB/03/26），Award，August 2，2006. para. 53.

② World Duty Free v. Kenya，para. 161.

③ LOSCO M A. Note：Streamlining the Corruption Defense：A Proposed Framework for FCPA-ICSID Interaction [J]. Duke L. J.，2014（63）：1201-1241.

④ HABAZIN M. Investor Corruption as a Defense Strategy of Host States in International Investment Arbitration：Investors' Corrupt Acts Give an Unfair Advantage to Host States in Investment Arbitration [J]. Cardozo J. Conflict Resol.，2017（18）：805-826.

回。① 如在 Inceysa Vallisoletana SL v. Republic of El Salvador（ICSID Case No ARB/03/26，Award of 2 August 2006）案中，仲裁庭裁决，萨尔瓦多共和国在其与西班牙所缔结的双边投资条约（1995）中所表示受 ICSID 管辖的同意不能扩展至通过欺诈手段而做出的投资，因而该投资违反了萨尔瓦多的法律，不是适格的投资。仲裁庭遂裁定自身对仲裁案并无管辖权。②

（二）适用"遵照东道国法律法规"条款的不确定性问题

面对投资仲裁庭的"一贯性的"推论，扪心自问，这样的推理能获得普遍性支持吗？事实上，在解释与适用投资条约中的"遵照东道国法律法规"条款时，存在三个不确定性问题。

第一个不确定性是投资者必须遵守哪些法律法规，以及怎样才能称得上为"遵照法律"？难道每位投资者必须在投资前就每一项投资展开一次全面的"法律遵守"审查，以此来确保投资"符合东道国的每一部内国法以及法律中的每一条款"？这有可能会成为"投资仲裁中的阿喀琉斯之踵"，因为投资者对东道国法律的任何违反将导致"投资未'遵照'内国法做出"的结论，从而东道国的腐败抗辩就能顺利获得支持。在这里不得不提及乌克兰政府在 Tokios Tokel's 案中所做的令人费解的辩论：该案仲裁庭之所以缺乏管辖权原因在于投资者是以"私营子公司"（subsidiary private enterprise）的名称注册了其子公司，而根据乌克兰法律必须为"子公司"（subsidiary enterprise），故前者不是一种为法律所认可的形式。③该案留给人们的思考是，像投资者这样一种不符东道国法律的情形是否就能成为排除 ICSID 仲裁管辖权的真正理由呢？假若答案是否定的话，那么就可得出结论："遵照东道国法律"的表述不可能意味着只要存在任何违反东道国内国法的行为将导致仲裁庭管辖权的拒绝行使。不然的话，ICSID 机制与双边投资条约的有效保护外国投资的特定目的无疑将会落空，因为如此解释只会蕴藏极大的不确定性。此外，将会引发另一问题：对东道国法律的何种违反

---

① TIRADO J, PAGE M & MEAGHER D. Corruption Investigations by Governmental Authorities and Investment Arbitration: An Uneasy Relationship [J]. ICSID Review, 2014 (29): 493-526.

② 银红武. 中国双边投资条约的演进——以国际投资法趋同化为背景 [M]. 北京：中国政法大学出版社，2017：105.

③ Tokios Tokel's v. Ukraine（ICSID Case No. ARB/02/18），Decision on Jurisdiction, 2004, para. 83.

行为才能构成投资仲裁庭拒绝行使管辖权的正当事由呢？譬如在 Tokios Tokel's 案中，投资者所创设的公司虽然在名称上存在一些瑕疵，但尚不足以成为像在 Inceysa v. El Salvador 案中投资者所做出的严重欺诈行为，因此仲裁庭在实践中很有必要对投资者违法行为的严重程度进行区分，不能将涉及投资者违法的投资一概判定为不受国际投资法保护的"不适格投资"，进而拒绝行使管辖权。

第二个不确定在于，"遵照东道国法律法规"条款是否对投资者施加了一种持续义务，要求其对具体投资的守法情况实行全程监管，抑或该条款仅适用于投资做出之前的阶段范围？Fraport 案仲裁庭表明，"遵照东道国法律法规"条款仅适用于投资做出阶段，投资者在投资做出后违反东道国法律的情形"可构成对相关双边投资条约实质性违反诉请的一种抗辩，但是却不能剥夺仲裁庭位于双边投资条约法律权威下行使管辖权的权力"。实际上，关于"遵照东道国法律法规"条款的投资适用阶段问题，各投资仲裁庭并未形成一致意见。

第三个不确定是，在裁定投资者违反适用法的责任时，是否存在一些能主张减轻责任的裁量因素。Fraport 案仲裁庭假设，即便外国投资者违了法，但若符合以下的一种情况，则其仍应获允提出赔偿请求。这些要素包括：由于东道国法律规定不清楚导致投资者的非故意错误；对于非正确法律意见的信赖；或者"虽然对投资的盈利能力不会产生根本性影响，但投资者本来应该以符合内国法的方式进行投资，从而不会对预期盈利能力造成任何损害"的违法行为。况且，若东道国在明知投资者的行为与法律不符却故作不知地对投资予以许可，那么投资者可以主张"禁止反言"这一积极抗辩来阻碍东道国提出的腐败抗辩。① 截至目前，针对东道国所提出的"腐败"抗辩，没有任何投资仲裁庭表示认可投资者的"禁止反言"理由②或对上述减轻投资者责任的因素予以接纳，但投资者所主张的这些理由对于仲裁庭而言，均是应进行全面认真考虑的。

---

① Fraport AG Frankfurt Airport Services Worldwide v. The Republic of the Philippines（ICSID Case No. ARB/03/25），Award，August 16，2007，Para. 345，396，346.

② 在 World Duty Free 案中，仲裁庭并未将时任总统的受贿行为归责于东道国政府，并且拒绝了投资者所提出的"禁止反言"主张。World Duty Free v. Kenya，para. 183。于是有学者担心，假若将来投资仲裁庭继续遵循同样的仲裁法理，那么"禁止反言"理由几乎不可能得到主张。参见 YACKEE J W. Investment Treaties and Investor Corruption：An Emergent Defense for Host States？ ［J］. Virginia Journal of International Law，2012（52）：741-742.

（三）现行涉腐国际投资仲裁法理"简单粗暴式"演绎与仲裁适用法具体细化要求间的差距

总体而言，ICSID 仲裁庭对东道国的腐败抗辩予以支持主要基于三大法律依据：国际（或跨国）公共政策原则；投资必须"遵照法律"得以做出的要求；以及当事方诚信行事的义务。除了 Inceysa 案仲裁庭表现为将"诚信原则"与"国际公共政策"并入"投资必须'遵照法律'而作出的要求"中之外，其他 ICSID 仲裁"判例法"则表明前二者为独立的可援引法律理由——即便缺乏"遵照法律"条款的支撑，仲裁庭依然可以对两者进行援引。① 一般而言，当前国际投资仲裁庭的庭审逻辑推理大致为：一方面，当投资者违反基于条约的"遵照法律"条款时，其行为即不符合双边投资条约（或其他条约）下的"投资"，那么他就无权享有条约所赋予的保护。既然"投资"不属于"条约所涵盖的投资"，那么在投资者与东道国间并未达成仲裁合意，因此 ICSID 仲裁庭对争端无管辖权。另一方面，即便是投资条约并未包含明文的"遵照东道国法律"条款，仲裁庭亦可基于"国际公共政策"或"一般法律原则"等对享有条约实体保护权利的外国投资施加资格要求。因而，即使投资仲裁庭拥有管辖权，但投资者的诉请亦得不到支持，鉴于后者已丧失了援引条约的权利。

通常认为，现行国际投资仲裁庭解决跨国涉腐投资争端的裁判法理源自国际商会第 1110 号仲裁案（1963 年）：时任独任仲裁员 Lagergren 法官拒绝对声称存在商事贿赂的争端案行使管辖权——理由在于所涉商事合同已为腐败所玷污，有悖于公共政策。自此，"玷污"理论便成为涉腐投资仲裁法理的基石：一旦跨国投资腐败被证实，外国投资即为腐败所玷污，故而要么涉腐投资合同有悖于国际/跨国公共政策或一般法律原则（诸如诚实信用、任何人不能从其违法行为中获益与不当得利禁止等），合同归于无效，投资者诉请予以驳回；要么涉腐投资有违投资协议内的"遵照东道国法律法规"条款，相关投资即为不受投资协议保护的"非法投资"，从而仲裁合意并未存在，仲裁庭遂拒绝行使管辖权。②

事实上，无论是国际/跨国公共政策还是一般法律原则，关乎用于涉腐国际

---

① LOSCO M A. Note：Streamlining the Corruption Defense：A Proposed Framework for FCPA-ICSID Interaction，Duke L. J.，2014（63）：1201-1241.

② 银红武．ICSID 仲裁庭应对东道国腐败抗辩的困境及其解决——以仲裁庭对涉腐投资主张无管辖权为切入点［J］．湖南师范大学社会科学学报，2019（4）：73-82.

投资争端裁判的此类法律渊源一个显而易见的不足在于其实体内容过于模糊与抽象，未能为在真实案件中需对现实问题进行判定的仲裁员提供具体指导。正如雷德芬（Alan Redfern）所言："即便是关于全球普遍适用的贿赂与腐败事项，最棘手的还是处理细节问题。……一些看似明显的问题，譬如支付金钱的目的是否是为了获取合同，以及合同实际上是否是通过金钱支付予以获得？这些问题出奇地难以证明。……参照经合组织公约（即《禁止在国际商业交易中贿赂外国公职人员公约》）也无法为仲裁庭提供所要求的精准规则去裁定贿赂对其受理案件的影响。仲裁员必须借助具体的仲裁程序法与适用法。"①

　　况且，依照《ICSID 公约》第 42 条第 1 款的规定："仲裁庭应依照双方可能同意的法律规则对争端做出裁决。如无此种协议，仲裁庭应适用作为争端一方的缔约国的法律（包括其冲突法规则）以及可能适用的国际法规则。"不难发现，现今投资仲裁庭在选择适用法问题上表现出逐"粗"避"细"的态势，即过多地依赖于国际投资条约内的"遵照条款"与一般法律原则（如国际公共政策与诚信原则）进行"粗线条式"裁判，而忽视了对东道国内国法规定的"细化精准"适用，这是现行涉腐国际投资仲裁判例法的一大陋习。需提请注意的：其一，实际上"遵照东道国法律"并未成为"适格投资"的客观评判标准要件——Salini v. Morocco 仲裁庭所倡导、后获广泛认同的"适格投资"五个标准认定因素并未包含"遵照东道国法规"要求②。此外，自本世纪初以来，在部分双边投资条约"投资"定义条款中亦难觅"遵守东道国法律法规"要求的"芳踪"（如 2003 年中德双边投资条约与 2004 年中国—乌干达双边投资条约等）。③其二，投资条约内的"遵照东道国法律"条款应结合内国法的具体规定进行细化适用，以此彻底解决"遵照条款"实际适用方面的不确定性问题——譬如上文所指出的，投资者必须遵守哪些法律法规，以及怎样才能称得上为"遵照法律"？"遵照东道国法律法规"条款是否对投资者施加了一种持续义务，

---

① REDFERN A. Comments on Commerical Arbitration and Transnational Public Policy ［C］// BERG A J van den （ed.）. International Arbitration 2006：Back to Basics？ ICCA International Arbitration Congress series No. 13. Holand：Kluwer. 2007：871–874.

② Biwater Gauff（Tanzania）Ltd v. Tanzania（ICSID Case No ARB/05/22），Award of 24 July 2008，Para. 310.

③ 银红武. 中国双边投资条约的演进——以国际投资法趋同化为背景 ［M］. 北京：中国政法大学出版社，2017：105.

要求其对具体投资的守法情况实行全程监管，抑或该条款仅适用于投资做出之前的阶段范围？在裁定投资者违反适用法的责任时，是否存在一些能主张减轻责任的裁量因素？①

（四）ICSID 仲裁庭对涉腐投资拒绝行使管辖权有悖于程序正义

上文已提及，对于涉及腐败（或其他非法行为）的外国投资争端案，ICSID 仲裁庭拒绝行使管辖权的推理过程大致为：鉴于投资活动中的腐败行为侵害了东道国的法律，这也就意味着投资的进行并未遵守东道国法律，进而表明投资并非 ICSID 公约第 25 条或具体双边投资条约项下②所界定的受保护"投资"，由此亦可推论出在外国投资者与东道国间并未达成同意投资仲裁的合意③，最终的论断就是仲裁庭缺乏管辖权。

尽管在仲裁庭对自身管辖权进行审查时，无法回避对投资是否为适格投资以及仲裁合意是否存在等问题进行初步判断——鉴于双边投资条约内通常纳入"符合东道国法律"条款。但必须指出的是，仲裁庭仅根据外国投资活动牵涉到腐败行为，就断然确定投资为不受双边投资条约所保护的"投资"，进而很快得出结论道：在外国投资者与东道国间并未达成同意投资仲裁合意——整个推论过程显得过于简单、粗糙，不符合程序正义精神。事实上，关于认定适格"投资"的标准，最初由 Fedax v. Venezuela 案的仲裁庭提出，然后得到了其他仲裁庭的进一步阐释，特别是 Salini v. Morocco 仲裁庭所倡议的五个标准获得了广泛认同：（一）存续一段时期；（二）有经常性的利润与回报；（三）需承担一定的风险；（四）实质性的投入；（五）对东道国的发展做出贡献。④ 不难发现，"符合东道国法律"并未成为适格"投资"的客观判定要素。需提请注意的是，我国近年来所缔结的一些双边投资条约已经将"遵守东道国法律与法规"的要求从"投资"的定义条款中予以删去。最典型的例子就是中国—德国双边投资

① LOSCO M A. Note: Streamlining the Corruption Defense: A Proposed Framework for FCPA-ICSID Interaction, Duke L. J., 2014 (63): 1211-1213.

② 例如 Inceysa v. El Salvador 案中，西班牙—萨尔瓦多双边投资条约第 1 条第 1 款。

③ Inceysa v. El Salvador 案中，西班牙—萨尔瓦多双边投资条约第 11 条；Fraport v. Philippines 案中，德国—菲律宾双边投资条约第 9 条。

④ Biwater Gauff (Tanzania) Ltd v. Tanzania (ICSID Case No ARB/05/22, Award of 24 July 2008, Para. 310.)

条约。虽然 1983 年中国—德国双边投资条约的"投资"定义条款还包含了这一要求①，但当中德双方于 2003 年对投资条约予以修订后，新的双边投资条约对"投资"再也未作此规定②。同类情况也发生于中国—乌干达双边投资条约等。

此外，ICSID 仲裁庭对于一些关键性的、本应属于案件事实审查范围内的问题（比如东道国的内国法范围应如何予以界定，涉腐投资的违法性及其严重性，东道国是否在涉腐外国投资的做出与经营过程中尽到了应尽的监管义务以及东道国应否在涉腐投资中承担与有责任等），却在实体审查还未充分切实展开的初始阶段草草得到处理，这显然对作为仲裁申请方的外国投资者的程序性权利（诸如出庭质证、举证与辩护等）保障不充分，有违程序正义。

（五）国际投资仲裁庭"甩锅式"拒绝行使管辖权导致国际投资法政策目标现实落空

首先，纵观所有涉腐国际投资仲裁案例最显著的一点就是：与投资相关的腐败（或其他不当行为）都是在确定仲裁庭是否对案件享有管辖权的审理初始阶段即被匆匆处理：投资仲裁庭根本未予考虑跨国投资腐败的违法性质是否严重到足以排除仲裁庭的管辖权。换言之，仲裁庭这种动辄拒绝行使管辖权、极具"甩锅式"嫌疑的裁判方式一方面使东道国对投资腐败所应担负的法律责任无从追究，另一方面使外国投资成为不利法律后果的唯一承担方，国际投资法制度（包括国际投资仲裁机制）所创设的外国投资者保护的初衷与目标无疑遭到现实落空。

其次，若对 Inceysa v. El Salvador 案的仲裁法理（投资者的欺骗性虚假陈述有悖于投资协议中的"遵照东道国法律法规"条款，外国投资为非法投资，故而仲裁庭无管辖权）予以反思，仲裁庭的裁判推理过程与结果跟东道国通过吸引外资，从而促进本国经济发展的社会政策目标背道而驰：Inceysa 案仲裁庭对涉腐投资争端无疑拥有管辖权——鉴于"遵照东道国法律法规"条款关乎的应是投资的本质（即投资本身必须符合东道国法律法规要求，譬如投资者不能在东道国创设诸如毒品加工厂或制售伪劣产品车间之类的投资从事违法活动），不

---

① 第一条　本协定内：一、"投资"一词系指缔约各方根据各自有效的法律所许可的所有财产，主要是：……

② 第一条　定义　本协定内：一、"投资"一词系指缔约一方投资者在缔约另一方境内直接或间接投入的各种财产，包括但不限于：……

能任意扩大解释为在跨国投资过程中伴随发生的任何法律侵害行为①。

最后，国际投资法（包括国际投资仲裁法）的全球公法本质决定了国际投资仲裁庭在解决涉腐跨国投资争端时不能生搬硬套涉腐国际商事仲裁法理。在国际投资仲裁实践中，据以裁判的法律基础（即国际投资法）的（全球）公法性质与东道国—投资者间非对称法律地位关系无论在动态上还是从内在性上讲均有异于国际商事仲裁中的两个平等私主体间的普通商事交易关系。具体而言，在跨国投资腐败或其他不当行为中或多或少都隐含着投资者与东道国间的"相互促成因素"——譬如投资者的行贿与东道国官员的受贿；官员的索贿与外国投资者的行贿；投资者的欺诈性虚假陈述与负责投资审查官员的故意或疏忽等。正是因为跨国投资腐败的相互性特征，若只单方面对争端一方进行追责，对另一方放任自流，仲裁活动的公平正义无从谈起。然而人们面对的现实却是，投资仲裁庭却几乎一致性地照搬国际商事仲裁体系中所发展起来的仲裁法理原则。②

二、当事方的腐败指控对大部分案件结果的非决定性影响

腐败抗辩大多由东道国提出。在重点研究的 20 个涉腐投资仲裁案中，东道国对投资者诉请提出腐败抗辩的数量为 15 件（见表 6-1）

表 6-1 东道国政府（或国有公司）主张投资者腐败抗辩案例

序号	主张腐败抗辩当事方	案例名称	仲裁庭是否明确讨论或分析了腐败抗辩	腐败抗辩是否获支持？腐败是否为结果决定因素？
1	东道国（肯尼亚）	World Duty Free v. Kenya（2006）	是	是；腐败有违内国法与"国际/跨国公共政策"
2	东道国（乌兹别克斯坦）	Metal-Tech v. Uzbekistan（2013）	是	是；涉腐投资不受BIT保护，仲裁庭无管辖权

---

① LOSCO M A. Note：Streamlining the Corruption Defense：A Proposed Framework for FCPA-ICSID Interaction［J］. Duke L. J.，2014（63）：1201-1241.

② 如 World Duty Free v. Kenya 案，第 161 段；Inceysa v. El Salvador 案，第 245 段以及 Fraport v. Philippines 案裁决书均援引国际商事仲裁法理。

序号	主张腐败抗辩当事方	案例名称	仲裁庭是否明确讨论或分析了腐败抗辩	腐败抗辩是否获支持? 腐败是否为结果决定因素?
3	东道国（阿根廷）	Siemens v. Argentina（2008）	否	是；腐败在仲裁程序外得以承认，申请方弃权
4	东道国（阿塞拜疆）	Azpetrol v. Azerbaijan（2009）	否	否；双方已达成有效的解决方法，无法律争端
5	东道国（秘鲁）	Lucchetti v. Peru（2005）	否	否；仲裁庭认为对争端无管辖权，未裁决腐败问题
6	东道国（墨西哥）	Thunderbird v. Mexico（2005）	是	否；多数仲裁员认为腐败只是"推断"与"假想"
7	东道国（萨尔瓦多）	Inceysa v. El Salvador（2006）	否	是；证实投资者欺骗性虚假陈述，仲裁庭无管辖权
8	东道国（菲律宾）	Fraport v. Philippines（2007）	否	是；投资者作投资时严重违法被证实并决定结果
9	东道国（刚果）	African Holdings Co. v. DRC（2008）	是	否；未有足够证据证实投资腐败，仲裁庭无管辖权
10	东道国（阿根廷）	TSA Spectrum v. Argentina（2008）	否	否；现有证据不能证实投资特许权通过腐败获取
11	东道国（埃及）	SPP v. Egypt（1992）	是	否；仅有持少数意见仲裁员认为存在跨国投资腐败行为
12	东道国（埃及）	Wena v. Egypt（2000）	是	否；按照仲裁庭观点，不存在足够证据证明腐败存在

续表

序号	主张腐败抗辩当事方	案例名称	仲裁庭是否明确讨论或分析了腐败抗辩	腐败抗辩是否获支持?腐败是否为结果决定因素?
13	东道国（坦桑尼亚）国有公司	Tanesco v. IPTL（2001）	是	否；申请方提供的腐败证据有限，不足以支持主张投资方合同无效
14	东道国（埃及）	Siag v. Egypt（2009）	是	否；多数（2∶1）仲裁庭认为不存在证实腐败行为的足够证据
15	东道国（孟加拉国）	Niko v. Bangladesh（2013）	是	否；腐败行为被承认，但未产生决定结果影响

仅有 5 个案件为外国投资者针对东道国作出腐败指控（见表 6-2）。3∶1 的比例极有可能将维持为腐败抗辩大多由东道国提出的常态化特征。

表 6-2 外国投资者援引腐败抗辩案例

序号	外国投资者诉请是否获支持	案例	仲裁庭是否明确讨论或分析了腐败抗辩	腐败抗辩是否获支持? 腐败是否为结果决定因素?
1		Methanex v. U. S.（2005）	是	否；仲裁庭裁定腐败主张毫无根据，鉴于立法程序透明
2	外国投资者所有诉请均未获投资仲裁庭支持	F－W Oil v. Trinidad & Tobago（2006）	是	否；一旦当事方放弃依赖腐败主张，仲裁庭对腐败问题进行裁判的任何理由即不复存在
3		EDF（Services）v. Romania（2009）	是	否；仲裁庭裁定申请方未能达到证实贿赂所要求的"清晰且令人信服"的证据标准
4		RSM v. Grenada（2009）	否	否；撤销委员会拒绝就腐败问题进行裁决，同时质疑自身这样做的职权（认为是原先仲裁庭的事情）
5	外国投资者（至少大部分）诉请获支持	Rumeli v. Kazakhstan（2008）	否	否；根据已有记录，主张哈萨克斯坦法官索贿的抗辩并不被视为获得支持

按道理，若欲认定跨国投资为腐败所玷污，投资仲裁庭就要查实腐败确实存在。但具有讽刺意味的是，在实践中仲裁庭并非通过亲身运用具体证据标准，并对当事方的举证责任予以分配的方法来判定跨国投资腐败是否确立的（当然，这也间接说明投资仲裁中证明腐败何其困难），腐败证据的坐实全凭申请方主要证人的亲口承认。也许在所有涉腐国际投资仲裁案中，仅有 Niko v. Bangladesh 案仲裁庭真正查实了贿赂的确切证据（其实，这一次依然是通过申请方的亲口承认）。但该案投资者的腐败行为并未对裁决结果产生影响，鉴于仲裁庭认定自身对案件不拥有管辖权。值得特别指出的是 Inceysa v. El Salvador 仲裁案：尽管贿赂在庭审程序中被影射到，但并未进行过具体讨论。最终，由于投资者的欺骗性陈述被证实，仲裁庭拒绝行使管辖权，从这一点上讲，腐败构成案件结果的决定因素。此外，2008 年 Siemens v. Argentina 仲裁撤销案中，虽然西门子公司腐败行为被德国与美国检察部门以及内国法院查实（从而自身被迫承认腐败）发生于投资仲裁程序之外，但鉴于申请方对原裁决书赔偿予以放弃，撤销程序终结，故而亦可将该案归为腐败对案件结果具有决定影响的案件。

通过对表 6-1 与表 6-2 的案件信息进行分析后不难发现，尽管在少数案件中通过争端方承认或证人证实的方式使得跨国投资腐败行为变得"显而易见"之外，对于其余的绝大部分案件而言，投资腐败显然对案件结果并未起到决定作用（5 是；15 否）。

三、腐败证明的高标准应然要求与国际投资仲裁庭反腐调查职权的先天实然不足矛盾

正如仲裁庭在 African Holdings Co. v. DRC（2008）案中所表达的担忧一样，在国际投资仲裁中为数众多的东道国寻求通过腐败抗辩的方式来实现阻碍仲裁庭行使管辖权或影响仲裁庭在事实方面的裁决；"这也是为何（腐败）证据标准要求特别高的另一原因"。[①] 是故，仲裁庭通常宣称腐败为"非常严重的事项"，查明腐败需要"强有力的证据"——在 African Holdings Co. v. DRC 仲裁案裁决

[①] African Holdings Co. v. DRC，ICSID Case No. ARB/05/21，29 July 2008，para. 55。裁决书用法文作成。

书中用的措辞是"无可辩驳"（irrefutable）①——比如，来自那些认为所涉腐败行为触犯刑律国家的已遭犯罪起诉的证据。②至于何谓"特别高的"证据标准，African Holdings Co. v. DRC 仲裁庭建议不应被解读为"寻求比清晰且令人信服标准更高的证据标准"。③ 可事与愿违的是，在实践中国际投资仲裁庭所采纳的腐败证据标准并不十分明确。

（一）仲裁庭的证据采纳标准现实不统一

ICSID 仲裁庭本来在其据以作出支持东道国腐败抗辩的三大法律理由方面就已存在一些技术细节的不确定因素，更何况在争端方到底应承担何种证据责任问题上仲裁庭的裁决法理可谓更是"令人费解"。④ 就目前而言，仅有极少数涉腐投资案的仲裁庭明确了裁判的证据标准（如 Siag v. Arab Republic of Egypt 案⑤适用了"清晰且令人信服的证据"标准），其他案件几乎均未确定明确的证据标准。未来投资仲裁庭究竟应适用何种证据规则不得而知。案件审理过程中，仲裁庭似乎对事关腐败的种种主张不愿进行深入探询（即便能获取到进一步的证据）。实践中，投资仲裁庭明知涉腐行为正处于内国调查进程中亦未等到调查结果出炉，径自先行裁判。⑥

1. 个别仲裁庭适用"清晰且令人信服的证据"标准

Siag v. Arab Republic of Egypt 案仲裁庭适用了美国法意义上的、介于传统民法"优势证据"标准⑦（亦称"概然性权衡规则"）与刑法"排除合理怀疑"标准之间的"清晰且令人信服证据"标准。仲裁庭论理道，无论从申请方已经援引大量初步证据证明自己并未涉嫌欺诈的角度分析，还是从严重违法行为

---

① 在该案中仲裁庭表示已注意到刚果国援用 World Duty Free 案来主张己方观点，但仲裁庭认为本案与 World Duty Free 案不同，在后一个案件中投资腐败的证据无可辩驳。African Holdings Co. v. DRC，para. 54.

② African Holdings Co. v. DRC，para. 52.

③ LLAMZON A P. Corruption in International Investment Arbitration [M]. Oxford：Oxford University Press，2014：173.

④ LOSCO M A. Note：Streamlining the Corruption Defense：A Proposed Framework for FCPA-ICSID Interaction [J]. Duke L. J.，2014（63）：1208.

⑤ ICSID Case No. ARB/05/15，Award，P 326（June 1，2009）.

⑥ Fraport AG Frankfurt Airport Servs. Worldwide v. Republic of the Phil.，ICSID Case No. ARB/03/25，Award，P 47.

⑦ 美国民事诉讼中所适用的"优势证据规则"是指当诉讼一方提供的证据所证明事实的概然性大于另一方提供证据所证明的事实时，前者的证据优先得以采纳。

（如欺诈等）的控诉要求较高的证据标准方面来看，该标准都是适当的。①

2. 绝大部分仲裁庭主张采纳的证据标准不确切

绝大部分仲裁庭在应对东道国所提出的腐败抗辩时，一方面认为后者援引的证据不足以支撑其抗辩，另一方面却对自身应予适用的确切证据标准未能予以明确。② 事实上，尽管各仲裁庭在确切证据标准的明确上存在分歧，但在证据标准方面普遍趋向于主张高标准要求——即"对贿赂行为的控诉需要承担最严厉的举证责任"。换言之，对腐败行为的控告必须证明其具有非常高的概然性。③ 当然，投资仲裁实践中也存在一些不同的看法：如在 Siag 案中，一位持不同意见的仲裁员就主张采纳较低的证据标准，允许仲裁庭基于"一致的间接证据"（concordant circumstantial evidence）自主进行推论。但截至目前没有仲裁庭适用该仲裁员所主张的这一标准。

（二）国际投资仲裁庭反腐调查职权的先天实然不足

实践中争端方通常面对的一个事实是，投资仲裁庭对跨国投资腐败证据的证实一般采取当事人承认或证人作证或仲裁程序外其他反腐执法机关查实等间接方式，并非自身通过利用调查职权，对争端方举证责任予以分配，然后依照证据标准对腐败事项作出认定的直接方法。一个令人感到遗憾的发现是，在涉腐国际投资仲裁过去 20 多年的实践中，仲裁员们基本表现出不愿直接处理腐败事项的情绪。每一仲裁程序均采纳较高的证据标准，但仲裁庭却无一例外地未能通过直接方式裁定跨国投资腐败真正发生过——对案例中的腐败证据问题要

---

① Siag v. Arab Republic of Egypt, ICSID Case No. ARB/05/15, Award, PP 324-26（June 1, 2009），at http：//italaw. com/sites/default/files/casedocuments/ ita0786_ 0. pdf.，2019-12-11.

② 个中原因以 Wena Hotels Ltd. v. Arab Republic of Egypt 案为代表。该案中，申诉方"非常可疑地"定时向其位于东道国的代理人支付了总共 5.2 万英镑的款项。本来仅向中间人支付"可疑"款项这一事实并不足以认定为构成"欺诈行为"，但仲裁庭依然不愿划出一条明确的分界线。可以说，"准确区分合法与非法合同、非法贿赂与合法佣金间的分界线"对于仲裁庭而言，依旧是一个略显微妙的棘手问题。HAUGENEDER F & LIEB-SCHER C. Corruption and Investment Arbitration：Substantive Standards and Proof［A］. in KLAUSEGGER C et al.（eds.）. Austrian Arbitration Yearbook 2009［C］. Kluwer, 2009：539, 549-550.

③ THOMSON D. How to Deal with Corruption Allegations［J］. Global Arb. Rev.,（Nov. 15, 2013），at http：//globalarbitrationreview. com/news/article/32055/how-deal-corruptionalle-gations.，Oct. 14, 2019.

么未予重视，要么未进行更进一步的考虑（至少未体现于裁决书文本）。① 如此，腐败证明的高标准要求与国际投资仲裁庭反腐调查职权先天不足之间的矛盾昭然若揭。

毋庸置疑，诸如 2007 年 Siemens AG 仲裁案裁决②事后被证实为错误裁判事件的发生从侧面鲜活地揭示了投资仲裁庭缺乏足够的手段与工具从事腐败刑事调查的"无奈"现实。相较于内国反腐执法机关所享有的全面、深入调查权而言，国际投资仲裁庭在反腐调查职权方面可谓"先天不足"。从传统意义上讲，仲裁（包括投资仲裁）并不被视为对贿赂乃至腐败诉请进行裁判的一个理想场所。不难理解，对腐败诉请的可裁决性不予认可虽然主要是基于主张对仲裁庭管辖权予以限制的观点，但其中当然也包含了对仲裁庭在强制要求争端方提供证据方面前者权力有限的担忧——尤其是将其与传统上对腐败行径拥有强有力的调查乃至起诉权的内国监管职权部门进行比较，更是相形见绌——况且，投资仲裁庭还缺乏强制执行刑事处罚的职权。③ 事实上，根据 ICSID 公约第 54 条第 1 款④，针对 ICSID "裁决所加的财政义务"的强制执行，亦必须依靠缔约国法院得以最终实现。此外，在仲裁庭为东道国成功援引投资腐败抗辩所设置先决条件（如要求东道国已对同时涉嫌腐败的本国政府官员提起了公诉或承诺将

---

① LLAMZON A P. Corruption in International Investment Arbitration ［M］. Oxford：Oxford University Press，2014：201.

② 早在 1996 年，Siemens AG 公司与阿根廷政府签署了为后者制造全国性的身份证卡片的许可合同（价值 10 亿美元）。后来，伴随着国内经济的恶化，阿根廷立法通过了《经济与金融紧急法》，授权总统对以前缔结的任何政府合同可以重新协商甚或终止。Siemens 公司向 ICSID 提起了仲裁申请，辩称阿国的行为构成了对公司投资的征收。仲裁庭裁决认为，阿政府行为构成"渐次"征收，需对 Siemens 公司赔偿 2.17 亿美元。在仲裁过程中，商业腐败行为并未被察觉。但仲裁裁决作出后没多久，"德国检察部门发现 Siemens 公司在全球范围内从事了令人震惊的系统性行贿行为"，其中就包括该公司通过行贿 1.05 亿美元获得上述与阿国的商业合同。事发后，Siemens 公司主动放弃 2.17 亿美元的裁决赔偿款执行。Siemens AG v. Argentine Republic，ICSID Case No. ARB/02/8，Award，（Feb. 6，2007）.

③ KULICK A & WENDLER C. A Corrupt Way To Handle Corruption?：Thoughts on the Recent ICSID Case Law on Corruption ［J］. Legal Issues Economic Integration，2010（37）：61，83.

④ 第五十四条 一、每一缔约国应承认依照本公约做出的裁决具有约束力，并在其领土内履行该裁决所加的财政义务，正如该裁决是该国法院的最后判决一样。具有联邦宪法的缔约国可以在联邦法院或通过该法院执行裁决，并可规定联邦法院应把该裁决视为组成联邦的某一邦的法院做出的最后判决。

提起公诉等）的执行方面都离不开内国反腐执法机关的监督与配合。

四、投资仲裁中东道国腐败追责机制的缺失与外国投资者单独担责的权益保护失衡

关于腐败抗辩还需认真考虑的另一点就是投资争端方可获得的救济问题。尽管仲裁庭的裁决推理各不相同，但最终的救济取决于 ICSID 管辖权的来源①与仲裁庭所适用的法律。据对国际投资仲裁的过往实践观察，ICSID 仲裁庭要么对涉腐投资争端主张无管辖权，要么即便是对涉腐国际投资争端主张管辖权的仲裁庭（如 World Duty Free Co. v. Republic of Kenya 案②）一般也认定投资者的腐败行为使得投资契约变得可被撤销（这取决于被诉东道国的选择）。必须指出的是，投资契约并非自始无效，需由被诉东道国主动采取撤销行动。对涉腐投资的救济应遵循"恢复原状"原则，也即使争端方回复到原先的状态（当然不包括向行贿的投资者退还贿金）。遗憾的是，投资仲裁庭所依据的"不干净的手"裁判法理对为"不公平或不诚信"恶名所玷污的外国投资者关上了寻求救济之门，丝毫不去追究作为被诉方的东道国其行为是如何不正当。

不难发现，仲裁庭对争端方所实施的救济事实上导致了双方利益的重大失衡。首先，外国投资者不应一概成为投资仲裁程序中承担不利后果的唯一主体（值得注意的是，英国《反贿赂法案》赋予了公司积极抗辩权，只要其证明已经采取了"充分程序"防止贿赂行为的发生，那么公司就可对其未能阻止贿赂的发生而免于承担责任③）；其次，鉴于仲裁庭拒绝行使管辖权，导致东道国（或其官员）的潜在法律责任无从追究；最后，仲裁庭的裁决推理根本未对"不当得利"（即东道国返还外国投资者的合法投资部分的义务——但在实践中，东道国可能已将投资者的全部投资予以了没收）这一古老民法原则予以认真考虑。④

---

① 依据现行国际投资仲裁法理，当外国投资者违反基于条约的"遵照法律"条款，从而引发东道国提出腐败抗辩时，救济从本质上来讲就是一个管辖权的问题了。

② ICSID Case No. ARB/00/7, Award, P 6 (Oct. 4, 2006), 46 I. L. M. 339 (2007).

③ 《反贿赂法案》第 7 条第 2 款。参阅 ALLDRIDGE P. The U. K. Bribery Act： "The Caffeinated Younger Sibling of the FCPA" [J]. Ohio St. L. J., Vol., 2012 (73)：1181 - 1210. 作者在文中详细分析了"充分程序"抗辩。遗憾的是，《海外腐败行为法》并未规定此种"遵守"抗辩。

④ 银红武. ICSID 仲裁庭应对东道国腐败抗辩的困境及其解决——以仲裁庭对涉腐投资主张无管辖权为切入点 [J]. 湖南师范大学社会科学学报, 2019 (4)：76.

（一）外国投资者单独担责

无疑，现行国际投资仲裁庭动辄对涉腐国际投资争端拒绝行使管辖权的"甩锅式"应对策略实属权宜之计，不应为未来涉腐投资仲裁庭作为先例予以遵循。以 World Duty Free v. Kenya 案为例，仲裁庭一方面基于前总统的受贿而认定投资合同无效，进而拒绝行使管辖权；另一方面却并未对东道国是否已起诉涉腐高官事项进行问询（该案中，前总统的受贿导致东道国的国际责任未予丝毫追究），最终导致外国投资者成为跨国投资腐败法律责任的唯一承担方。东道国跨国投资腐败追责机制的缺失与外国投资者单独担责的权益保护失衡矛盾成为目前投资仲裁法理的"阿喀琉斯之踵"。至今未有明显迹象表明，仲裁员明确要求寻求援用腐败抗辩的当事方（尤其是东道国）必须已经尽力设法对跨国投资腐败行为予以打击。

换句话说，ICSID 仲裁庭裁定对涉腐投资争端案件拒绝行使管辖权的话，只会对外国投资者产生不利后果。跟东道国不一样，外国投资者需要通过国际投资仲裁程序来实现其权益的保护。事实上，按照 ICSID 公约第 27 条①，投资者一旦选择国际仲裁解决其与东道国的投资争端，那么就意味着寻求母国外交保护的后路已被切断，仲裁程序则几乎成为其获取公正裁判的唯一途径。虽然投资者的腐败不当行为理应受到相应的法律制裁，但是投资者不应一概成为投资仲裁程序中承担不当行为后果的唯一主体。

需注意的是，World Duty Free v. Kenya 案被归为合同仲裁案件，其结果是投资协议书无效（尽管在投资者仲裁诉请被裁判不具有许可性方面存在争议），但这并不能成为仲裁庭拒绝行使管辖权的一个理由。更重要的是，即便 World Duty Free 案仲裁庭肯定英国法可阻碍内国法院对参与腐败活动的当事方给予救济这一做法（个中法理被称为源自普通法衡平原则的"肮脏之手"法律原则），但也应为深陷腐败犯罪的投资者在适当的情形下腾留出非合同救济的空间。②

（二）东道国腐败追责机制的缺失

面对东道国所提出的外国投资者腐败抗辩，部分 ICSID 仲裁庭最终拒绝行

---

① 一、缔约国对于其国民和另一缔约国根据本公约已同意交付或已交付仲裁的争端，不得给予外交保护或提出国际要求，除非该另一缔约国未能遵守和履行对此项争端所做出的裁决。

② LLAMZON A P. Corruption in International Investment Arbitration [M]. Oxford: Oxford University Press, 2014: 201.

使管辖权以维护本国公众利益。裁决法理在于，国际公共政策的目的是保护公众免遭诸如腐败等不法行为的损害。投资仲裁庭似乎原则性地认为，鉴于腐败行为有悖于国际公共政策，仲裁庭自然不能：一是强制执行所涉合同；二是提供投资条约的保护——关键在于投资已为腐败行径所"玷污"。①从而，ICSID 仲裁庭更愿通过作出不利裁决以示对那些参与腐败活动的外国投资者予以惩戒。然而从另一侧面讲，裁决并未真正做到对公众（如在 World Duty Free 案中即为"构成世界上最贫穷国度之一的广大肯尼亚社会民众"）的保护，因为它事实上起到了助长东道国官员腐败行为的作用——根据裁决书内容，东道国即便违反了其投资保护的条约义务，但鉴于仲裁庭拒绝行使管辖权，导致东道国的潜在法律责任无从追究。从而，东道国涉腐官员们也就无须对他们自身的腐败行径有丝毫忧惧，因为即使同样从事了腐败行为，但在 ICSID 现行裁决法理下他们可以做到毫发未损。② 究其原因在于，与处于争端另一方的外国投资者不同，东道国无须主要依赖国际投资仲裁方式，它通常可利用其公共权力来实现自身价值诉求，维护己方利益。

由此看来，根据现行投资仲裁法理，仲裁庭对涉腐国际投资争端案拒绝行使管辖权的做法本是出于真正保护公共利益的目的，但从实际效果看来却让处于被诉地位的东道国（乃至东道国官员）获得了不正当的优势地位——东道国即便违反了其外国投资保护的条约义务，但基于仲裁庭拒绝行使管辖权，东道国的潜在法律责任无从追究——从而导致投资争端双方的权益严重失衡。

（三）投资仲裁庭裁判结果有违不当得利原则

事实上，在仲裁庭拒绝行使管辖权前，东道国就已经接纳了外国投资者的投资。随着最终裁决的作出，往往就意味着东道国获得了不当得利：依照仲裁庭的裁判思路，既然腐败行为损害了公共秩序，那么投资合同就应视为无效，从而触发东道国返回投资的义务（实践中，东道国有可能已将投资者的资产实行征收了）。可如今基于仲裁庭对管辖权的拒绝，投资者的这一请求变得无门可诉。从这一点上讲，仲裁庭的裁决推理根本未对"不当得利"这一古老的民法

---

① HABAZIN M. Investor Corruption as a Defense Strategy of Host States in International Investment Arbitration: Investors' Corrupt Acts Give an Unfair Advantage to Host States in Investment Arbitration [J]. Cardozo J. Conflict Resol., 2017（18）：805-826.

② World Duty Free v. Kenya, para. 181.

原则予以认真考虑。① 以 Azpetrol v. Azerbaijan（2009）与 Siemens v. Argentina（2008）两个案件为例。在前一个仲裁程序中，投资者承认腐败事实后不久就同意撤回仲裁申请，整个程序得以终结。在 Siemens 仲裁撤销案中，鉴于在原来仲裁庭裁决作出后作为申请方的投资者向德国当局承认公司的贿赂东道国官员的事实（也即投资者承认腐败发生于内国司法程序，并非在仲裁程序中承认自身的跨国投资腐败行为），撤销委员会认为腐败已得到亲口承认或曰腐败已清楚确立，故赋予东道国完全地"抗辩"投资者所有仲裁诉请的权利。实际上，在原先的 Siemens 仲裁一案中投资仲裁庭曾裁判东道国需向投资者赔偿一大笔金额的事实并不能对后来的撤销委员会全部不支持投资者的所有诉请产生任何影响。这在一定意义上说，撤销委员会并未对作为东道国的阿根廷政府所获取到的这笔数目可观的"不当得利"予以考虑。

概言之，考虑到在当今涉腐国际投资仲裁实践中，仲裁庭现行救济手段极易造成争端双方权益失衡的后果（特别是投资仲裁庭裁定自身对涉腐投资争端案无管辖权），有必要对东道国成功提请腐败抗辩设置前提条件。当然，这些前提条件的监督施行亟须内国反腐执法机关的协作。因而，构建 ICSID 与内国反腐执法机关间的腐败应对协作机制势在必行。

针对涉腐国际投资，部分 ICSID 仲裁庭在自身管辖权审查的初步阶段即裁定自身无管辖权。仲裁庭的如此应对饱受争议：ICSID 仲裁庭对涉腐投资主张无管辖权有悖于程序正义；仲裁庭在适用"遵照东道国法律法规"条款时存在不确定性问题；仲裁庭对涉腐投资主张无管辖权决定易导致争端方利益重大失衡等。尽管仲裁庭所面临的现实困境是客观存在的事实，但这并非意味着以 ICSID 为首的投资仲裁庭在打击国际投资活动中的腐败行为方面不应该或不能有所作为，毕竟仲裁庭对最终公平公正地解决外国投资者与东道国间争端是留有余地且拥有杠杆手段的。面对投资争端方日益援用腐败抗辩（其范围有扩大的趋势）的国际投资仲裁现状，考虑到国际投资仲裁机构与国内反腐执法机关的职能重合特征和功能贯通现实，若能成功创设两者间的反腐法治合作机制，那么就能更好地确保国际反腐功效的实现，切实保护国际投资活动的全球公共利益，并最终实现可持续发展国际投资共同体构建的目标。

第二节　国际投资仲裁反腐法治的因应路径

鉴于现行 ICSID 仲裁庭在应对东道国腐败抗辩问题上身陷诸如裁决推理被指责过于简单、相关条款适用不精确与造成投资争端双方权益严重失衡等多重困境，建议对目前的 ICSID 涉腐投资仲裁实践进行完善改进。解决路径有三方面：一是明确 ICSID 仲裁庭不得依当前推理对涉腐投资主张无管辖权；二是 ICSID 仲裁庭须采纳利益均衡仲裁方法；三是注重国际投资仲裁反腐法治的"良法善治"因应。

一、ICSID 仲裁庭依法行使管辖权并对腐败行为进行本质剖析

面对东道国的腐败抗辩，投资仲裁庭更为可取的态度不是推卸责任、"甩锅式"拒绝行使管辖权，而应是依法担负起裁决案件是非曲直的司法重任。当然，仲裁庭在行使管辖权的过程中所面临的一个不可回避的任务就是对腐败行为进行本质区分。其一，投资者被控诉的腐败行为具有单方性抑或双边性？其二，腐败行为是"硬腐败"还是"软腐败"？其三，腐败表现为投资合同本身，还是通过腐败行为而获取了投资合同？

（一）单边腐败抑或双边腐败行为

单边腐败行为只涉及一方的不当行为。在国际投资仲裁中通常意味着外国投资者的单方欺诈行为。贿赂行为则通常表现为双边性，即一方的行贿行为与另一方的受贿行为均为违法行为。按照这样的划分标准，Inceysa 案、Fraport 案与 Kardassopoulos 案属于同一类型的仲裁案件（值得指出的是，Inceysa 案与 Fraport 案受审查的是投资者的单边行为，而 Kardassopoulos 案审查的焦点却变成了东道国的单边行为），唯有 World Duty Free 案牵涉到的是共同违法行为。①

Inceysa v. El Salvador 案仲裁庭表示，若要免除东道国的赔偿责任，一项投资必须是"以严重违反（significant contravention）适用法的方式做出的"，比如

---

① KULICK A. Global Public Interest in International Investment Law ［M］. Cambridge：Cambridge University Press，2012：335.

"在政府的招标程序中采取恶劣的虚报或欺诈的办法"①。该案中，投资者通过自身欺诈行为（包括伪造各种文件；提供虚假的财务报表等）来做出双边投资条约保护下的"投资"，那么投资者对其违法行为应承担全部责任。Fraport v. Philippines 案中，作为国际民航机场领域商业巨擘的 Fraport 公司自 1999 年以来就一直参与马尼拉国际机场第三航站楼的建设与运营项目。出于加快推进该项目考虑，Fraport 公司通过其子公司采取直接或间接方式获得了菲律宾 PLATCO 公司的多数股份（后者被菲政府特许建设与经营第三航站楼）。然而，Fraport 公司这一做法违反了菲律宾《反外国股份控制法》 （Anti - Dummy Law）——该法禁止外国资本对菲方公共项目的占比超过 40%，否则应受刑法制裁。但 Fraport 公司对自己的违法行为置若罔闻，仍然寻求牢牢掌控 PLATCO 公司。最后菲律宾启动征收程序，迫使 Fraport 公司放弃其计划。② 毋庸置疑，投资仲裁庭允许东道国就投资者的单边腐败行为主张腐败抗辩。

（二）硬腐败抑或软腐败

腐败行为有"硬""软"之分。根据经合组织《打击国际商业交易中行贿外国公职人员行为公约》第 1 条第 1 款，"硬腐败"指的是旨在获取不当受益而对公共官员给予或承诺非正当利益的行为。行为既可直接实施，亦可通过中介完成。这是"一种通过对官员自身的行政履职施加影响，从而获得不正当商业优势的违法故意行为"。"软腐败"又称"影响力交易"（influence peddling），是"硬腐败"的弱化形式。"软腐败"指的是对声称可非正当影响政府官员的人士给予或承诺不当好处的行为。从定义不难看出，与"硬腐败"相反，"影响力交易"牵涉到中间人，后者事实上并不需要向经办官员行贿。可见，涉身"影响力交易"的外国投资者实际上并不能对官员的具体履职行为产生直接作用。有鉴于此，尽管相当多的 ICSID 仲裁庭在投资者涉嫌"硬腐败"的案件中支持了东道国的腐败抗辩，但无一仲裁庭允许东道国将"影响力交易"作为援引抗辩的唯一理由，估计这一趋势仍将会延续下去。③

---

① Inceysa Vallisoletana S. L. v. Republic of El Salvador (ICSID Case No. ARB/03/26), Award, August 2, 2006. para. 202.

② Fraport AG Frankfurt Airport Services Worldwide v. The Republic of the Philippines (ICSID Case No. ARB/03/25), Award, August 16, 2007.

③ Wena Hotels Ltd. v. Arab Republic of Egypt, ICSID Case No. ARB/98/4, Award, PP 111 - 112, 132 (Dec. 8, 2000), I. L. M., 2002 (41): 896.

（三）合同本身腐败抑或通过腐败获得合同

腐败既可表现为投资合同本身，亦可遁形于合同获得过程。两者都可被东道国成功援引为腐败抗辩理由。在第一种腐败情形下，由于当事一方所提供的对价（如贿赂）本身就属违法行为，合同因而不具有法律强制执行效力。有学者甚至将此类合同比作"雇凶杀人合同"。① 违法合同当事方自然不能从其从事腐败行为中获益。然而，在实践中大部分 ICSID 仲裁庭遭遇的还是第二种情形，即投资者获取合同过程涉嫌腐败。譬如海外公司为了取得公共经营许可进行过欺诈或行贿，对此仲裁庭通常会采纳东道国援引的腐败抗辩，即便投资合同本身不含违法内容。②

（四）国际投资仲裁庭应对本质不同的腐败行为进行区分对待

总体而言，现行投资仲裁庭在应对腐败抗辩时不时暴露出对外国投资者的腐败行为本质辨析不够细腻与全面的弊病。如 Inceysa v. El Salvador 案中，投资者通过自身欺诈行为（包括伪造各种文件；提供虚假的财务报表等）来做出双边投资条约保护下的"投资"，那么投资者对其违法行为应承担全部责任。但是在 Tokios Tokel's 案中，投资者所创设的公司虽然在名称上存在一些瑕疵，尚不足以成为像投资者在 Inceysa v. El Salvador 案中所做出的严重欺诈行为，却也遭遇了不利的法律后果。③ 两个案例给人们带来的启示是，投资仲裁庭有必要对投资者违法行为的严重程度进行区分，不能将涉及投资者违法的投资一概判定为不受国际投资法保护的"不适格投资"，并进而拒绝行使管辖权。

同样地，单边腐败行为只涉及一方的不当行为。在国际投资仲裁中通常意味着外国投资者的单方欺诈行为。而国际投资的双边腐败行为会涉及双方的不当行为，如贿赂行为就一般呈现出双边性，即一方的行贿行为与另一方的受贿行为均为违法行为。故而，国际投资仲裁庭应对投资腐败行为的单边性质与双

---

① YACKEE J W. Investment Treaties and Investor Corruption: An Emergent Defense for Host States? [J]. Virginia Journal of International Law, 2012（52）: 729.

② Fraport AG Frankfurt Airport Servs. Worldwide, ICSID Case No. ARB/03/25, Award, PP 401-06; Inceysa Vallisoletana, ICSID Case No. ARB/03/26, Award, PP 250-52; Plama Consortium Ltd., ICSID Case No. ARB/03/24, Award, P 321; World Duty Free, ICSID Case No. ARB/00/7, Award, P 157.

③ Tokios Tokel's v. Ukraine（ICSID Case No. ARB/02/18）, Decision on Jurisdiction, 2004, para. 83.

边性质进行本质剖析：若涉嫌双边腐败，则应考虑东道国的与有责任承担。此外，国际投资仲裁庭应对"硬腐败"与"软腐败"予以甄别。截至目前，无一仲裁庭允许东道国将"影响力交易"作为援引抗辩的唯一理由，估计这一趋势仍将会延续下去。

需注意的是，国际投资腐败既可发生于外国投资进入东道国市场之前阶段（如通过伪造资格许可证或采取欺诈性陈述骗取市场准入资格），亦可发生于进入东道国市场之后阶段（即在外国投资经营过程中从事腐败行为）。无论处于哪一阶段与采纳何种形式，东道国内国反腐执法机关均对跨国投资腐败行为享有管辖权（前者基于保护性管辖权，后者基于属地管辖权）。国际投资腐败行为可细分为单边腐败行为（即外国投资者单方面涉嫌腐败违法）与双边腐败行为（如贿赂涉及投资者行贿与东道国政府官员受贿两方面）。在对投资腐败进行本质剖析时，鉴于投资腐败行为大都发生于东道国境内，再加之国家主权独立原则，因而在对跨国投资腐败行为进行本质剖析以及必要时的调查取证方面，国际投资仲裁庭难以抛开内国反腐执法机关的协作与配合。

二、ICSID 仲裁庭的衡平裁判路径

值得指出的是，在所有的涉腐国际投资争端案中，投资者与东道国关系的平衡性与相互性表现得十分明显。无论是在涉及共同违法行为，还是只涉及单边违法行为的仲裁案中，衡平路径有望对身份不对等的争端双方的权利与义务的协调提供一种更灵活的解决办法。

（一）东道国成功主张腐败抗辩的条件设置

在衡平路径的具体适用上，有学者建议，投资仲裁庭可要求东道国在基于投资涉腐理由成功提起仲裁管辖抗辩之前必须对涉嫌共同腐败的本国政府官员已经启动了公诉程序。① 或者，在援引腐败抗辩理由时，东道国应表明在其法律框架内已经贯彻了所要求的反腐败标准，或者已经创设了强有力的遏制措施打击腐败犯罪行为，甚或已对牵涉腐败的政府高级官员提起了诉讼，② 抑或东

---

① GREENWALD B. The Viability of Corruption Defenses in Investment Arbitration When the State Does Not Prosecute [EB/OL]. ejiltalk, 2019-12-16.

② SINLAPAPIROMSUK T. The Legal Consequences of Investor Corruption in Investor-State Disputes: How Should the System Proceed? [J]. TDM (Corruption and Arbitration), 2013 (3): 27-45.

道国承诺将对卷入跨国投资腐败活动的本国官员启动内国惩处程序等。

还有学者指出，投资仲裁庭必须开展一次完全有必要的衡平测试，并最终根据案件的具体事实作出裁决。衡平机制应该：（1）防止在对一方有利裁决的同时造成对另一方的不公平；（2）促使政府官员忌惮从事腐败活动；（3）鼓励东道国出台并具体落实反腐败举措。比如在 World Duty Free 案中，虽然"恢复原状"原则不能被援用来返还投资者已支付的 200 万美元贿赂，但投资合同被撤销后，合同双方应回复到合同缔结前各自原本的状态，也即除开贿赂外，投资者所投入的合法投资应有权收回。如此处理的结果显得更为公平合理，毕竟涉案公司不能仅因为从事了违法行为（有时甚至是不太严重的非法行为）就应被剥夺一切投资付出。① 还有一些学者呼吁仲裁庭采纳比较过错（comparative fault）规则，要求东道国仅能在其无罪的范围内援引腐败抗辩。②

（二）东道国的腐败责任承担

如上所述，在对涉腐投资的合法性进行审查时，应对具体案件中的受审查腐败行为进行单方行为抑或双方行为的区分，从而划分东道国的腐败责任承担比例。如在 MOL v. Republic of Croatia 案中，仲裁庭就认为应对东道国与外国投资者的不法行为进行均衡考量，不能对东道国所提出的腐败抗辩予以绝对或无条件采纳。假若东道国（更多地表现为行使行政职责的政府官员）在具体争端案中也参与了腐败活动，那么 ICSID 仲裁庭自然应对东道国的行为方面一并予以处置，而不是简单地通过对案件拒绝行使管辖权草率结案，使东道国规避了本应承担的法律责任。③ 即便在投资者的腐败行为已被证实的仲裁案中，若由同样涉嫌腐败的东道国独享外国投资所带来的全部利益（如对外国投资征收后根本不进行补偿），这亦是极不合理的。④洛斯科（Michael A. Losco）主张，东道国应根据归因于自身的过错比例对投资者的赔偿请求进行相当比例的赔偿。

① HALPERN M. Corruption as a Complete Defense in Investment Arbitration or Part of a Balance [J]. Willamette J. Int' l L. & Dis. Res. , 2016（23）：297-312.
② TORRES-FOWLER R. Z. Undermining ICSID：How the Global Antibribery Regime Impairs Investor-State Arbitration [J]. Va. J. Int' l L. , 2012（52）：1029-1030.
③ HABAZIN M. Investor Corruption as a Defense Strategy of Host States in International Investment Arbitration：Investors' Corrupt Acts Give an Unfair Advantage to Host States in Investment Arbitration [J]. Cardozo J. Conflict Resol. , 2017（18）：805-826.
④ HAUGENEDER F. Corruption in Investor – State Arbitration [J]. Journal of World Investment & Trade，2009（10）：323-343.

譬如，一国的高级官员们存在经常性的索贿行为，那么该国可满足投资者赔偿要求的75%；但若是投资者主动对内国的低级别官员们行贿，那么他只能寻求25%的赔偿比例。①

事实上，对于那些对外资实行"逐项审批"制度的东道国而言，假设外国投资已取得了东道国政府主管部门的准入许可，那么该项投资即可被视为是按照东道国的法律要求而做出的，负责颁发许可的政府主管部门难辞其咎。此外，针对东道国征收投资者涉腐败投资的执法行为，仲裁庭应该考量东道国采取的措施是否能通过比例分析的三要素：即适当性、必要性与严格比例检测。即便在剥夺行贿投资者资产的举措与打击腐败行动之间建立了一种合理联系，但政府行为是否代表着为实现具体目标的"最少限制方法"尤其值得怀疑。在严格比例分析方面，鉴于东道国仅仅针对供给侧层面，却对政府官员的腐败行为未采取任何措施，其通过"颁布总统令"寻求全球公共利益保护的严肃性可谓大打折扣。在进行均衡检测时，一方面既要考虑投资者通过行贿全然追求经济利益至上所导致的损害，另一方面也应同样看清往往是政府高官主动索贿从而诱导投资者涉腐的事实。其结果就是，东道国支付给投资者的补偿金仅能略微降低（比如减少15%）。②

三、国际投资仲裁反腐法治的"良法善治"因应

一个需要思考的现实问题是，当遭遇目前应对涉腐国际投资争端的被动局面时，国际投资仲裁庭面临选择：是抱守"被动腐败应对"旧习抑或践行"主动反腐法治"新为？仲裁庭有必要反思现行国际投资仲裁法理，领会国际投资仲裁机构与内国国家机关间的跨国投资反腐法治职能重合特征和功能贯通意义，站在人类命运共同体理念高度突出强调国际投资法的全球公共利益保护基本作用，大力倡导国际投资仲裁反腐法治的"良法善治"因应路径应对。

（一）国际投资协议反腐条款的全面覆盖与具体细化

国际法规范对外国投资的保护与促进作用的具体表现之一在于：现行有效

---

① LOSCO M A. Note: Streamlining the Corruption Defense: A Proposed Framework for FCPA-ICSID Interaction [J]. Duke L. J., 2014 (63): 1201-1241.

② KULICK A. Global Public Interest in International Investment Law [M]. Cambridge: Cambridge University Press, 2012: 221.

的双边投资条约与多边经贸条约中的投资条款所织成的这张网对外国投资者提供全面、具体且总体上不相互冲突的国际法规则保障，包括能寻求国际司法或准司法机构对这些规范予以施行。然而就国际投资法规范而言，其中一个未能涵盖的重要领域就是跨国投资腐败的应对事项。自1959年以来已缔结的这3000多个投资条约绝大多数对投资腐败议题缄口不语——这也就意味着，作为投资仲裁适用法重要渊源的国际投资条约几乎无法为仲裁员在贯彻投资条约框架所赋予的保护外国投资者要旨的同时就如何应对跨国投资腐败问题提供国际法层面的具体规范性指导。进言之，尽管国际社会在打击国际投资腐败行为的重要性与紧迫性方面早已取得一致意见，但在反腐法治的程序性与实体性应对事项方面却未达成有效共识——即便是跨国投资腐败依照国际或内国法律标准最终被证实，但腐败的法律后果依然未有定论。形式上的谴责（即各国政府的公开表达）与有效规制（即各国政府实际上准备做与能做到的）之间的差距足以说明国际法对腐败行为的普遍性应对无力实然局面。尽管在政府间国际组织着手规制腐败之前，实际上几乎所有国家一致将诸如贿赂与贪污等行为入刑处治；然而这些内国法规范大都不能调整跨国商事主体的行为。① 因而，国际社会应在当前可资援用的反腐国际法规范基础上共同致力于反腐条款的全面覆盖与具体细化，增强跨国投资反腐法治的实操性。

当然感到可喜的是，近些年来世界范围内的一些双边投资条约已经尝试纳入打击跨国投资腐败的内容。譬如，鉴于有些国家担忧原有双边投资条约的序言部分未能起到真正平衡投资促进/保护与其他公共政策目标的作用，作为具体应对举措，晚近缔结的双边投资条约开始在序言部分规定较广范围的政策目标。② 以2007年挪威双边投资条约范本为例，条约序言中明文确定其反腐政策："……决心对包括贿赂在内的国际贸易与投资活动中的腐败行为予以防范和打击。"③ 此外，作为反映未来跨国投资反腐立法动向的加拿大—秘鲁自由贸易协

---

① LLAMZON A P. Corruption in International Investment Arbitration［M］. Oxford：Oxford University Press，2014：7.

② NEWCOMBE A，PARADELL L. Law and Practice of Investment Treaties：Standards of Treatment［M］. The Hague：Kluwer Law International. 2009：124.

③ Model BIT of the Kingdom of Norway for the Promotion and Protection of Investments［EB/OL］. law，2017-12-19.

议（2009 年 8 月 1 日生效）① 包含一个"透明度"篇章，其中 B 节专门调整"反腐"议题。协议第 1908 条第 1 款规定了缔约方应采纳内国刑事立法方式对腐败行为进行惩治，即"通过或维持必要的立法或其他措施对影响国际贸易与投资的事项确定为刑事违法：要求或接受，抑或出于获取不正当商事优势的目的承诺或主动向公共官员提供财物给予。"该条第 4 款接着明文规定了对从事腐败活动的"企业"施加制裁的范围：包括金钱处罚在内的刑事或非刑事惩处方式。类似的规定还出现在 2008 年日本—老挝双边投资条约第 10 条中。

关于跨国投资反腐法治的新动向探讨似乎不能回避考察 2018《美墨加协议（USMCA Agreement）》。这一份影响至深的自由贸易协议单独创设第 27 章"反腐败"专篇用以规范"定义""范围""打击腐败措施""公共官员的廉洁促进""私营部门与社会的参与""反腐败法律的适用与执行""与其他协议的关系""争端解决"与"合作"九方面事项。"美墨加式"自由贸易协议能否成为国际范围内自由贸易协定"新范本"，目前难以断言。但三国在自由贸易协定内强调缔约各方的打击国际经贸腐败行为的重要意义、集体应对举措以及国际反腐合作义务等无疑闪烁着推动构建"清洁美丽"国际经贸共同体的智慧光芒。

无论如何，投资条约在明确规范跨国投资腐败的法治方式（譬如，一旦腐败被证实则应给予涉事者何种惩处），从而给投资仲裁员提供清晰的裁判指南方面被寄予厚望。鉴于国际层面的反腐重要性已得到公认，且伴随着跨国投资领域内影响恶劣的腐败事件时有发生，在投资协议中纳入更为全面、更具操作性的腐败应对条款也即顺理成章的事情——毕竟，坚持对外国投资者的实体保护只需单纯依靠内国法观点的局限性也是显而易见的。各国会否效尤借鉴国际先进立法经验，在未来的双边投资条约中制定更为详细的反腐条款值得期待。

---

① Canada-Peru Free Trade Agreement ［EB/OL］. international, 2020-02-18.

（二）联合国"国际反腐论坛"框架建议：国际投资仲裁反腐法治协作机制创建

尽管当前国际投资仲裁机制的运行遭遇到来自外部的各种批判与压力，但其能有效地为现行国际投资反腐立法提供施行"利齿"，成为为数不多的国际反腐法治机制的重要一员，关于这点已为实践有力地证明了。事实上，国际投资反腐法治目标既不可能仅仅依靠内国执法机关得以实现，亦不可能完全依靠国际层面得以完成，跨国投资腐败全球治理必须在国际合作的法治框架下同时借助国际与国内反腐力量的通力配合才能取得最终成功。

联合国毒品与犯罪办公室的创设是国际社会在打击腐败问题上倡导国际合作原则的直接成果之一。该机构认为国际仲裁方式是打击腐败的有效工具，建议创设一个"国际反腐论坛"① ——论坛的法定职责就是"在《国家反腐项目协议》（National Anti-Corruption Programme Agreement）框架内运行一个仲裁机制"。仲裁机制的创建将寻求确保内国主管部门（机构）在与国际公司缔结有关公用事业合同或从事国际商事交易方面的国际诚信。需强调的是，仲裁员的管辖权仅适用于合同的商事影响部分。刑事定罪仍将维持在内国刑事司法制度的职权范围内。该仲裁机制的优势包括：客观、高速地抑制官僚作风并推进联合国系统相关决定的实施。为了帮助实现打击跨国投资腐败的仲裁机制的有效运作，《联合国反腐工具手册》建议：（1）确定反腐机制所适用的合同种类；（2）在区域性条约与公约内纳入打击经济犯罪（比如腐败）的仲裁条款（譬如，约定遵守《UNCITRAL 仲裁规则》等）；（3）每份国际商事或公用事业合同要求取得协议信函，以便"赋予国际仲裁机制以管辖权"；（4）鉴于腐败与贿赂的处罚意涵，仲裁员向内国刑事司法主管部门寄送仲裁裁决书。②

针对联合国的该项建议，有学者指出，姑且将机制的现实可行性问题搁置不论，但就方案实施成本耗资巨大而言，联合国建议不是最佳的跨国投资反腐法治方案——况且国际范围内将这些规划付诸实践的政治意愿截至目前并不存在（也许永远也难以采取实际行动）——那么更现实、更有效的路径就是充分

---

① United Nations Office on Drugs and Crime. The Gobal Programme against Corruption：UN Anti-Corruption Toolkit（3rd edn.，United Nations，2004），255.

② CARRINGTON P. American Law and Transnational Corruption：Is There a Need for Lincoln's Law Abroad？[C] //MEYER O（Ed.）. The Civil Consequences of Corruption. Berlin：Nomos. 2009：258.

利用好国际法中已经建立起来了的现有机制。①

　　由此，考虑到目前 ICSID 仲裁庭所遭遇的跨国投资腐败证据采纳标准不明确的现实困境，仲裁庭理应非常乐意将"现成"的内国反腐执法机构列为"私家侦探"，以此保障仲裁裁决是基于"事实清楚，证据确凿"的法律原则而作出。反过来说，内国反腐执法机关也应提供信息帮助，理由在于，建立在准确信息基础上的 ICSID 裁决一方面将对诚实的投资者提供嘉奖，另一方面将对从事腐败投资活动的投资者实施惩罚，内国反腐执法机关所肩负的国际责任"使然"。② 故而，实践中部分投资仲裁庭明知涉腐行为正处于内国调查进程中却未等到调查结果出炉径自先行裁判③的做法非但不值得提倡，反而应予以批判并坚决摒弃。从实际效果方面进行预测，出于解决以 ICSID 为首的投资仲裁庭遭遇证据采纳标准不明确与争端方举证责任分配原则未定的现实困境的目的，充分利用内国反腐机关的辅助取证方式，构建 ICSID 与内国反腐执法机关间的腐败应对协作机制可谓大势所趋。

　　简言之，在现行国际投资仲裁反腐立法基础上，创建国际投资仲裁机构与内国国家机关间的反腐法治协作机制是行之有效、具有较佳现实可行性的国际投资仲裁反腐法治的"良法善治"因应路径选择。

　　（三）ICSID 与内国反腐机关间跨国投资腐败法治协作机制的创建

　　腐败，是人类社会的毒瘤，是国际社会的公敌，古今中外，概莫能外。廉洁是国际投资利益共同体行稳致远的现实需要。只有将一个个国际投资合作项目建设成廉洁工程，才能让更多的国家和人民分享国际投资活动所带来的经济发展与社会进步福祉。"人类命运共同体"话语的国际投资法学范式转换应转化为具体行动，社会各界需正视国际投资法的全球公共利益保护基本原则对跨国投资腐败治理所提出的全球法治具体命题，人类命运共同体的"清洁美丽"核心内涵有力佐证了"国际投资仲裁反腐法治"概念的成立。基于国际投资仲裁的腐败应对现实困难，倡议国际投资仲裁庭应实现从"被动裁判应对"到"主

　　① LLAMZON A P. Corruption in International Investment Arbitration ［M］. Oxford：Oxford University Press，2014：82.

　　② 银红武 . ICSID 仲裁庭应对东道国腐败抗辩的困境及其解决——以仲裁庭对涉腐投资主张无管辖权为切入点 ［J］. 湖南师范大学社会科学学报，2019（4）：80.

　　③ Fraport AG Frankfurt Airport Servs. Worldwide v. Republic of the Phil. ，ICSID Case No. ARB/03/25，Award，P 47.

动反腐法治"的职能转变。国际社会需认真参考联合国"国际反腐论坛"框架建议，做好国际投资仲裁反腐法治的"良法善治"因应路径选择与施行工作。以中国为示例，创建 ICSID 与内国国家机关间的跨国投资反腐法治协作机制，并尝试将我国关于国际投资仲裁反腐法治协作机制创建的成功经验向其他国家推广，获取国际投资法规制重构与创新关键时期的中国话语权，在实践层面结合中国廉洁"一带一路"建设要求，具体构建"清洁美丽"国际投资共同体。国际投资仲裁的反腐法治课题与我国政府提出的内国反腐法治化、制度化要求高度契合，国内外两个反腐战场的遥相呼应与联动协作堪称跨国投资反腐治理的理想法治模式。

　　综上，出于克服投资仲裁实践中的种种缺陷之目的，ICSID 仲裁庭在庭审过程中应采纳衡平路径，对争端各方的责权利进行均衡考虑。在中国"一带一路"建设纵深推进与改革开放持续加码的当今，研究 ICSID 投资仲裁庭对涉腐国际投资的仲裁法理无论是对我国政府的反腐败行动还是海外投资者的合法权益的保护都具有重要的启示作用与实践价值。毋庸置疑，人类命运共同体理念考察下的国际投资仲裁反腐法治协作机制创建是跨国投资腐败问题全球法治的中国方案与智慧贡献。创建 ICSID 与中国国家机关间的跨国投资反腐法治协作机制是中国特色社会主义法治体系建设的有机组成部分。

第七章

ICSID 与内国国家机关间反腐法治协作机制的构建

　　在外国投资者—东道国争端解决事项上，自本世纪初期起国际投资争端方（特别是东道国）在仲裁程序中所援用的腐败抗辩议题日益引发特别关切。毋庸置疑，"腐败"因素的介入使得国际投资争端的解决变得更为复杂（如仲裁庭的管辖权问题等）。尽管就目前而言，鉴于其身处内国控制范围之外，投资仲裁庭总体上可为打击国际投资腐败行为提供有效机制：确保外国投资者免受可能对其作出不公正裁判的内国司法系统的管辖，仲裁庭（尤其 ICSID 仲裁庭）对涉腐投资进行仔细甄别后所作裁决相对透明公开且可执行性强。① 但是，国际投资仲裁庭在应对涉腐国际投资争端案时经常表现得较为被动，其现行仲裁法理饱受诟病（如外国投资者与东道国权益失衡的实践处理对国际投资行为造成负面影响等），其所面临的诸多挑战不容小觑。在此背景下，加强涉腐国际投资仲裁的法理探讨与辨析，对国际投资仲裁机构与内国反腐执法机关间腐败治理职能的重合特征与功能贯通的实际意义进行反思，充分意识到构建 ICSID 与内国反腐执法机关间协作机制的现实必要性，不断完善两者间腐败应对协作机制构建的法律基础，重视 ICSID 仲裁庭与内国反腐执法机关间腐败应对协作机制的实际运作，既与"人类命运共同体"理论所强调的全球公共利益保护与国际合作原则高度契合，又是全球法治理念在跨国投资腐败治理事项上的具体表现与重要实践。

---

① HALPERN M. Corruption as a Complete Defense in Investment Arbitration or Part of a Balance [J]. Willamette J. Int'l L. & Dis. Res.，2016（23）：297–317.

第一节　ICSID 与内国国家机关间构建反腐法治协作机制的法律基础

历经过去二十余年的巨大发展变化后，表现为国际规范和国家措施的全球反腐法治标准方兴未艾。

一、国际经贸反腐专门条约与腐败治理条款

从国际社会控制腐败犯罪的实践看，最主要的方法就是制定各类国际法律文件，这种倾向在 20 世纪 90 年代以后尤为明显。这些国际法律文件代表了国际社会对控制腐败犯罪的一致意见，尽管约束力不尽相同，但在国际刑法条约的实践方面具有重要意义。这些国际法律文件大致可分为三类：

（一）联合国主持制定的反腐败法律文件

在国际反腐败合作中，联合国一直扮演着重要而特殊的角色。特别是在近十几年，为顺应各国反腐败的要求，联合国在行动上也从"关注""谴责""建议"等书面行为转为采取实际行动，尤其关注控制腐败犯罪的国际立法，制定了一系列法律文书，如 1990 年的《反腐败的实际措施》，1996 年的《公职人员国际行为守则》和《反对国际商业交易中的贪污贿赂行为的宣言》，1997 年的《国际合作打击国际商业交易中的贪污腐败和贿赂行为》，1998 年的《国际商业交易中的反贪污贿赂行动的决议》，2000 年签署的《联合国打击跨国有组织犯罪公约》等包含了大量的反腐败的内容。2005 年所通过的堪称"方法意义深远，许多条款具有强制性，为全面解决全球反腐败问题提供了独特蓝本的"《联合国反腐败公约》在充分吸收众多控制腐败犯罪的国际立法成功经验的基础上，力图将腐败行为的各种形态加以确定，在国际法层面建立起腐败犯罪的新标准。

无疑，联合国制定的这类文件通常具有参与主体较多，适用范围较广的特点，在国际社会控制腐败犯罪方面起到了重要作用。

（二）专门性组织制定的反腐败法律文件

在经济全球化趋势下，国际上一些专门性组织也积极参与到反腐败行动中，缔结了一系列打击腐败犯罪的国际条约。如 1993 年世界海关组织的《世界海关

组织宣言》，1994 年世界贸易组织的《政府采购协定》，1997 年经济合作与发展组织的《禁止在国际商业交易中贿赂外国公职人员公约》对"贿赂"议题予以了调整，1999 年国际商会的《打击国际商业交易中的勒索和贿赂的行为的准则》等。这些法律文件的行业化、专业化特点较强，更关注跨国贿赂犯罪，但适用范围有限。

（三）区域性组织制定的反腐败法律文件

自 20 世纪 90 年代以来，一些区域性组织通过制定指导性文件或区域性条约来协调各成员国的立场，极大地推动了区域性的反腐败合作。1996 年 3 月签署了世界第一部区域性的反腐败公约《美洲反腐败公约》。欧洲委员会《反腐败刑法公约》（1999 年）随后面世。相较于经合组织《公约》，《反腐败刑法公约》的调整范围更广：缔约国有义务对贿赂（包括国内和国外）、权势交易、洗钱和会计犯罪等腐败行为实施刑罚（第 12 至 15 条）。此外，公约规制的对象除了内国政府官员外，还涵盖国际组织机构中的行政官员、法官及立法成员，即便是私营部门的腐败行为也纳入刑罚之列（第 2 至 11 条）。① 此外，1999 年，欧洲理事会还制定并通过了《反腐败民法公约》。2001 年 11 月，在第二次亚太地区反腐败会议上制定了《亚太地区反腐败行动计划》。2003 年非洲联盟组织通过的《预防和打击腐败公约》，是非洲地区在打击腐败方面的重要成果。

值得注意的是，《美墨加协议（USMCA Agreement）》（2018）"反腐败"篇章（第 27 章）专门从"定义""范围""打击腐败措施""公共官员的廉洁促进""私营部门与社会的参与""反腐败法律的适用与执行""与其他协议的关系""争端解决"与"合作"九个方面强调缔约各方的反腐集体应对以及与其他国际组织的反腐合作义务等。

总体而言，《联合国反腐败公约》整合了国际反腐败法律文件，丰富了国际刑法中惩治腐败犯罪的法律渊源。公约首次在国际上建立了预防和打击腐败并加强国际合作的五大法律机制，即预防机制、定罪与执法机制、国际合作与执法机制、资产返回与追回机制、履约监督机制，奠定了反腐败国际合作的坚实法律基础。这是目前国际上内容最全面的反腐败公约，是在对各种反腐败公约、

---

① 与经合组织《公约》一样，欧洲委员会《反腐败刑法公约》仅要求成员国设法在其内国法中对各种腐败行为方式实施刑罚，并未能在东道国与投资者的国际关系方面就腐败问题创设直接的条约义务。

决议的有效性和可行性全面评估的基础上形成的，是联合国第一份旨在帮助会员国在公共和私营领域打击腐败的具有法律约束力的全球性法律文件。

二、国际经贸反腐的内国立法

鉴于国际投资者的商业腐败行为是市场经济中常见且危害性较大的不正当竞争行为，因此许多国家和地区都通过国内立法予以规制，故而规制国际经贸活动中的腐败行为的法律规范还体现于内国的刑法、行政法与民法体系之中。

美国是最早关注国际经贸反腐立法的国家：早在1977年，美国《海外腐败行为法》得以颁布实施。国际范围内自21世纪初以来，打击国际投资腐败行为的内国强制执行法的数量呈现出大幅增长的态势。① 如美国通过制定《海外腐败行为法》《国际反贿赂与公平竞争法》《禁止海外贿赂法》等法律法规，从而构建了一个庞大、细密、全方位的反海外商业腐败行为的法律体系。其中，美国《海外腐败行为法》主要有两部分内容：一是要求公司加强公司的财务制度；二是关于反贿赂的规定。反贿赂条款禁止公司（包括代理与雇员）向外国官员支付钱财或赠送礼物。对外国政府官员所实施的"任何金钱支付，或供给、赠礼，承诺给予或授权给予任何有价值之物"均纳入犯罪范围。不难发现，该法采纳供给侧路径对腐败进行惩治与预防——尝试通过惩罚行贿的公司来减少对外国官员的贿赂供给，而不是试图对受贿的官员予以惩治而实现减少贿赂需求的目的。② 在《海外腐败行为法》框架下，司法部和证券交易委员会还可以对被告进行民事处罚，处以罚金，勒令被告停止其违法活动，也可以禁止被告入市。1998年经修订的《海外腐败行为法》通过属地管辖权将执法范围扩展至外国公司或外国自然人：外国企业或个人在美国境内直接或间接的违法行为将受到《海外腐败行为法》的制裁，不论该行为是否使用美国邮政系统或者其他转移支付工具。

---

① 单在2004年至2009年期间，国际范围内的反腐败内国强制执行法就从最初不多见的5部上升至40多部。ROSS L A. Using Foreign Relations Law To Limit Extraterritorial Application of the Foreign Corrupt Practices Act [J]. Duke L. J. , 2012（62）：460.

② WEISS D C. Note：The Foreign Corrupt Practices Act, SEC Disgorgement of Profits, and the Evolving International Bribery Regime：Weighing Proportionality, Retribution, and Deterrence [J]. Mich. J. Int'l L. , 2009（30）：471-477. 值得指出的是，《海外腐败行为法》聚焦于外国贿赂行为的供给侧主体解决思路在世界范围内对打击跨国公司巨擘们的行贿外国官员的行为具有创先意义。

相较于美国《海外腐败行为法》，英国的《反贿赂法案》（2010年）覆盖面更广、执法更为严厉（前者仅规定对公共官员的行贿入刑，而后者将刑事惩治扩展适用于向私人或私营部门间的贿赂行为，并且几乎所有与"英国"有关联的个人或者公司都在该法案的约束之下；前者将出于"推动或确保政府例行履职"目的而支付的"便利费"规定为例外情形，后者却没有这样的例外规定）。可以说，英国《反贿赂法案》的确堪当"最严厉"之名①。

令人欣喜的是，部分国家已开始重视刑事领域的国际司法协助国内立法，2018年10月26日实施的《中华人民共和国国际刑事司法协助法》就是较好的示例。该法第67条"中华人民共和国与有关国际组织开展刑事司法协助，参照本法规定"为ICSID与中国执法机关间的反腐刑事司法合作机制构建提供了明文法律依据。

事实上，依照《ICSID公约》第42条第1款的规定，投资仲裁庭"应依照双方可能同意的法律规则对争端做出裁决。如无此种协议，仲裁庭应适用作为争端一方的缔约国的法律（包括其冲突法规则）以及可能适用的国际法规则。"这也就意味着，ICSID仲裁庭裁判案件时可适用的法律既包括国际层面法律渊源亦包括内国法渊源。在选择适用内国法渊源的情形下，仲裁庭对法律的解释与适用有可能需借助内国执法机关的力量（比如法律查明、判例查找与法律意见咨询等），以此彻底解决内国法反腐规定的实际适用方面的不确定性问题。可以毫不夸张地说，ICSID与内国执法机关间反腐协作机制的构建是跨国投资国际合作反腐法治的必然结果。

概括地讲，国际经贸活动的腐败法治呈现出腐败规制范围扩大与反腐机制不断完善的特征。面对东道国会更热衷于将腐败抗辩作为一项挫败投资者诉请的应诉策略（乃至技巧）加以运用的现实（投资仲裁庭的仲裁法理"漏洞"与拒绝行使管辖权的"错误决定"难辞其咎），投资仲裁庭将会遭遇腐败抗辩范围扩大与涉腐案件数量增加的双重压力，这也凸显了构建ICSID与内国反腐执法机关间腐败应对协作机制的重要实践意义。

---

① HUNTER S G. A Comparative Analysis of the Foreign Corrupt Practices Act and the U. K. Bribery Act, and the Practical Implications of Both on International Business ［J］. ILSA J. Int'l & Comp. L. , Vol. , 2011（18）：89-109. 根据Hunter教授的观点，英国《反贿赂法案》的实际影响取决于英国"反严重欺诈办公室"的"监察胃口"。

第二节　ICSID 仲裁庭与内国国家机关间反腐
法治协作机制的具体运作

事实上，只有国际投资的内国反腐败执法机构与 ICSID 仲裁庭通力配合才能确保无论是东道国还是海外投资者均不能从各自的腐败行为中获取利益。理由有二：其一，ICSID 仲裁可能会对那些隐藏的腐败行为全然不知晓。ICSID 争端解决机制的设计并非寻求在外国投资情境下对隐藏的腐败行为予以查获的目的（实践中，隐藏的腐败行为远比 World Duty Free 案中"显见的"腐败情况更为普遍）。无疑，被内国反海外腐败行为法赋予调查与强制执行职权的国家机关在打击商业腐败方面显得更为专业——特别是在搜集为先前 ICSID 仲裁庭所未能查出的隐藏腐败行为的证据方面，关于这点前文所提及的 Siemens AG 案就是最好的例证。同时，该案也从一个侧面说明了，鉴于 ICSID 仲裁活动中上诉程序的缺位，完全有必要在 ICSID 仲裁庭与内国反腐专门国家机关间建立一种沟通协作机制。其二，为了避免内国的反腐执法机关将对涉腐外国投资的打击一味沦为东道国对后者实施征收的借口与工具（却忽视对本国涉案官员的查处），造成显失公平的后果，完全有必要力促内国的国际投资反腐败机制与 ICSID 仲裁程序间的互动与制衡。下文基于 ICSID 仲裁与内国反腐执法程序的启动时间顺序分别对 ICSID 仲裁庭与内国反腐执法机关间的腐败治理互动协作进程予以示例说明。

一、ICSID 仲裁先于涉腐国际投资的内国反腐败调查

（一）仲裁庭对东道国成功主张腐败抗辩进行条件设置

考虑到 ICSID 仲裁庭现行反腐裁决法理与实践易造成外国投资者和东道国权益保护的失衡，有必要对后者成功主张腐败抗辩预设条件：投资仲裁庭可要求东道国举证其已对本国涉嫌共同腐败的官员启动了公诉程序；或者东道国应表明在其法律框架下已然贯彻施行了所要求的反腐败标准；或者已经采取强有力的遏制措施对腐败予以了打击。此外，仲裁庭还应考量东道国在投资者腐败

行为中的与有责任，东道国仅能在其无罪的范围内援引腐败抗辩等。① 在投资争端的实际解决过程中，腐败抗辩的成功采纳可导致内国相应的反腐调查；反过来，内国的反腐调查结果亦可作为成功提起腐败抗辩的依据。

（二）ICSID 向内国提出反腐司法协助请求

鉴于投资者从事腐败的证据一般处于东道国境内，再加上在腐败证据收集方面仲裁庭职权存在"先天不足"，因而面对东道国针对外国投资所提起的腐败抗辩，仲裁庭略显"心有余而力不足"。就仲裁庭而言，一方面应要求东道国遵守"清晰且令人信服的证据"标准而承担举证责任；另一方面，在必要时仍需寻求内国反腐执法机关的司法协助。可是，诸如 ICSID 的常设国际投资仲裁机构向内国提起反腐司法协助请求的权利要基于国际投资仲裁机构与具体内国间缔结有双边司法协助协议（如国际刑事司法协助条约）。这样问题就来了——众所周知，国际刑事司法协助条约主要于主权国家间所缔结，且一般适用于各缔约国刑事司法机关间在刑事案件调查、侦查、起诉、审判和执行等活动中相互提供协助，包括送达文书，调查取证，安排证人作证或者协助调查，查封、扣押、冻结涉案财物，没收、返还违法所得及其他涉案财物，移管被判刑人以及其他协助。但依照《中华人民共和国国际刑事司法协助法》（2018）第 67 条，"中华人民共和国与有关国际组织开展刑事司法协助，参照本法规定"，我国刑事司法主管机关也可与包括 ICSID 在内的国际组织开展刑事司法协助。当然，依照《中华人民共和国国际刑事司法协助法》第 67 条的现行立法规定，就目前中国而言，只有像 ICSID 一样具有国际组织法律人格的仲裁机构才能向我国有关国家机关提起国际刑事司法协助申请。

（三）内国反腐国家机关与先前的 ICSID 仲裁程序的衔接

正如 Siemens AG 案所表明的，ICSID 仲裁裁决是在对涉腐国际投资进行内国反腐败调查之前就已作出，如果仲裁庭难以及时发现那些隐性的商业腐败证据，有可能会得出错误结论。假若错误的裁决已经作出且得到执行，那么内国反腐机构就应要求涉腐国际投资者将裁决所获赔偿金额"回吐"出来。

---

① 银红武. ICSID 仲裁庭应对东道国腐败抗辩的困境及其解决——以仲裁庭对涉腐投资主张无管辖权为切入点 [J]. 湖南师范大学社会科学学报，2019（4）：77.

1. 放弃获赔偿权或"回吐"赔款

随着 2008 年德国检察部门对 Siemens 公司反腐调查结果的尘埃落定，Siemens 公司主动放弃 2. 17 亿美元的 ICSID 仲裁裁决的赔偿款执行。无论如何，Siemens 公司对其获赔偿权的放弃是一个可喜的结局。毕竟，假若 ICSID 仲裁庭先前就掌握了外国投资者的所有腐败事实的话，定会作出认可阿根廷所提出腐败抗辩的仲裁裁决。或者，假若德国检察部门的调查从未开始过，那么 Siemens 公司就有可能通过利用本无权援引的双边投资条约内的争端解决条款成功收获自身腐败行为所带来的"不义之财"。因此，为了确保一个最终的正确结果，涉腐国际投资的内国反腐败执法机构（在美国为司法部与证券交易委员会）应要求投资者放弃其对 ICSID 仲裁裁决的权利（或者"回吐"已获赔偿的款项），并将其作为一个开展相关调查的条件。依照"恢复原状"法理，仲裁申请方对裁决书权益的放弃将使争端各方回复到假设被诉东道国的腐败抗辩理由成功获得支持情形下本该享有的地位。①

因此有学者建议，假若作为被诉方的东道国已经支付了仲裁书的赔偿，那么投资者"回吐"的款项可做此等用途使用：既可用于资助东道国政府的调查，亦可用作完善投资者公司内部的记报账制度的经费，或者作为反腐基金的组成部分用于支持东道国的反腐行动。当然，最理想的解决办法应是内国反腐败机构根据具体情况对这些因素进行一个最佳的综合运用。②

2. 抵扣

假若 ICSID 仲裁庭已作出了对外国投资者不利的裁决，此后内国的反腐败执法机构又启动了反商业腐败调查程序，那么内国反腐机构的最终罚金处罚能否用 ICSID 仲裁中投资者所遭致的经济损失来抵扣呢？对此，有学者持赞成意见。此种观点认为，罚金抵扣的数额可相当于在东道国提请腐败抗辩理由情形下投资者未能获得支持的 ICSID 诉请金额。该项建议的可取之处在于一定程度上寻求减缓外国投资者的腐败成本，从而内国反腐败执法机构和东道国腐败抗

---

① World Duty Free v. Kenya, ICSID Case No. ARB/00/7, Award, PP 164, 186（Oct. 4, 2006），46 I. L. M. 339（2007）.

② LOSCO M A. Note：Streamlining the Corruption Defense：A Proposed Framework for FCPA-ICSID Interaction [J]. Duke L. J. , 2014（63）：1201-1241.

辩的共同作用不至于构成影响外国直接投资输入的障碍。①

二、ICSID 仲裁程序与内国反腐执法程序同步进行

尽管 ICSID 仲裁庭拥有要求争端方提交有关证据与文件的法律职权，但与内国反腐执法机构（比如美国司法部、证券交易委员会与美国联邦调查局等）的调查权限相比较，后者更胜一筹——毕竟，投资者腐败行为的蛛丝马迹更易为其母国或东道国所察觉、掌握，作为对涉腐投资进行一线审查的内国反腐执法机构无论在证据收集还是实地调查等方面均占明显优势。这也成为 ICSID 仲裁庭在审理过程中等待对涉腐国际投资的内国反腐败调查结果落定的原因之一。

（一）仲裁庭意图借助内国反腐调查结果主动暂缓案件审理

以美国为例，联邦调查局就能查找出有可能为仲裁庭所完全不了解的证据。因而，为了能从被赋予反腐执法权限的内国反腐机构强大的调查职能中获益，ICSID 仲裁庭完全有必要向美国司法部咨询是否可以在内国反腐调查结果未出来之前暂停仲裁程序的意见。诚然，为了确保仲裁庭作出正确的仲裁裁决，在内国反腐败调查的结果未出来之前有必要鼓励投资者申请暂停 ICSID 的仲裁审理。这样一方面可使内国反腐执法机构完成全面细致的调查工作成为可能，而另一方面调查结果亦会对 ICSID 仲裁裁决的作出提供有益的信息支持。

Fraport 仲裁案称得上是 ICSID 仲裁程序与内国反腐调查程序同步进行的一个典型案例。就本案而言，菲律宾内国执法机关启动反腐调查程序所取得的相关文件对于 ICSID 仲裁庭在裁判仲裁程序结果方面来说应该是非常有用的。但遗憾的是，这些材料未能最终转交至该案仲裁庭。原因在于，被诉的菲律宾政府在内国反腐调查未出来之前曾向仲裁庭提出中止仲裁程序的请求，但仲裁庭最后并未同意中止审理。② 尽管作为东道国的菲方最终在仲裁案中胜出（裁判法理是 Fraport 公司方面的投资未能遵照菲律宾法律做出）——但事实上，该案内国反腐调查所查明的信息本来已经为菲方获胜提供了其他可行路径。就目前而言，其他部分 ICSID 仲裁庭同样会基于案件审理时间、成本与效率方面的考

---

① BHOJWANI R. Deterring Global Bribery: Where Public and Private Enforcement Collide [J]. Colum. L. Rev., 2012 (66): 111–133.

② Fraport AG Frankfurt Airport Services Worldwide v. The Republic of the Philippines (ICSID Case No. ARB/03/25), Award, August 16, 2007, Paras. 5, 27, 47.

量而不会轻易作出中止仲裁程序的决定。其实，关于这点令人费解，因为若从仲裁效能上讲，仲裁庭理应更倾向于对申请方所提出的暂停案件审理的要求予以满足——毕竟，仲裁申请方可以最终决定是否撤回其仲裁申请。

Fraport 仲裁案似乎也预示了，欲使仲裁庭答应被诉东道国所提请的暂停仲裁案审理的诉请绝非易事。尽管仲裁庭的类似做法着实存在诸多值得商榷的地方，但估计未来 ICSID 仲裁庭极有可能仍将延续这一做法——即便是对于投资者的腐败等不当行为的内国调查仍在进行之中，ICSID 仲裁庭似乎也并不愿意等到这些调查结果的出炉。

无疑，ICSID 仲裁庭所持的不愿等待内国反腐调查结果出炉而中止仲裁程序的现实立场使得内国反腐调查执法机关在证据收集方面相较于 ICSID 所具有的优势大打折扣——虽然 ICSID 仲裁庭在要求投资争端方提交证据问题上的确拥有一定的强制权力，但是此种职权与内国反腐执法机关被授予的调查权（如美国《海外腐败行为法》框架下美国司法部、证券交易委员会与联邦调查局被赋予的调查权力）相比较的话，还是有较大差距的。因而，出于利用内国反腐机关所能获取的调查资源的目的，ICSID 仲裁庭应先向内国反腐机关征询关于在内国反腐调查结果未出前是否需暂缓仲裁程序的建议，并将这种做法作为一项政策予以遵守。况且，出于避免重蹈 2007 年 Siemens AG 仲裁案之覆辙的目的，接受争端方所提请的暂缓案件审理的申请是完全有必要的。今后的 ICSID 仲裁庭理应更热衷于收集足够充分的信息来确保自身作出正确的裁决。须知，错误的裁决才是效率最低下的案件审理结果。当然，内国反腐机关也应该积极准备提供建议。

（二）外国投资者申请方应内国反腐执行机关要求申请暂缓仲裁案件审理

无疑，内国反腐执法机关有能力去找寻那些完全可能逃脱仲裁庭注意的证据。正是基于内国执法机关的反腐调查优势，对于投资仲裁与内国反腐执法同步进行的案件，内国反腐机关也应鼓励投资者申请人向仲裁庭提交中止仲裁请求。这一方面能给内国反腐执法机关进行全面调查创造比较轻缓的外部氛围；另一方面，内国反腐调查结果亦可对 ICSID 仲裁庭的审理提供裁判依据，仲裁程序可在内国反腐调查结果落定后得以继续进行。可以想象得到的是，投资仲裁庭本应争取尽可能多的、能胜任的内国反腐执法机关，并将其纳为"私家侦探"，以此来确保自身仲裁裁决能建立在准确、全面的事实上得以作出。就内国反腐执法机关而言，其亦会十分乐意提供协助——毕竟，建立在准确信息基础上而作出的 ICSID 裁决一来可以对诚实守信的外国投资者施以嘉奖，二来亦能使真正从事了腐败行为的不诚信投资者难逃法律惩罚。

事实上，仲裁庭对于外国投资者所提出的暂缓案件仲裁的申请理应持更欢迎的态度（即对其申请予以许可），因为作为仲裁申请方的外国投资者极有可能最终决定撤回 ICSID 仲裁申请——随着内国反腐调查的深入，投资者的腐败证据逐渐得到内国反腐执法机关的掌控与深挖，也许此时撤回仲裁申请实属外国投资者的"明智之举"。

（三）内国反腐败执法机构的反腐调查与 ICSID 仲裁庭审理的对接

一旦内国反腐调查结果落地，ICSID 仲裁程序即可继续进行。而根据自身对涉腐国际投资的调查结果，内国反腐败执法机构可采取不同的举动来与 ICSID 仲裁庭进行对接。

1. 内国调查结果表明投资者未涉嫌腐败

当内国反腐调查未发现任何外国投资者涉嫌腐败的证据，则内国主管职能部门可向仲裁庭作如实告知。当然在这一情形下，鉴于作为被诉方的东道国政府所提出的腐败抗辩将变得无从主张，自知理亏的东道国会表现出不情愿轻易将"投资者清白"的调查结果交付 ICSID 仲裁庭。因此，内国反腐执法机关在这方面的通力协助、配合需要在如 ICSID 的国际仲裁组织与东道国政府间缔结有司法协助条约；或内国机关依据国内法承担法定义务；抑或两者间根据互惠原则相互提供司法协助。

2. 内国调查结果表明投资者涉嫌腐败

相反，若东道国反腐执法机关确实掌握了外国投资者涉嫌腐败的确凿证据：一方面，在现行投资仲裁法理下东道国一般会选择向仲裁庭披露这一信息，从而极有可能收获仲裁庭拒绝行使管辖权的结果（外国投资者变得投诉无门）。另一方面，东道国反腐执法机关也可寻求向外国投资者摊牌，要求对方撤回投资仲裁请求，并将这作为内国起诉协议书的部分内容。如此一来，外国投资者基本丧失其在相关双边投资条约下受保护的权益。且以 Siemens 公司为鉴，投资者基本也会接受东道国所开列的条件——毕竟不配合的话，外国投资者在遭遇牢狱之灾与钱财两空的同时，还极有可能落得身败名裂。

当然，就 ICSID 仲裁庭而言，正确的姿势应是俟内国反腐调查结果确定后，基于自身的公正中立地位，采取均衡方法作出尽可能合理的裁决。

总地说来，在内国反腐调查与 ICSID 仲裁程序同步进行的情形下，仲裁庭应表现出非常乐意将内国反腐执法机构列为"私家侦探"，以此保障仲裁裁决是基于准确且全面的事实基础而作出的。反过来说，内国反腐执法机关也应提供信息帮助，理由在于，建立在准确信息基础上的 ICSID 裁决一方面将对诚实的投资者提供嘉奖，另一方面将对从事腐败投资活动的投资者实施惩罚，内国反腐执法机关所肩负的国际责任"使然"。

三、内国反腐执法程序先于 ICSID 仲裁程序

当内国反腐败执法机构对国际投资进行调查时发现，投资者曾使用腐败方法获取了投资合同，那么这一腐败抗辩理由将会赋予东道国异乎寻常的征收投资者资产的动力。当然，东道国也可能会试图与投资者重新商定投资合同，甚至强塞加重投资者义务的新条款，原因在于前者清醒地懂得，他们受到反腐抗辩理由的保护。

现实中，不同国家的内国反腐败执法机构在实施调查的过程中所承担的证明责任有所区别，即便是同一国家，不同的调查机构也有可能适用不同的证明责任原则。以美国为例，证券交易委员会只需要像在民事诉讼中通过占优势的证据证明存在腐败行为即可，而司法部则必须像在刑事公诉中不容许有任何合理怀疑的程度上证明调查对象有罪。①

（一）内国反腐执法程序：以美国为例

1. 美国反腐执法机关

在美国，强制执行《海外腐败行为法》的重任主要由美国司法部与美国证券交易委员会配合完成：前者调查、起诉刑事犯罪，后者则负责对违法者提起民事诉讼。证券交易委员会传统上基本负责应对违反《海外腐败行为法》财务条款的行为，但是如今该机构在执行有关受贿条款方面变得越来越主动。就目前而言，这两大部门表现为"联手对违法者提起刑事或民事诉讼"。② 值得一提

---

① GARRET B L. Structural Reform Prosecution [J]. Va. L. Rev., 2007 (93)：853-877.
② WEISS D C. Note：The Foreign Corrupt Practices Act, SEC Disgorgement of Profits, and the Evolving International Bribery Regime：Weighing Proportionality, Retribution, and Deterrence [J]. Mich. J. Int'l L., 2009 (30)：469.

的是，美国联邦调查局近些年来亦开始在《海外腐败行为法》的违法调查中充当重要角色。①

2. 美国内国执法机关的反腐处罚

在美国，触犯《海外腐败行为法》主要可遭致刑事处罚与利润回吐处罚。"利润回吐"作为旨在防止不当得利的衡平救济对于《海外腐败行为法》的施行而言实属一种创新。事实上，美国证券交易委员会将此种处罚运用于《海外腐败行为法》的执法过程也仅仅是 2002 年《萨班斯-奥克斯利法案》通过后的事情。在将该处罚适用于《海外腐败行为法》的违反者时，证券交易委员会对合法与非法所获取的利润予以区分（非法获取的利润即通过违反《海外腐败行为法》的行为而获得的利润）。一旦在违法行为与所获利润间成就了因果关系，证券交易委员会可要求违反者放弃其通过违法举动而赚取的相当金额利益（附加算上利息），除非该公司能证明在因果关系链条上存在断裂情形。②

考虑到《海外腐败行为法》处罚的严厉性，该法授权美国总检察长可向各公司发放非正式的咨询意见书，对商事组织内部的潜在违法行为进行问询。一旦咨询意见书得以通过，这也就初步（但可逆转地）肯定了公司的经营未违反《海外腐败行为法》。咨询意见书亦可向公众散发，其结果不具有法律效力且不构成需遵循的先例。在 2012 年 11 月，美国司法部与美国证券交易委员会曾联合发布了一份长达 120 页的《行动指南》，对两大机构强制执行《海外腐败行为法》的"路径与侧重点"予以列明。

3. 美国反腐执法行政协议书

美国司法部对《海外腐败行为法》的执行主要依赖两类法庭外解决协议书：不予起诉协议书和延缓起诉协议书。两者十分相似，均涵括大量的标准要求：诸如承诺合作；承认行为失当；接受罚金；实施公司改革；接受独立监管以及其他处罚等。不同之处在于，不予起诉协议书下检察官根据公司对协议条款的履行情况可放弃提交起诉文件。而就延缓起诉协议书来说，检察官虽已提交了

---

① MCSORLEY T. Foreign Corrupt Practices Act [J]. Am. Crim. L. Rev., 2011 (48)：749-780. 美国司法部报道，联邦调查局在 2011 年的行动中逮捕了 22 名涉嫌违反《海外腐败行为法》的自然人。此外，该局据报道仅 2011 年一年就介入了至少 6 起未公开的《海外腐败行为法》调查案。

② LOSCO M A. Note：Streamlining the Corruption Defense：A Proposed Framework for FCPA-ICSID Interaction [J]. Duke L. J., 2014 (63)：1222.

起诉书，但却同意只要延缓起诉协议的条件得到满足则撤回起诉。不难看出，尽管两类协议书所附的条件可能同样严格，但前者传递的信号显然不如后者严厉。在美国，人们将这两类起诉协议书视为《海外腐败行为法》执法机制中的基本工具，这一看法可谓牢固树立了人们改变《海外腐败行为法》适用的任何建议都必须纳入这两种协议书内的思想。

伴随着反腐执法形式的增多，美国司法部对这两类协议书的运用也更为广泛①——其中包括不通过法院审理而对刑事案件予以解决的方法。尽管这一法庭外解决方法在短期内可能有利于公司，但其毕竟不能构成先例，因而对公司几乎不能提供可资借鉴的经验。② 有鉴于此，部分学者对起诉协议书的负面作用进行抨击：认为此类协议书阻碍了《海外腐败行为法》执法框架下的诉讼规则体系的发展。③

（二）内国反腐国家机关与随后的 ICSID 仲裁程序的衔接

1. 给外国投资者纠错的机会

当投资者被查出在投资过程中涉嫌腐败（譬如投资者的行贿行为导致合同可撤销或不可履行）时，一个可行的解决办法就是给予投资者纠正其违反投资合同的机会：投资者就其腐败行为所引发的全部实际损害需向东道国支付赔偿金。赔偿一旦支付完毕，东道国则应放弃其向 ICSID 仲裁庭提起有关腐败抗辩的一切诉请。无疑，在现实中对投资腐败行为所引起的实际损失进行估算是非常困难的。若碰到实际损害无法计算的场合，替代方法就是支付名义赔偿金或

---

① 在 1993 年至 2002 年期间，美国司法部订立了 16 份起诉协议。但自 2002 年开始，起诉协议书的数量急剧增长，分别于 2007 年与 2010 年达到顶点，每年均为 39 份协议书被提交。2012 年所提交的协议书数目为 37 份。

② 美国司法部于 1997 年在《美国检察官手册》中首次就延缓起诉协议书的运用制定了行为指南。自此，司法部在《海外腐败行为法》执法中对不予起诉协议书和延缓起诉协议书的运用一直受 1999 年至 2008 年期间所颁布的 4 个备忘录系列文件的指引。BROOKS A R. A Corporate Catch-22: How Deferred and Non-Prosecution Agreements Impede the Full Development of the Foreign Corrupt Practices Act（Note）[J]. J. L. Econ. & Pol'y, 2010（7）：137-158.

③ 譬如 Allen R. Brooks 指出，美国司法部对不予起诉协议书和延缓起诉协议书的运用已直接影响《海外腐败行为法》下的判例法的发展，原因在于相关先例不能诞生于法院之外的争端解决方式……这样的执法政策增加了市场成本，从而导致效率低下。BROOKS A R. A Corporate Catch-22: How Deferred and Non-Prosecution Agreements Impede the Full Development of the Foreign Corrupt Practices Act（Note）[J]. J. L. Econ. & Pol'y, 2010（7）：146.

向东道国境内的反腐败基金池捐资。

投资者纠错条款可以通过修改现行的双边投资条约来实现。但考虑到修改投资条约之不易，投资者经与东道国协商后，或可将纠错条款写进投资合同。纠错条款最大的优势在于能对东道国征收投资者资产的动力（特别是在内国的反腐调查结果为肯定时）实行遏制，从而确保投资者仍可获得一个中立的平台来对其资产进行保护，亦可防范某些"无耻的"东道国仍妄图从自身的错误行为中获益。①

2. 应 ICSID 要求透露有关内国反腐败执法行动的详情

事实上，遵照"恢复原状"原理与"不干净的手"原则②，在启动内国反腐败执法程序前，内国执法机关通常会与投资者达成一项关于后者同意不就已发生的任何征收行为提起针对东道国的 ICSID 仲裁请求的协议。反腐机关往往认为，既然外国投资者曾从事过腐败活动，那么他就不应被允许对有关于其违法行为的诉请去寻求双边投资条约框架内的法律保护。此外，根据饱受质疑的现行 ICSID 仲裁法理，国际公共政策、诚实信用原则以及投资条约内的任何"遵照东道国法律法规"条款的适用都可推理出投资者必须放弃投资条约保护的结论。内国反腐败执法机构甚至可以通过威胁将向仲裁庭公开投资者的违法犯罪证据（假若投资者启动 ICSID 仲裁程序）来强化投资者的这一弃权义务。当然，执法部门也会明确表示，它仍然保留将有关证据公开的可能性，以此来确保投资者完全配合并遵守内国反腐败执法机关在将来所做的决定。

于是，在内国反腐败调查结论做出后，东道国对外国投资实行征收的理由就变得堂而皇之了。身处违法腐败"风口浪尖"的外国投资者此时可谓"命如浮萍"，故而求助于以 ICSID 为首的国际投资仲裁机制反倒成了他们的"救命之举"。但当出现涉腐国际投资的内国反腐败调查先于 ICSID 仲裁程序这一情况时，ICSID 仲裁庭很可能遭遇的现实就是内国反腐败执法部门拒绝向 ICSID 仲裁庭提供任何证据。无论如何，这一向外界不公开内国反腐执法详情的方法有易于被东道国利用来进行征收投资者资产的嫌疑，并且可能会对内国反腐执法机制的未来运作带来定位不清晰的后果，因而如何加强内国的国际投资反腐败机

---

① LOSCO M A. Note：Streamlining the Corruption Defense：A Proposed Framework for FCPA-ICSID Interaction [J]. Duke L. J.，2014（63）：1201-1241.

② World Duty Free Co. v. Republic of Kenya，ICSID Case No. ARB/00/7，Award，PP 164，186（Oct. 4，2006），46 I. L. M. 339（2007）.

制与 ICSID 仲裁程序间的互动与制衡成了国际投资仲裁理论界与实务界亟须解决的课题。

（三）外国投资者接受内国反腐执法处罚后启动 ICSID 仲裁程序

实际上，无论内国对外国投资者所发起的反腐调查结果如何都不影响投资者向 ICSID 申请仲裁的权利：假若调查结果显示投资者为"清白"，无疑投资者可就东道国的具体行政监管措施依据后者所作的同意仲裁要约而申请投资仲裁；即便反腐调查得出肯定性结论，亦不能阻碍投资者就东道国所造成的损害发起投资仲裁申请（除非投资者与内国反腐机关已达成不递交仲裁的合意）。原因有三：

其一，依据"一事不再罚"一般法律原则，在接受东道国相应反腐处罚后，外国投资者基于东道国其他侵害事实而享有的仲裁请求权不应一概被剥夺。

其二，根据"回复原状"法律原理，投资者的腐败行为自始无效，应使相关方的法律状况回复到腐败发生前的状态（包括东道国官员的受贿应予没收充公——当然，投资者的行贿不能退回）。在实践中，投资者的腐败行为表现为外国投资本身涉嫌腐败或经营投资涉嫌腐败。前一种情形通常发生在外国投资的设立阶段（如通过伪造文书或印章获取东道国市场准入资格等），即外国投资的设立本身为非法。后一种形式表现为外国投资合法成立后，在其具体经营过程中投资者涉嫌腐败（如通过欺诈或行贿获取业务合同等）。投资者在接受了相应反腐处罚后，其法律状态应"回复"至"未违法"状态——就第一种情形而言，事实上可进一步细分为两种次类型：1. 假若外国投资者在进入东道国市场后成功地获取了市场准入资格（比如在投资的后续实际运营过程中拿到了真实有效的文件或许可，从而使得先前"通过腐败行为设立的外国投资"成了"形式上真正合法的外国投资"），外国投资者自然作为"合格投资者"享有仲裁申请权利。2. 外国投资自始至终不符合东道国法律所规定的"外资准入条件"（即外国投资者通过腐败方式侥幸进入东道国市场后并未努力实现将其"原本形式上有瑕疵的"投资转变为"真正合法"外国投资）。对于这些"真正不适格"

的外国投资，依然有望受到国际法律框架①与内国法②的保护。更何况，基于"禁止反言"法律原则，东道国必须就其先前已给外国投资者颁发了市场准入许可的事实承担与有责任（特别是负责审核市场准入事项的东道国政府官员在收受了贿赂后"心知肚明地忽视"投资者的不合法行为，最终还是提供了市场准入许可③）。而在上述第二种情形下，外国投资者在履行了东道国内国反腐执法机关所施加的惩罚后，其"合格投资者"的身份应回复至正常。

其三，依照内国反腐法律规范，外国投资者的腐败行为即便是触犯刑律，刑罚形式一般为"有期徒刑"或"并处罚金"，并不必然遭致被"没收财产"。④ 东道国不能借口外国投资者涉嫌腐败犯罪堂而皇之对其财产施以等同于"没收财产"的征收或类似征收措施，投资者的相关投资仲裁请求权理应得到保护。

伴随着世界范围内国际经贸反腐专门条约与腐败治理条款的发展，以美国《海外腐败行为法》为代表的打击国际投资腐败行为的内国强制执行法的数量亦呈现出了大幅增长的态势。鉴于国际投资仲裁庭在反腐调查职权方面的先天不足，现行仲裁庭证据采纳标准不明确亦饱受诟病，再加之诸如 2007 年 Siemens AG 仲裁案事后被证实为错误裁判的个案事件的发生，以 ICSID 为首的国际投资仲裁机构在应对涉腐国际投资争端案件时表现得较为被动。构建 ICSID 与内国执法机关间的反腐协作机制无疑对于目前投资仲裁庭所面临的反腐困境解决具有重要理论意义与实践价值。

---

① 应该注意到，ICSID 公约的全名为"解决国家与他国国民投资争端公约"，公约的名称中并未使用"投资者"的概念。事实上，外国"投资者"可依据相关双边投资条约以"他国国民"身份寻求提起国际投资仲裁申请。

② 针对"采用财物或者其他手段贿赂单位或者个人，以谋取交易机会或者竞争优势"的外国投资者，1993 年《中国反不正当竞争法》并未作出"吊销执照"的法律规定。但2017 年修订的《中国反不正当竞争法》第 19 条规定："经营者违反本法第 7 条规定贿赂他人的，由监督检查部门没收违法所得，处 10 万元以上 300 万元以下的罚款。情节严重的，吊销营业执照。"对于《反不正当竞争法（2017 年修订）》生效前所做的中国境内外国投资，其"外国投资者（或投资）"的身份根据"不溯及既往"法律原则不能被剥夺——因为外国投资虽然从事了腐败行为，但其经营执照并未被吊销。

③ Fraport AG Frankfurt Airport Servs. Worldwide, ICSID Case No. ARB/03/25, Award, P 346.

④ 如我国《刑法修正案（9）》第 390 条规定："对犯行贿罪的，处 5 年以下有期徒刑或者拘役，并处罚金；因行贿谋取不正当利益，情节严重的，或者使国家利益遭受重大损失的，处 5 年以上 10 年以下有期徒刑，并处罚金；情节特别严重的，或者使国家利益遭受特别重大损失的，处 10 年以上有期徒刑或者无期徒刑，并处罚金或者没收财产。"

第三节 ICSID 与内国国家机关间反腐法治协作机制的构建：以中国为示例

现行国际投资仲裁法理饱受诟病，外国投资者与东道国权益失衡的实践处理对国际投资行为所造成的负面效应亦不容小觑。构建 ICSID 与内国执法机关间的反腐法治协作机制无疑对于目前投资仲裁庭所面临的腐败应对困境的解决具有重要理论意义与实践价值。

"人类命运共同体"理念考察下的国际投资仲裁反腐法治协作机制构建是国际投资腐败问题全球法治的中国方案，而中国特色国际投资反腐法治协作机制构建是中国特色社会主义法治体系建设的有机组成部分。通过示范性建构 ICSID 与我国国家机关间反腐法治协作机制，将我的成功经验向其他国家推广，完成人类命运共同体理念的国际投资法制度化具体实践，既是中国推动构建人类命运共同体的应有担当与大国使命，亦是在当今国际投资法规范转型的关键时期提升我的国际投资法范式创新话语权的具体表现与实际举措。

我们欣喜地看到，中国于 2018 年 10 月 26 日颁布实施的《国际刑事司法协助法》为 ICSID 与中国国家机关间反腐法治协作机制的构建提供了较好的法律基础与立法典范。

一、ICSID 与中国国家机关间反腐法治协作机制创建的明文法律依据

《联合国反腐败公约》于 2006 年 2 月 12 日对我国生效。正如公约序言中所指出的："确信腐败已经不再是局部问题，而是一种影响所有社会和经济的跨国现象，因此，开展国际合作预防和控制腐败是至关重要的"，"铭记预防和根除腐败是所有各国的责任，而且各国应当相互合作，同时应当有公共部门以外的个人和团体的支持和参与，例如民间社会、非政府组织和社区组织的支持和参与，只有这样，这方面的工作才能行之有效"。据此，国际投资仲裁机构——既包括如 ICSID 之类的政府间国际组织，亦包括国际民间组织——均应成为国际投资仲裁反腐法治力量的组成部分。争取国际投资仲裁机构的支持与参与，夯实国内外反腐法治力量基础，既是行之有效的中国特色国际投资仲裁反腐法治

因应路径选择，亦是中国勇于承担《联合国反腐败公约》下国际义务的负责任之举。

事实上，我国于 2018 年 10 月 26 日施行的《中华人民共和国国际刑事司法协助法》第 67 条 "中华人民共和国与有关国际组织开展刑事司法协助，参照本法规定" 为我国国家机关与如 ICSID 之类具有国际组织法律人格的国际投资仲裁机构共同创建反腐刑事司法合作机制提供了明文内国法依据。《中华人民共和国国际刑事司法协助法》的颁布实施使得我国政府部门与诸如 ICSID 的国际组织在刑事案件调查、侦查、起诉、审判和执行等活动中相互提供协助的问题得到了立法解决，这也称得上是我国在构建 ICSID 与内国反腐机关间协作机制的切实创先举措。具体而言，该法第二章 "刑事司法协助请求的提出、接收和处理"、第四章 "调查取证"、第五章 "安排证人作证或者协助调查" 与第八章 "刑事诉讼结果通报" 等国际刑事司法协助协作工作机制的一般规则明确了我国各相关部门在刑事司法协助中的职责和任务，为我国反腐败执法机关与 ICSID 的协作机制的构建提供了国内法依据，填补了我国刑事司法协助国际合作的法律空白，树立了我国负责任大国的国际形象。

此外，依照《中华人民共和国监察法》第六章 "反腐败国际合作" 第 50 条与第 51 条规定，国家监察委员会统筹协调与 ICSID 开展的反腐败国际交流、合作，组织反腐败国际条约实施工作以及组织协调有关方面加强与 ICSID 在反腐败执法、司法协助和信息交流等领域的合作。

二、ICSID 与中国国家机关间反腐法治协动具体策略

鉴于在跨国投资腐败调查职权与工具方面存在 "先天不足" 缺憾，ICSID 可依法与中国国家机关开展国际反腐刑事司法协助工作。考虑到 ICSID 与我国政府间并未缔结国际刑事司法协助条约，ICSID 与中国国家机关按照平等互惠原则，通过外交途径开展国际刑事司法协助[①]。

（一）ICSID 为中国或外国投资者争端方成功主张腐败抗辩设置前提条件

假若腐败抗辩由作为东道国的中国政府提出，则 ICSID 在采纳腐败抗辩时需向中国政府确认：跨国投资腐败是否涉及政府官员的共同腐败行为？如果回

---

① 《中华人民共和国国际刑事司法协助法》第 4 条与第 5 条。

答是肯定，那么我国政府须向 ICSID 证明其已对涉腐官员启动了内国反腐法治程序或在其法律框架内已按其所承担的国际义务贯彻实施了反腐败标准，或者向 ICSID 承诺其将启动针对涉腐官员的内国反腐法治程序。就前两种情形而言，内国反腐机关有义务向 ICSID 提供外国投资者的腐败证据以及相对应的反腐处罚信息。在后一种情形中，ICSID 依照约定有权对内国反腐法治结果进行问询以示监督。内国反腐机关必须向 ICSID 通报涉腐官员的处理结果，以履行其对 ICSID 所做的反腐承诺，不得无理拒绝。

在外国投资者提起腐败抗辩的情况下，投资者必须向 ICSID 如实披露其是否已经启动了控诉中国政府官员腐败的内国反腐法治程序。根据《中央纪委监察部关于保护检举、控告人的规定》（简称《规定》）第 2 条："任何单位和个人有权向纪检监察机关检举、控告党组织、党员以及国家行政机关、国家公务员和国家行政机关任命的其他人员违纪违法的行为。"《规定》第 3 条要求："纪检监察机关对如实检举、控告的，应给予支持、鼓励。"ICSID 将中国境内的外国投资者已经做出了检举、控告中国政府官员腐败行为的举动作为投资者成功提起腐败抗辩的前提条件与我国《中央纪委监察部关于保护检举、控告人的规定》的立法精神高度契合。

（二）ICSID 向中国国家机关提出反腐司法协助请求

鉴于投资者从事腐败的证据一般处于东道国境内，再加上在腐败证据收集方面仲裁庭职权存在"先天不足"，因而面对东道国针对外国投资所提起的腐败抗辩，仲裁庭略显"心有余而力不足"。就 ICSID 仲裁庭而言，一方面应要求东道国遵守"清晰且令人信服的证据"标准而承担举证责任；另一方面，ICSID 在必要时仍需寻求内国反腐执法机关的司法协助。根据《中华人民共和国国际刑事司法协助法》第 13 条，ICSID "向中华人民共和国提出刑事司法协助请求的，应当依照刑事司法协助条约的规定提出请求书。没有条约或者条约没有规定的，应当在请求书中载明下列事项并附相关材料：1. 请求机关的名称；2. 案件性质、涉案人员基本信息及犯罪事实；3. 本案适用的法律规定；4. 请求的事项和目的；5. 请求的事项与案件之间的关联性；6. 希望请求得以执行的期限；7. 其他必要的信息或者附加的要求。…… 请求书及所附材料应当附有中文译文"。考虑到 ICSID 与中国政府间并未缔结刑事司法协助条约的情况，ICSID 若向中国提出刑事司法协助请求时应向中国政府做出互惠承诺。

在中国，"司法部等对外联系机关负责提出、接收和转递刑事司法协助请求，处理其他与国际刑事司法协助相关的事务。中华人民共和国和外国之间没有刑事司法协助条约的，通过外交途径联系"①。按照该条规定，ICSID 只能通过中国外交部向我国政府提出反腐司法协助请求。此外，依照《中华人民共和国国际刑事司法协助法》第 6 条，我国国家监察委员会、最高人民法院、最高人民检察院、公安部、国家安全部等部门是开展国际刑事司法协助的主管机关，按照职责分工，审核向外国或国际组织（如 ICSID 等）提出的刑事司法协助请求，审查处理对外联系机关转递的外国或国际组织提出的刑事司法协助请求，承担其他与国际刑事司法协助相关的工作。中华人民共和国和 ICSID 在刑事案件调查、侦查、起诉、审判和执行等活动中相互提供协助，包括送达文书，调查取证，安排证人作证或者协助调查，查封、扣押、冻结涉案财物，没收、返还违法所得及其他涉案财物以及其他协助。②

（三）ICSID 向中国国家机关请求安排证人作证或者协助反腐调查

ICSID 在解决涉腐国际投资争端过程中，若有必要还可以请求外国政府（主要为东道国政府）协助安排证人、鉴定人赴外国作证或者通过视频、音频作证，或者协助调查。依照《中华人民共和国国际刑事司法协助法》规定，ICSID 向中华人民共和国请求安排证人、鉴定人作证或者协助调查的，请求书及所附材料应当根据需要载明"1. 证人、鉴定人的姓名、性别、住址、身份信息、联系方式和有助于确认证人、鉴定人的其他资料；2. 作证或者协助调查的目的、必要性、时间和地点等；3. 证人、鉴定人的权利和义务；4. 对证人、鉴定人的保护措施；5. 对证人、鉴定人的补助；6. 有助于执行请求的其他材料"诸事项。③

（四）ICSID 与中国国家机关在投资争端财政义务方面的相互承认与抵扣执行

参照 ICSID 公约第 54 条第 1 款，我国应承认 ICSID 依照公约做出的裁决具有约束力，并在中国领土内履行该 ICSID 裁决所加的财政义务，正如该裁决是中国法院所作的最后判决一样。另外，假若 ICSID 仲裁庭已作出了对外国投资者不利的裁决，而此后内国的反腐国家机关又启动了跨国投资腐败调查程序，

①　《中华人民共和国国际刑事司法协助法》第 5 条。
②　《中华人民共和国国际刑事司法协助法》第 2 条。
③　《中华人民共和国国际刑事司法协助法》第 32 条。

那么内国反腐国家机关的最终罚金能否用 ICSID 仲裁中投资者所遭致的经济损失来抵扣呢？对此，正如上文中所提到学者 Rashna Bhojwani 认为，罚金抵扣的数额可相当于在东道国提请腐败抗辩情形下外国投资者未能获得支持的 ICSID 诉请金额。该项建议的可取之处在于一定程度上寻求减缓外国投资者所遭受的腐败成本，从而内国反腐国家机关和东道国腐败抗辩的共同作用不至于构成影响外国直接投资输入的障碍。

反过来，针对在 ICSID 裁决作出前就已审结的内国反腐司法或行政执法案件，基于公平法律原则与"一事不再罚"一般法律原理，内国国家机关的财政处罚结果不能重复适用于 ICSID 裁决的财政义务部分。如"采用财物或者其他手段贿赂单位或者个人，以谋取交易机会或者竞争优势"的外国投资者，违反《中国反不正当竞争法》第 7 条规定："贿赂他人的，由监督检查部门没收违法所得，处十万元以上三百万元以下的罚款。情节严重的，吊销营业执照。"① 外国投资者依照该条已被执行的罚款，可得到 ICSID 裁决的财政义务抵扣。同样地，依照我国《刑法修正案（9）》第 390 条规定②，外国投资者犯行贿罪被中国司法机关施以罚金或者没收财产的，其已被执行的财政处罚可用于抵扣 ICSID 裁决中的财政方面的不利结果。③

可以毫不夸张地说，ICSID 与我国内国执法机关间反腐协作机制的构建是跨国投资国际合作反腐法治的必然结果。《中华人民共和国国际刑事司法协助法》为创设我国反腐执法机关与如 ICSID 的国际组织间的反腐国际刑事司法协助机制提供了国内法依据，该法的施行丰满了我国在国际协作反腐领域的负责任大国形象。"人类命运共同体"理念考察下的国际投资仲裁反腐法治协作机制构建是国际投资腐败问题全球法治的中国方案，而中国特色国际投资反腐法治协作机制的构建必将成为中国特色社会主义法治体系建设的有机组成部分。

---

① 中国《反不正当竞争法》（2017 年修订）第 19 条。
② 对犯行贿罪的，处五年以下有期徒刑或者拘役，并处罚金；因行贿谋取不正当利益，情节严重的，或者使国家利益遭受重大损失的，处五年以上十年以下有期徒刑，并处罚金；情节特别严重的，或者使国家利益遭受特别重大损失的，处十年以上有期徒刑或者无期徒刑，并处罚金或者没收财产。
③ 银红武. ICSID 与内国执法机关间反腐协作机制的构建：缘起、法律基础与策略［J］. 武大国际法评论，2020（2）：101-113.

结　语

迄今，人类命运共同体理念已凝练为全党举国共识，体现了我国完善和发展中国特色社会主义制度的民族自信与决心，闪烁着我党率领全国人民推进国家治理体系和治理能力现代化的智慧光芒。从另一层面讲，人类命运共同体理念作为国际法治和国内法治衔接与互动的"链接点"已发展成为新时代中国特色社会主义法治体系建设的内在要求与检视标准。

构建人类命运共同体思想契合当代国际法发展大势，富含中国传统法治文化底蕴，体现新时代中国共产党推进国际法治的责任担当，为国际法指明了以人类为中心、以人类社会整体利益和共同的前途命运为依归的新的价值目标。人类命运共同体思想包括"持久和平、普遍安全、共同繁荣、开放包容、清洁美丽"五大支柱，都具有丰富的国际法内涵。

"人类命运共同体"概念并非"正宗"法学话语。在人类命运共同体概念或理念"并入"或"移植"至国际投资法规范内从而实现国际投资法制度化的路径上，首先应厘清这个新概念与国际法中既存的重要概念（尤其是类似概念）之间的关系。其次，应大力研究将"人类命运共同体"概念"并入"国际投资法规范体系的技术路径。诚然，人类命运共同体理念的制度化需要进行多领域的理论探索和多层面的社会实践，是一个立体贯通的法治系统工程。人类命运共同体的法治构建包括国际立法与国内立法两个层面。国际社会应采取先国际法"植入"技术路径后国内法"植入"技术路径的顺序，主要发力于人类命运共同体理念制度化的多主体能动性，重点利用联合国框架下的对话机制使"持久和平""普遍安全""共同繁荣""开放包容"与"清洁美丽"等核心价值获得多边普遍认可并推动理念共识的法律成果化，针对国际法的各法律渊源形成实体规范，围绕立法、执法与司法环节进行程序设计，将构建人类命运共同体这一宏大叙事通过理论论证落实到具体实践，最终实现均衡发展、公正可行的全球治理规制的革新构建。从辩证法的角度看，对人类命运共同体的塑造，不仅仅是一个外交策略问题，还是一个牵涉到国内政策调整的问题，否则内外不一致必然会造成内外法律体系、话语体系等逻辑中断。

就现实而言，人类命运共同体理念的国际投资法制度化可具体表现为：人类命运共同体共商共建原则之国际投资法多边化发展；人类"共有物"领域国际共同投资与利益共享规则创制；人类命运共同体生态环境保护理念与涉环境国际投资仲裁的各方利益均衡实践；以及"丝路国家"国际投资争端解决机制"多边"共享与方式创新等。

国际投资法表现出公法的所有特征——它并非是建立在司法平等主体间的一种对等互惠关系的基础上，而是牵涉到东道国与个人投资者间的行政监管关系。总体而言，国际投资法关涉对公共权力的行使进行裁决控制，同时也赋予非国家主体"刺穿"东道国主权"盾牌"的权利。国际投资法作为全球公法的全球性正是因为它使得这一公法制度在全球层面得以适用，并体现了国内法与国际法的交错结合关系。毋庸置疑，全球公法性已成为国际投资法的典型性特征。因此，在国际公法规则与一般原则的规范下，再加之全球行政法与全球宪政主义理念的指导，国际投资法中的有关公共利益就纯粹升格为一种国际利益，或者用更精确的术语讲，即为全球公共利益。国际投资法作为全球治理的组成部分，必然包含对冲突利益（如个人权益与集体利益间的冲突，或者外国投资者权利与全球公共利益间的冲突）的解决。

在国际投资仲裁发展的过去几十年里，仲裁争端方及其代理律师基于击败竞争对方，增加己方胜诉机会的意图，琢磨出了一套"颇具新意的"仲裁程序策略。其中，"程序滥用"这一仲裁策略日益引发国际投资仲裁实务界与理论界的担忧，而在国际投资仲裁活动中如何对"程序滥用"行为实行甄别并有效应对也成为国际社会普遍关心的新议题。自20世纪90年代以来，腐败问题在ICSID投资仲裁中日益被引起重视，有时甚至发展成为案件审理的关键或争议焦点。伴随着国际投资争端解决的日益专业化与职业化发展态势，投资争端方在投资仲裁程序中屡屡提出腐败抗辩用作挫败对方种种诉请的一项庭审应对策略（即便是案件涉及外国投资者与东道国政府或官员均卷入腐败的情形）。总体而言，投资仲裁庭对外国投资者所提起的腐败抗辩进行了有别于应对东道国腐败抗辩的不同实践。这也从一个侧面表明了，投资者腐败抗辩的"程序滥用"伎俩无法与东道国滥用腐败抗辩"诉讼权利"所取得的实际效果相提并论。有鉴于此，投资者腐败抗辩的"程序滥用"风险远小于东道国在仲裁程序中"滥用程序权利"的风险。在现实中，更应防范并加强有效规制的主要为东道国利用有关腐败抗辩仲裁规则的"程序滥用"行为。

贪污腐败是全人类的公敌，任何具有正义良知的国家与个人均无法容忍它的滋生与蔓延。经济全球化的发展浪潮下，商业腐败行为的跨国性特征日益彰显。历经过去二十余年的巨大发展变化后，表现为国际规范和国家措施的全球反腐法治标准方兴未艾。跨国投资腐败是全球经济一体化的自然伴生与道德异化现象。反腐法治问题亦逐渐发展成为新近国际投资仲裁的焦点议题之一。在国际社会"推动构建人类命运共同体"与"一带一路"建设纵深推进的当今，反思以 ICSID 为代表的国际投资仲裁机构的反腐法治实践无论是对跨国投资腐败问题全球法治还是中国特色国际投资反腐法治协作机制的创建都具有重要的启示意义与实际价值。

尽管 ICSID 仲裁庭在涉及腐败的国际投资争端案中对争端当事方的腐败抗辩予以了审慎考虑并做出了相应裁决，但部分裁决法理饱受诟病：譬如适用"遵照东道国法律法规"条款的不确定性问题；现行涉腐国际投资仲裁法理"简单粗暴式"演绎与仲裁适用法具体细化要求间的差距；仲裁庭对涉腐投资拒绝行使管辖权有悖于程序正义；仲裁庭"甩锅式"拒绝行使管辖权导致国际投资法政策目标落空等。此外，投资仲裁庭还遭遇腐败证明的高标准应然要求与仲裁庭反腐调查职权的先天实然不足矛盾，以及投资仲裁中东道国腐败追责机制缺失与外国投资者单独担责的权益保护失衡等现实困难。

建议对目前的 ICSID 涉腐投资仲裁实践进行完善改进，解决路径有三方面：一是明确 ICSID 仲裁庭不得依当前推理对涉腐投资主张无管辖权，仲裁庭应对腐败行为进行本质剖析；二是 ICSID 仲裁庭须采纳利益均衡仲裁方法；三是注重国际投资仲裁反腐法治的"良法善治"因应。通过对国际投资仲裁机构与内国反腐执法机关间腐败治理职能的重合特征与功能贯通的实际意义进行反思，充分意识到构建 ICSID 与内国反腐执法机关间协作机制的现实必要性，不断完善两者间腐败应对协作机制构建的法律基础，重视 ICSID 仲裁庭与内国反腐执法机关间腐败应对协作机制的实际运作，既与"人类命运共同体"理论所强调的全球公共利益保护与国际合作原则高度契合，又是全球法治理念在跨国投资腐败治理事项上的具体表现与重要实践。

　　"人类命运共同体"理念考察下的国际投资仲裁反腐法治协作机制构建是国际投资腐败问题全球法治的中国方案，而中国特色国际投资反腐法治协作机制构建是中国特色社会主义法治体系建设的有机组成部分。通过示范性建构 ICSID 与我国国家机关间反腐法治协作机制，将我国的成功经验向其他国家推广，完成人类命运共同体理念的国际投资法制度化具体实践，既是中国推动构建人类命运共同体的应有担当与大国使命，亦是在当今国际投资法规范转型的关键时期提升我国的国际投资法范式创新话语权的具体表现与实际举措。

　　可以毫不夸张地说，ICSID 与我国内国执法机关间反腐协作机制的构建是跨国投资国际合作反腐法治的必然结果。《中华人民共和国国际刑事司法协助法》为创设我国反腐执法机关与如 ICSID 的国际组织间的反腐国际刑事司法协助机制提供了国内法依据，该法的施行丰满了我国在国际协作反腐领域的负责任大国形象。

附录一

主要涉腐国际投资仲裁案的裁决关键考察点

仲裁案	"腐败"是作为投资者诉请事由，还是作为东道国抗辩得以提出	所声称的"腐败"是否发生于投资之初？	仲裁庭是否明确讨论或分析了"腐败"事项？若是，有何重要主张？	仲裁庭处置"腐败"事项时所处的程序阶段	"腐败"事项是否得到东道国的调查或起诉？	外国投资者是否被裁决受损或获赔偿裁决？	腐败抗辩是否获支持？腐败是否为结果决定因素？
1. World Duty Free v. Kenya IC-SID. Award: Oct. 2006 合同仲裁（ICSID 公约亦得到适用）	当申请方递交备忘录后东道国提出腐败抗辩。基于行贿得以承认（投资者备忘录的证人证词附件），东道国动议人证的仲裁程序终止。	是。1989 年 200 万美元的贿金（其中包括给肯尼亚时任总体 Moi 个人的 50 万美元）得到了申请方首席执行官的亲口承认为必要条件认为"假若想得到投资合同的话"。	是。仲裁庭拒绝以下观点：–依据肯尼亚"文化规范"，"个人捐赠"是有效的；–总统的腐败行为归责于东道国；–贿赂可与主合同分割开来；–投资者不法行为应与肯尼亚总统的不法行为相抵消。	事实审查阶段（未有单独的管辖权裁定阶段）。	否。仲裁庭认定"肯尼亚总统前未启动起诉 Moi 的程序"的事实"非常恼人"。但起诉程序的缺位并不能阻碍肯尼亚提起腐败抗辩。	否。投资者诉请全然未获支持。仲裁庭指出申请方并未主张非合同形式的救济。	是。"基于腐败所获合同之上的诉请不为仲裁庭所认可。这既符合英国与肯尼亚法律，又符合"国际/跨国公共政策"。肯尼亚主张合同得以撤销的观点得到认可。

续表

仲裁案	"腐败"是作为投资者诉请理由,还是作为东道国抗辩得以提出	所声称的"腐败"是否发生于投资之初?	仲裁庭是否明确讨论或分析了"腐败"事项?若是,有何重要事项主张?	仲裁庭处置"腐败"事项时所处的程序阶段	"腐败"事项是否得到过东道国的调查或起诉?	外国投资者是否被裁决受损或获得赔偿裁决?	腐败抗辩是否获支持?腐败是否为结果决定因素?
2. Metal – Tech v. Uzbekistan IC-SID. Award: Oct. 2013	在申请方主要证人作认承认贿赂事实后,东道国提出腐败抗辩。重要的是,仲裁庭自身随后寻求进一步的信息以及证人证据。	是。投资伊始,四百多万美元作为咨询费支付给包括申请人总理兄弟在内的人等。	是。与其他因素一道,诸如相较于投资规模的支付金额、咨询知识以及质服务等因素被视为腐败的"红线"。正如WDF v. Kenya案,申请方证人的腐败事实承认具有决定作用。仲裁庭认为没有必要对举证责任与证据标准进行裁定。	事实审查阶段。仲裁庭将同等看待责任与管辖权(两者仅在所区别),认为申请方对仲裁庭管辖权的反对与案件自身曲直是两方面问题。	事实表明并非如此。仲裁庭基于咨询协议得出腐败存在的结论,理由在于申请人承认腐败通过自行调查以及仲裁庭所获得的进一步证据。	否。很显然,仲裁庭由认定自身缺乏管辖权也意味着东道国同意的裁定的反请求同样不能得到考虑。	是。鉴于依据乌兹别克斯坦出法律,腐败为非法行为,这也就意味着所涉投资并不为BIT所保护(即东道国并未就非法投资同意仲裁庭管辖),故仲裁庭对本案件自身裁定无管辖权。

续表

仲裁案	"腐败"是作为投资者由诉请还是作为东道国抗辩得以提出	所声称的"腐败"是否发生于投资之初?	仲裁庭是否明确讨论或分析了"腐败"事项?若是,有何重要主张?	仲裁庭处置"腐败"事项时所处的程序阶段	"腐败"事项是否得到过东道国的调查或起诉?	外国投资者是否被裁决受损或获赔偿裁决?	腐败抗辩是否获支持?腐败是否为结果决定因素?
3. Siemens v. Argentina IC-SID:裁决书:2007;2009年撤销程序终止。德国—阿根廷双边投资条约	鉴于西门子公司前高管在德国法院亲口承认公司的腐败行为(此后,被美国司法部认定违反美国《外国腐败行为法》),东道国寻求将2007年ICSID裁决书予以撤销。	是。西门子公司一子公司前高管在其(非仲裁)程序中供认,为了确保获得合同,曾行贿9700万美元。注意:根据德国—阿根廷双边投资条约,投资须符合东道国法律条款。	否。阿根廷仅在ICSID撤销委员会面前提起贿赂抗辩,请求对先前裁决书所作的裁决予以撤销。事情原委为德国报纸曝光了一位西门子前高管的证词,承认对官员行贿确保获得具体合同。	仲裁庭并未在裁决书中直接处置腐败事项。值得注意的是,报告中阿根廷试图在最初的仲裁程序中与腐败相关的证人进行质询,但仲裁庭以阿政府未能及时提及腐败抗辩而拒绝采纳相关证据。	未有迹象表明阿根廷主管部门对涉嫌卷入西门子公司贿赂事件的官员提起公诉。	否。事实上,西门子公司最终放弃了其在先前ICSID裁决书中所赢得的2.18亿美元的赔偿。	是。腐败虽是在仲裁程序外得以承认,但对仲裁案件作出裁决起了直接影响作用——2008年阿根廷提请先前ICSID仲裁作出的裁决予以撤销(鉴于西门子公司的高管承认合同是通过贿赂阿根廷官员而获得的)。此后不久,西门子公司对先前裁决书中的权利予以放弃。

续表

仲裁案	"腐败"是作为投资者诉请事由,还是作为东道国抗辩得以提出	所声称的"腐败"是否发生于投资之初?	仲裁庭是否明确讨论或分析了"腐败"事项?若是,有何重要主张?	仲裁庭处置"腐败"事项时所处的程序阶段	"腐败"事项是否得到过东道国的调查或起诉?	外国投资者是否被裁决受损或频谱获得赔偿裁决?	腐败抗辩是否获支持?腐败是否为结果决定因素?
4. Azpetrol v. Azerbaijan IC-SID. 裁决书:2009年9月。《欧洲能源宪章条约》	东道国将腐败作为抗辩事由提出。投资监管部门官员承认受贿方在争端双方的共同请求下延期审理程序。东道国随后基于国际公共政策申请仲裁庭驳回申请方诉请(主张对"非法"投资不拥有管辖权)。	否。所据称的2006年贿赂疑是在阿塞拜疆官员认受贿后,在压力下而支付的。在2006年的交叉质证环节中,申请方的关键证人承认曾向阿政府官员行贿,但证人后来却不承认自己所作的证词。	否。鉴于仲裁庭认为争端双方在2008年12月并未达成有效的争端解决协议,故没必要讨论贿赂问题。	管辖权审查阶段(尽管仲裁庭的最终裁定是以"裁决书"形式作出的)。	是。在听证过程中承认行贿后没多久,东道国表示该证词被用于反腐调查,以便对所涉公阿塞拜疆官员提起公诉。	争端双方之间已达成有拘束力的争端解决协议。	否。基于仲裁庭裁定争端双方已达成有拘束力的争端解决协议,自身无管辖权,故案件得以终止(从而进一步的法律纠纷")。然而据推测,政府官员承认受贿后争端解决协议达成事项上起了较大作用。

续表

仲裁案	"腐败"是作为投资者诉请理由,还是作为东道国抗辩提出	所声称的"腐败"是否发生于投资之初?	仲裁庭是否明确讨论或分析了"腐败"事项?若是,有何重要主张?	仲裁庭处置"腐败"事项所处的程序阶段	"腐败"事项是否得到过东道国的调查或起诉?	外国投资者是否被裁决受损或获得赔偿裁决?	腐败抗辩是否获支持?腐败是否为结果决定因素?
5. SPP v. Egypt ICSID 裁决:1992 年 5 月 20 日《埃及外商投资法》(参照《ICSID/华盛顿公约》)	东道国援用腐败事由作为抗辩,寻求被投资者诉请作为仲裁庭受理为不予因于(或归因于其获利因投资者任何诉请都是站不住脚的)。	是。埃及"反复指"投资通过腐败活动获得的(即"非正常商务关系")。	是的,尽管腐败控诉仅被简略讨论过。全面讨论仅出现于埃及所方面指定的仲裁员所出具的少数意见书中,该仲裁员认为仲裁庭本应进一步审查腐败指控。持不同意见仲裁员表示,仲裁庭的程序令应将举证责任转至投资者,由其对 15 年前所开销的 150 万美元"拓展费"进行正当性说明。	事实审查阶段(仲裁庭尽管管辖权审查阶段似乎并未提及腐败问题)。	否。事实上,仲裁庭强调涉及埃及政府拒绝指明涉嫌腐败的具体官员。	是。仲裁庭裁决 SPP 公司获赔偿 2700 万美元。	否。(注意:持少数意见仲裁员坚持认为投资者存在腐败行为)。

续表

仲裁案	"腐败"是作为投资者诉请理由,还是作为东道国抗辩得以提出	所声称的"腐败"是否发生于投资之初?	仲裁庭是否明确讨论或分析了"腐败"事项?若是,有何重要主张?	仲裁庭处置"腐败"事项时所处的程序阶段	"腐败"事项是否得到东道国的调查或起诉?	外国投资者是否被裁决受损或获赔偿裁决?	腐败抗辩是否获支持?腐败是否为定案结果决定因素?
6. Wena v. Egypt ICSID. 裁决书: 2000年12月8日。英国—埃及双边投资条约》	东道国将投资者的腐败行为作为自身的抗辩事由。	是。埃及声称该案埃及投资者控制公司的合同是通过行贿后者董事长而获得的。	是。尽管只是简要讨论过,但事实真是如果的话,腐败将成为驳回投资者诉请的理由。仲裁庭强调很难在合法与非法合同(非法佣金)间划线区分。	事实审查阶段。(腐败似乎并未在管辖权审查阶段被提及)。	否。因为埃及未能对涉嫌腐败的官员进行起诉,仲裁庭不愿意豁免埃及政府的责任。	是。仲裁庭裁定Wena公司获赔超过2000万美元。	否。依仲裁庭的观点,该案缺乏腐败的充分证据。

续表

仲裁案	"腐败"是作为投资者提起仲裁请求理由,还是作为东道国抗辩得以提出	所声称的"腐败"是否发生于投资之初?	仲裁庭是否明确讨论或分析了"腐败"事项,有何重要主张?	仲裁庭处置"腐败"事项时所处的程序阶段	"腐败"事项是否得到东道国的调查或起诉?	外国投资者是否被裁决支付或获得赔偿裁决?	"腐败"抗辩是否获支持?腐败是否为决定结果为因素?
7. Tanzania Electric Supply Company ("Tanesco") v. Independent Power Tanzania Limited ("IPTL")。ICSID。裁决书:2001年7月。合同仲裁(依据《ICSID/华盛顿公约》)	东道国国有公司提起针对投资者的贿赂案。引人注目项,该案是比较罕见的投资仲裁案:国家实体作为申请方,而投资者却作为被申请方。作为国有公司的Tanesco称本国政府官员的腐败行为是其行使撤销合同权的理由。	是。外国投资者与国有能源公司的协议是投资者通过贿赂政府官员(并非Tanesco雇员)而获得的。	是。仲裁庭指出,贿赂指控根据合同准据法(坦桑尼亚法律)得以解决。仲裁庭给予了"Tanesco"撤回贿赂指控的选择,但申请方拒绝这一建议。于是仲裁庭表示将进行裁判。需注意的是,被诉的两位官员表示曾断然拒绝了行贿。第三位女性官员声称收了一笔钱,并为项目提供了帮助。但仲裁庭表示(i)若没有所称的贿赂,她可能已对IPTL项目投反对票或施加了不利影响;或者(ii)她的支持十分关键或确实改变了事实。	事实审查阶段——贿赂案诉讼发生于的"稍晚"阶段——仲裁庭作出关于临时措施(1999年12月)与先决之后的决定之后,但又刚好处于事实审查会召开之前的时间段,并非为仲裁庭管辖权审查阶段。1999年12月20日仲裁庭在口头听证会上就拒绝了Tanesco关于对贿赂案件进行调查的请求。	是。然而,调查并不完全,于是Tanesco提出延期申请。据说,腐败调查自1997年断续进行。最终,仲裁庭未同意Tanesco的延期申请。	是。投资协议书被裁决为有效,可强制执行。国有公司须遵守履行。	否。Tanesco所提供的控诉IPTL代理人对坦桑尼亚能源部三位官员(并非Tanesco)行贿的有限证据即便予以采信,尚不足以支持PPA应裁决为无效的观点。当事方承认送出且国有公司官员未拒收的唯一"假日红包"仅为200美元。

续表

仲裁案	"腐败"是作为投资者起诉请理由,还是作为东道国抗辩得以提出	所声称的"腐败"是否发生于投资之初?	仲裁庭是否明确讨论或分析了"腐败"事项?若是,有何重要主张?	仲裁庭处置"腐败"事项所处的程序阶段	"腐败"事项是否得到东道国的调查或起诉?	外国投资者是否被裁决受损或获赔偿裁决?	腐败抗辩是否获支持?腐败是否定因素?决定结果如何为结
8. Methanex v. U. S. NAFTA/ UNCITRAL 裁决书:2005 年 8 月。《北美自由贸易协定》	投资者控诉前加利福尼亚州长的腐败行为是对《北美自由贸易协定》中投资保护标准中最低国民待遇义务的违反。	否。被控诉的腐败发生于投资者捐资的竞争对手捐资 26 万美元给时任副州长 Davis 用作其后当任的州长竞选活动,以此换取投资者投资处于不利地位,进而对捐资者有利的行政决定。	是,尽管仲裁庭强调,投资者并未声称所谓的"腐败"已构成受贿或应受刑事处罚的行为。腐败只是词语实施官员对所谓的不公平待遇的表征。仲裁庭坚持认为,假若"回报"安排确实存在,那么即便竞选捐款也有可能被视为腐败行为。就腐败申款而言,仲裁庭表明愿意采用"线索申联"(即具体情形下的证据亦具有证据力)厘清有关头绪。	事实审查阶段,仲裁庭管辖权问题的审查被放置于事实审查阶段,在最终的事实裁决书中认定自身无管辖权,对部分诉请无管辖权,对于其拥有管辖权的诉请亦基于本案情而被驳回。	鉴于美国并不认为竞选捐款所采取的措施为非法,故没有必要进行调查。	否。投资者所抱怨的美国政府所采取的措施被视为国家主权的正当行使。	否。鉴于立法程序透明且程序正当并历经了公平审查,仲裁庭审查所称的腐败决所称的腐败站不住脚。

续表

仲裁案	"腐败"是作为投资者诉请理由,还是作为东道国抗辩得以提出	所声称的"腐败"是否发生于投资之初?	仲裁庭是否明确分析了"腐败"事项?若是,有何重要主张?	仲裁庭处置"腐败"事项时所处的程序阶段	"腐败"事项是否得到东道国的调查或起诉?	外国投资者是否被裁决丢失损失或得获赔偿裁决?	腐败抗辩是否获支持?腐败是否为结果决定因素?
9. Industria Nacional v. Peru(先前的 Lucchetti v. Peru 案件)ICSID 裁决书:2005 年 2 月;撤销决定书:2007 年 9 月。《智利—秘鲁双边投资条约》	东道国提起针对投资者的腐败抗辩。然而,在撤销程序中,却是投资者作为起诉腐败事项,声称仲裁庭拒绝行使管辖权的部分依赖于秘鲁所谓的投资者的腐败观点,但却没有给投资者就行腐败抗辩的反驳的机会。	否。据称,腐败发生于投资的整个过程(尽管当地政府法规要求投资者停止经营,通过贿赂据说投资者据此法院作出使得其继续允许其事业务的判决)。	腐败问题讨论得很简洁。仲裁庭表示,(假若者被该案证实)将肯最终影响案件结果为一个单独的理由,但对此进一步讨论仲裁庭认为没有必要。	管辖权审查阶段。仲裁庭在管辖权审查阶段对腐败事项予以了听取,但基于撤销仲裁庭最终裁定自身无管辖权。然而需注意的是,对撤销裁决同意的问题持不同意见的富兰克·伯尔曼爵士表示,当事实足够清楚时,在仲裁程序初期所提出的反对应放置于审查阶段一同处理。	不清楚。利马市政委员会在其撤销投资者经营许可的行政令序言中认定,对其有利的法院判决对其本身是非法的(有灵音磁带为证)。但撤销决议书中并未包含有关公共机关是否基于所声称的非法是否于所谓的政府官员对投资提起诉。	否。鉴于仲裁庭基于管辖权理由已裁定自身无管辖权,故其拒绝进行就腐败抗辩诉进行裁决。	否。然而撤销委员会的一位成员(富兰克林·伯尔曼爵士)不同意仲裁庭将其部分归因于利马市政府应测到腐败存在的做法。仲裁庭认定腐败存在所左右(投资者)对此存有异议,而不是亲身去查明腐败的确存在。仲裁认为,仲裁庭此举基本违有程序规则。

续表

仲裁案	"腐败"是作为投资者诉请理由,还是作为东道国抗辩得以提出	所声称的"腐败"是否发生于投资之初?	仲裁庭是否明确讨论或分析了"腐败"事项?若是,有何重要主张?	仲裁庭处置"腐败"事项时所处的程序阶段	"腐败"事项是否得到过东道国的调查或起诉?	外国投资者是否被裁决受损或获得赔偿裁决?	腐败抗辩是否获支持?腐败是否为结果决定因素?
10. Thunderbird v. Mexico NAFTA/UNCITRAL 裁决书:2006 年 1 月。《北美自由贸易协定》。	东道国"暗示"投资者从事腐败,从而提出抗辩。墨西哥曾强烈表示没有直接控诉,投资者创设赌博机构的行为有违墨西哥法律,但动能获得政府方面的推广允许(这本身即是通过向律师/游说人士操作成本的,后者确保获得墨西哥政府的赞同意见(假若其他性的话,赌金则更高)。	是,尽管与投资契约无关。腐败被暗指存在于投资者确保获得其运营博彩机构所需许可的过程中。	是。腐败同题在主裁决书中讨论得较为简洁,但 Thomas Walde 意见书在其少数意见书中南述得比较详尽,对仲裁员们均认为,对腐败的"推断"与"假想"如果不能由控诉方直接提出的话将有违公平所应循原则。少数腐败意见书还表示:就腐败证据而言,并不要求"足够的佐证";"举证责任倒置;以及仲裁员应积极主动搜索腐败(线索)。	事实审查阶段(非管辖权审查阶段)。	并不清楚,但从裁决书看来,墨西哥政府并未进行任何调查或正式调查行为。	否。仲裁庭表示,政府明显错误的决定不可能引发"正当期待"。	否。然而需指出的是,少数意见书质疑"腐败影射"对案件蒙上了一层"厚厚的乌云",而这也影响了多数意见仲裁员对数据的分析,"可能使仲裁裁决书变了味"。

续表

仲裁案	"腐败"是作为投资者诉请理由,还是作为东道国抗辩得以提出	所声称的"腐败"是否发生于投资之初?	仲裁庭是否明确讨论或分析了"腐败"事项?若是,有何重要主张?	仲裁庭处置"腐败"事项时所处的程序阶段	"腐败"事项是否得到东道国的调查或起诉?	外国投资者是否被裁决受损或获赔偿裁决?	腐败抗辩是否获支持?腐败是否为结果决定因素?
11. F-W Oil Interests, Inc. v. Trinidad and Tobago. ICSID 裁决书:2006年3月。《美国-特立尼达和多巴哥双边投资条约》	投资者提出,腐败有违双边投资条约。随后,投资者撤回了关于东道国官员索贿的指控。然而,投资者坚称,官员的确要求行贿,投资者也在两个场合曾向东道国首相报告过这一情况。	是。投资者早在与东道国国家国有能源公司商谈油气开发项目时即声称对方涉嫌腐败。据称,被索要150万美元用以行贿,但投资者拒绝支付。	是,虽然讨论得较宽泛(鉴于投资者撤回了其腐败指控,但仲裁庭亦强调,若腐败指控得到证实,这将在很大程度上影响仲裁庭对该案所持的观点,尤其是有关双边投资条约对外资待遇的标准。仲裁庭亦表示自身无权迫使个人出庭,着重指出腐败与经济发展之间的联系(后者是缔结双边投资条约与创设银行集团的目的)。	事实审查阶段(仲裁庭管辖权问题被放置事实审查阶段而没有因而没有单独的管辖权决定)。	没有迹象表明就投资者的控诉进行过正式的调查。	否。鉴于未有"投资"且申请方并未取得任何权利(合同关系并未创建),故投资者诉请被驳回。	否。一旦争端方放弃他们对腐败的信赖,即仲裁庭就其进行任何理由裁判,相反其这样做的理由倒较为充分。

仲裁案	"腐败"是作为投资者诉请理由，还是作为东道国抗辩得以提出	所声称的"腐败"是否发生于投资之初？	仲裁庭是否明确讨论或分析了"腐败"事项？若是，有何重要主张？	仲裁庭处置"腐败"事项时所处的程序阶段	"腐败"事项是否得到东道国的调查或起诉？	外国投资者是否被裁决或受损得或获得赔偿裁决？	腐败抗辩是否获支持？腐败是否为决定结果因素？
12. Inceysa v. El Salvador ICSID 裁决书：2006 年 8 月。《西班牙—萨尔瓦多双边投资条约》。	东道国在投资者的投标中提出欺诈抗辩。（投资者被授权提供备检测服务。）在另一个招投标中，萨尔瓦多指控投资者的腐败行为，并以此证明后者的行为方式（但对本案合同并未直接指控存在腐败）。	是，尽管略略指控并未直接对东明确——仅一对萨尔瓦多指控投资者在 ICSID 程序中暗指腐败行为。	否。仲裁庭集中讨论合同项下的投资，认为投资者在与政府的最初文件中进行了欺骗性的虚假陈述，故投资行为违法。投资者敬查提交了虚假的财务文件，并对自身资格进行了虚假陈述。	管辖权审查阶段。	东道国在招标程序中对投资者的不当行为进行了明确调查，但从裁决书来看似乎并未对涉嫌欺诈的参与者提起了公诉（仅仅暗指腐败存在）。	否。仲裁庭考虑到因为欺诈事由，投资并非"遵照法律"作出，遂拒绝行使管辖权（《西班牙—萨尔瓦多双边投资条约》包含投资必须遵照东道国法律作出的条款）。	否。尽管被暗指，但腐败并不在讨论之列。欺骗性的虚假陈述还被调查明，从而成为结果的决定要素（仲裁庭拒绝行使管辖权）。

续表

仲裁案	"腐败"是作为投资者诉请受理的理由,还是作为东道国抗辩得以提出	所声称的"腐败"是否发生于投资之初?	仲裁庭是否明确讨论或分析了"腐败"事项?若是,有何重要主张?	仲裁庭处置"腐败"事项时所处的程序阶段	"腐败"事项是否得到东道国的调查或起诉?	外国投资者是否获裁决赔偿损失或获得赔偿裁决?	腐败抗辩是否获支持?腐败是否决定因素?腐败是否为结果决定因素?
13. Fraport v. Philippines ICSID 裁决书:2007年8月;撤销决定书:2010年12月《德国—菲律宾双边投资条约》	东道国抗辩称投资者明显违法且存在欺诈。裁决书中多个部分论及腐败指控,但东道国最终并未将其直接纳入讨论范围。	是。裁决书及所出现的多项腐败指控,非法律实与外国多个体亦曾广泛讨论腐败指控,然而,所证会并未将这些指控入讨论之列。	否。仲裁庭确曾讨论过相关事项——明显违反东道国法律的行为将导致无权管辖争端。仲裁庭强调调,违法行为需在投资"开始"即出现才能致使法至于证据标准,实施刑法的庭表示"排除合理怀疑"的门槛标准并没有必要,撤销委员会并未对仲裁庭的先前裁决予以撤销。	实体审查阶段。仲裁庭同时所取了争端方关于管辖权与责任的观点。尽管最终基于无管辖权而撤销了案件,但仲裁庭取了投资者所陈述的实体意见。	东道国确曾调查过投资者的行为,但围绕法于反腐秘密条约的所称的有关于东道国秘密条约的情形,并非围绕腐败问题展开调查。此外,菲律宾参议院似乎就违法行为,亦建立了投资议院展开调查,亦发现了投资腐败展开调查,但似乎未将其转化为实际行动。重要认为,假设东道国忽视腐败的话,则会发生"禁止反言"的违法情形。仲裁庭注意到公诉人对作为违法证据的股东"秘密"协议不知情。然而,撤销委员会认定,先前仲裁庭基于无知"严重违反了基本程序规则",这给予争端一未能给予争端方就这一事项提供充分陈述的机会。	否。鉴于投资一开始即明显违反非于法,进而违反东道国法律的"遵照双边法律投资条约"于"不诚信"投资,故仲裁庭得以撤权,裁决书得以撤销。菲律宾检察机关未在非律宾检察机关关文定驳回有关于"禁止股东秘密协议"的违法控诉方面的违反本程序规则"撤销仲裁员对端不能就听证方案无分的获听证权利,而这从根本上讲对外国投资者有利。	否。尽管在投资作出一开始就公然违反反东道国公然相违反的行为被视为对结果产生意质作用,仲裁作用果需注意的是,仲裁庭持少数意见的Cremades博士质疑是否投资者的行为应被视为一个管辖权问题(依他自己的观点,这将在每个投决定权),这将仲裁东道国对投资者行为),这将仲裁委案件中有效确定的决定同意。会关于争端未提及决的决定未提交及腐败同意。

续表

仲裁案	"腐败"是作为投资者申请理由，还是作为东道国抗辩得以提出	所声称的"腐败"是否发生于投资之初？	仲裁庭是否明确讨论或分析了"腐败"事项？若是，有何重要主张？	仲裁庭处置"腐败"事项时所处的程序阶段	"腐败"事项是否得到东道国的调查或起诉？	外国投资者是否被裁决受损或获得赔偿裁决？	腐败抗辩是否获支持？腐败是否为结果决定因素？
14. African Holding Company of America, Inc. etSociété Africaine de Construction au Congo S. A. R. L. v. Democratic republic of the Congo ICSID 裁决书：2008年7月。《美国—刚果双边投资条约》	东道国提起针对本土仲裁申请方与前蒙博托政权在签署工程建造合同方面存在腐败的控诉。	是。工程建造合同本身被怀疑为腐败所玷污。	是。尽管讨论得有些简略。仲裁庭表示，单凭合同的确保过招投标程序这一事实不足以认定存在腐败。仲裁庭强调，假若要其他被诉行为污腐败招致合同的裁定，则必须提供强有力的（即不可辩驳的）证据（诸如源于刑事起诉的证据）。	事实审查阶段。	否。	否。基于属时管辖事由，仲裁庭认为对案件无管辖权。	否。仲裁庭裁定，鉴于所提供的主要证据仅为前蒙博托政权比较笼统的腐败行为（缺乏具体细节），故不足以认定腐败存在。

231

续表

仲裁案	"腐败"是作为投资者诉请理由,还是作为东道国抗辩得以提出	所声称的"腐败"是否发生于投资之初?	仲裁庭是否明确讨论或分析了"腐败"事项?若是,有何重要主张?	仲裁庭处置"腐败"事项时所处的程序阶段	"腐败"事项是否得到东道国的调查或起诉?	外国投资者是否被裁决受损或获得赔偿裁决?	腐败抗辩是否获支持?腐败是否作为结果决定因素?
15. Rumeli Telekom v. Kazakhstan ICSID 裁决书:2008 年 7 月 29 日。《土耳其—哈萨克斯坦双边投资条约》;《哈萨克斯坦外商投资法》。	投资者控诉哈萨克斯坦司法系列腐败行为以及腐败行为以及法官被收买一名法官索贿的事实。	否。投资者声称,哈萨克斯坦法官做出一系列项防止其投资被没收的法律裁决书而向其索贿 40 万欧元。	尽管仲裁申请方对腐败问题进行了相当篇幅的控诉,后者认为所有的记录不足以支撑腐败指控。仲裁庭显得拒绝相信申请方所提供的公共消息报道以及联合国机构的有关哈萨克斯坦司法系统涉嫌腐败的报道。	事实审查阶段。	没有迹象表明东道国就申请方所举报的索贿事项开展正式询讯或者作出进一步调查。	是。申请方赢得 1.25 亿美元的裁决书。	否。申请方所控告的关于哈萨克斯坦法官的索贿行为并未被视为能得到有关报道的支撑。

232

续表

仲裁案	"腐败"是作为投资者请求理由,还是作为东道国抗辩得以提出	所声称的"腐败"是否发生于投资之初?	仲裁庭是否明确讨论或分析了"腐败"事项?若是,有何重要主张?	仲裁庭处置"腐败"事项时所处的程序阶段	"腐败"事项是否得到东道国的调查或起诉?	外国投资者是否被裁决受损或获得赔偿裁决?	腐败抗辩是否获支持?腐败是否为结果决定因素?
16. TSA Spectrum v. Argentina 关于 ICSID 管辖权的决定 (决定书: 2008 年 12 月。《荷兰—阿根廷双边投资条约》)。	东道国声称,投资者从阿根廷政府获取电信许可涉嫌腐败。一位证人证实,两笔合计为 1 千万美元的贿赂被支付给阿政府官员。	是。据称,腐败在确保 TSA 获取合同方面非常重要。	并非直接地。仲裁庭同意阿根廷政府观点,认为若投资作出有违东道国法律的话,则投资并非双边投资条约项下的"投资"。仲裁庭所能获得的材料,并不能作出许可万非法取得的结论,但鉴于阿根廷国内的调查仍在继续,所以仲裁庭既非拒绝指控予以同意。	管辖权审查阶段。仲裁庭表示,若本案并非出于其他仲裁权的事由,则可将腐败导致丧失管辖权延后至本案事实审查阶段予以处理(尽管阿根廷主张,只要投资构成有悖于双边投资条约中的"合法"条款,则该问题应作为管辖权事项予以判定)。	是。阿根廷反腐办公室起诉了申请方的两名雇员(原因在于十名雇员在公共职权),谋滥用(公共职权),同时也对儿位政府官员提起公诉。	否。仲裁庭拒绝行使管辖权,原因在于申请方未能满足《ICSID 公约》下的"外国控制"要求。	否。仲裁庭裁定,当时可获得证据并不能确定许可是通过腐败而取得。

续表

仲裁案	"腐败"是作为投资者的抗辩理由，还是作为东道国抗辩得以提出	所声称的"腐败"是否发生于投资之初？	仲裁庭是否明确讨论或分析了"腐败"事项？若是，有何重要主张？	仲裁庭处置"腐败"事项时所处的程序阶段	"腐败"事项是否得到东道国的调查或起诉？	外国投资者是否被裁决受损或获得赔偿裁决？	腐败抗辩是否获支持？腐败是否因素？决定结果为否因素？
17. Siag and Vecchi v. Egypt ICSID 裁决书：2009年6月。《意大利—埃及双边投资条约》	东道国援引腐败抗辩。埃及投资者声称发现投资者的黎巴嫩国民身份是通过于1989年向一位黎巴嫩律师行贿五千美元而获得的。	否。相反，腐败指控关涉申请方作为非埃及国民是否有能力提起 ICSID 仲裁。埃及表示，通过腐败而获取黎巴嫩公民资格的行为，意味着 Siag 先生并未丧失其埃及公民身份。	是。仲裁庭在确立腐败的必要证据标准问题上存在分歧。多数意见认为，标准为"清楚且令人信服"。少数意见则表示，视情况而定的足以证明腐败/欺诈的证据是存在的。不一定非得运用更高的证据标准，毕竟得运用涉及国际法。	事实审查阶段。埃及声称，只有在事实审查阶段才能发现欺诈/非法行为。（关于管辖权的决定已经在2007年4月作出。）	埃及对所称的腐败进行了调查，但似乎并未提起公诉。关于这点也能理解，毕竟腐败所控诉的腐败涉及另一国家的公共官员。	是。仲裁庭多数意见裁定，埃及对申请方的投资构成征收，应赔偿7550万美元以及申请方支付的600万美元诉讼法律费用。	否。仲裁庭多数意见（2：1）认定，未有足够证据证明腐败。少数意见认为，就具体情况而言，鉴于存在充分的腐败证据，仲裁庭应拒绝行使管辖权。

续表

仲裁案	"腐败"是作为投资者诉请理由，还是作为东道国抗辩得以提出	所声称的"腐败"是否发生于投资之初？	仲裁庭是否明确讨论或分析了"腐败"事项，若是，有何重要主张？	仲裁庭处置"腐败"事项所处的程序阶段	"腐败"事项是否受到过东道国的调查或起诉？	外国投资者是否被裁决受损或获得赔偿裁决？	腐败抗辩是否获支持？腐败是否定因素？果决是因素？
18. EDF（Services）v. Romania ICSID 裁决书：2009 年 10 月。《英国—罗马尼亚双边投资条约》	"腐败"是投资者诉道国腐败行为。据称，罗马尼亚时任总理作为续期投资者免税租约的条件寻求 250 万美元贿金。	否。是有关合同续期的索贿，并非最初的投资准入许可。	是。仲裁庭赞同索贿有违公正平等待遇标准的一般观点。但是，索贿事实的确立必须建立在"清楚且令人信服"的证据标准上。在证据方面，复制的录罗马尼亚总理办公室索贿的证据（然而未能提供录音带原件）。鉴于录音带并非原件，故仲裁庭不认可其为证据。况且，录官员隐私权的侵害。以这种方式所获得的证据"与国际仲裁中所要求的诚信与公平对待原则相悖"。	事实审查阶段（非管辖权审查阶段）。	是。作为对其索赔抗辩，罗马尼亚表示一俟德国腐败控纸首先报道腐败报告，该国政府立即进行调查，结论为：不存在足够证据启动针对官员索贿的公诉。	否。所有归责于罗马尼亚的行为均不被视为违反了具体双边投资条约。投资者却被要求支付罗马尼亚政府所承租的 600 万美元法律费用。	否。仲裁庭裁定，申请方且令人信服"的证据以证明罗马尼亚官员的索贿行为。

235

续表

仲裁案	"腐败"是作为投资者诉请理由,还是作为东道国抗辩得以提出	所声称的"腐败"是否发生于投资之初?	仲裁庭是否明确讨论或分析了"腐败"事项?若是,有何重要主张?	仲裁庭处置"腐败"事项时所处的程序阶段	"腐败"事项是否得到过东道国的调查或起诉?	外国投资者是否被裁决受损或获得赔偿裁决?	腐败抗辩是否获支持?腐败是否为结果决定因素?
19. RSM v. Grenada; Grynberg et al. and RSM v. Grenada ICSID 裁决书:2009 年 4 月。关于适用早期裁判以及撤销委员会的决定:2009 年 12 月;第二次仲裁裁决书:2010 年 12 月。第二合同仲裁(选择仲裁 ICSID)。第二次仲裁:《美国与格林纳达双边投资条约》	投资者控诉东道国官员的腐败行为。据称,竞争对手公司为了阻止投资者获得开采许可而采许可证及总检察长进行贿赂。申请方声称东道国官员所称的"俄罗斯斯利益"驱使,其目的是促使采矿开采合同终止。	否。该案中所指控的腐败活动导致了申请方的开采许可致使格林纳达与格林油间所签的政府间采矿合同被终止。	非直接地。在撤销程序中,申请人请求委员会调查所指控的腐败行为,自身在 ICSID 公约下的管辖职权有限,并无权力就申请人所指责的事项进行调查的独立"管辖权"。若出现新的证据则需要求改变原仲裁决书的请求可得到满足,但申请人并没有这样做。据控悉,在纽约法院,指控被视为属于"恶意干涉"的部分——而并不存在足以证明贿赂行为的充分证据。	腐败控告仅发生于第一个案件的申诉撤销阶段(在事实审查阶段,腐败声诉仅用以质疑证人的可信性)。第二个案件亦主要基于相同的腐败控诉。	未有迹象表明格林纳达针对投资者的腐败控诉启动正式调查或公诉程序。	否。在先前仲裁程序的事实审查阶段,案件就终结了。	否。在第一个案件中,撤销腐败作任何裁定,并且质疑这样做(那是否是有权力对这前仲裁庭做出的事情)。在第一个案件中,腐败控诉很快就被驳回了,原因在于没有先前仲裁提出过控诉,先前实审是未能提出的仲裁提出向先前仲裁过程,尤其是先前程序中所未组出的新证据。

续表

仲裁案	"腐败"是作为投资者诉请理由，还是作为东道国抗辩得以提出	所声称的"腐败"是否发生于投资之初?	仲裁庭是否明确讨论或分析了"腐败"事项? 若是，有何重要主张?	仲裁庭处置"腐败"事项时所处的程序阶段	"腐败"事项是得到东道国的调查或起诉?	外国投资者是否被裁决受损或获得赔偿裁决?	腐败抗辩是否获支持? 腐败是否为结果决定因素?
20. Nico Resources v. Bangladesh ICSID 裁决书: 2013 年 4 月。合同仲裁（遵照 ICSID 公约）	东道国与两家国有公司提起腐败抗辩。投资方向加拿大检方承认曾贿赂能源部长（赠送小车与支付加拿大部长与能源部长旅行的费用）。	否（尽管当一个协议还在商谈之中，据称腐败活动就已经完成了。投资企业早于合营企业缔结于与油气购买的协议签署前的期间，仲裁庭"贿赂"并未导致作为本裁决诉请基础的最终合同的签署，也即在腐败与同合同签署合同果关系不存在（第 454—55 段）。	是。一"对清洁之手"原则的广泛讨论；一从国际法角度对腐败对合同（无效）与通过腐败所获取的合同子（可撤销）的区别予以解析；一是关于腐败行为结果认定，但未产生决定性影响的为数不多的案例——尽管投资者承认行贿事实，但仲裁庭却拒绝裁决权。	管辖权审查阶段。仲裁庭继续就事实问题召集证会。	是。除了通过投资者父母向加拿大主管部门承认的行贿行为外，加拿大国反腐检察机关与法院控诉还就其他承控诉的贿赂与非法行为进行了调查。仲裁庭在其有关本案腐败所产生影响的裁决中既考虑了孟加拉高法院的判决，又参考了加拿大国最高法院的判定（合营企业并非"得以成立"，又参考了加拿大部长提供好处致处取得了获取利益的结果"）。（第 425—29 段）	有待决定——案件推进至事实审查阶段。	有关腐败裁定的作出是基于向所作的行政部门所作的供认。但是，腐败并未产生结果的影响作用——仲裁庭认为这一基于对投资中裁的 ICSID 仲裁。自身对投资诉请保有管辖权。

附录二

其他涉腐国际投资仲裁案要览

腐败控诉在其他投资仲裁案中也被争端方提起过，但鉴于这些案件的最终裁决书并未对国际投资腐败问题进行过重点讨论，故而未将其纳入附录一中予以具体剖析。这些案例包括：

1. Metalclad Corporation v. Mexico, ICSID Case No. ARB（AF）/97/1（附设机构），裁决书作出日：2000 年 8 月 30 日。本案的美国跨国企业 Metalclad 公司于 1993 年购买了一家毒废料公司，打算在墨西哥建造一个大型的废物贮存场。除了其他问题，该公司被控诉向墨西哥联邦政府一位主管环境事务的前官员行贿（通过该官员的妻子）。然而，仲裁庭对有关腐败或贿赂的问题未予提及。事实上只有在加拿大法院，腐败指控才得以详细论述——鉴于裁决书是依据《ICSID 附设机构规则》而作出，故允许在仲裁地对裁决书效力提出挑战——墨西哥政府对裁决书提出质疑。作为对墨西哥要求撤销原仲裁裁决书（理由在于有证据表明 Metalclad 公司向官员妻子行贿）的回应，加拿大法院裁定所指控的腐败实际上只是换取另一家经营有害垃圾焚烧公司股份的对价，从而"Metalclad 并非任何腐败行为的当事方"。Mexico v. Metalclad Corp., 2001 B. C. J. No. 950，第 110-112 页（不列颠哥伦比亚最高法院）（2001 年 5 月 2 日）。

2. SGS v. Pakistan, ICSID Case No. ARB /01/13，关于管辖权异议的决定作出日：2003 年 8 月 6 日。仲裁庭的决定书指出，据巴基斯坦表明，有关控诉投资协议是通过贿赂而获得的程序正在瑞士与巴基斯坦两国境内开展；假若贿赂为这些程序所证实，那么巴基斯坦将"保留主张……仲裁庭对所提请的申诉无管辖权的权力……另外的理由在于申请方 SGS 并未根据双边投资条约第 2 条做出

"遵照巴基斯坦法律与法规"的投资（第 141 段）。申请方仅表示其只会对仲裁中所出现的事项做出应对（第 142 段）。于是仲裁庭认为，自己"在目前并非处于需对这一潜在的额外问题进行处理的境地。关于答辩方的保留已注意到且已记录在案"（第 143 段）。随后，该案于 2004 年得到解决，虽然并未做出任何有关事实的决定。

3. Bayindirv. Pakistan，ICSID Case No. ARB /03/29，裁决书作出日：2009 年 8 月 27 日。本案申请方诉称，巴基斯坦未将其纳入中标对象范围有违双边投资条约，理由在于巴政府的代理机构卷入了这一"腐败的招投标程序"，将合同有倾向性地授予给内定的当地"重要"合同商（第 268 段）。仲裁庭驳回了该项指控，但未做更多阐释。在表明证据不足以证明巴基斯坦方面对当地的合同商给予了不当的关照后，仲裁庭扼要做出结论："资料并不支持 Bayindir 关于招投标程序中存在腐败的指控。"（第 300 页）

4. Azurix v. Argentina，ICSID Case No. ARB /01/12，裁决书作出日：2006 年 6 月 23 日；撤销委员会的决定作出日：2009 年 9 月 1 日。在本案中阿根廷诉称，所争议的特许协议可能为非正当获得而处于调查之中。随后，在询问一位具体证人时发现其"影射腐败"；但关于这一点，证人后来拒绝承认。听证会上阿根廷亦确认，调查还在进行，并未查找到任何不当行为的证据。于是，仲裁庭强调说，"未有进一步的信息转达给仲裁庭"（裁决书第 56 页）。在裁决书撤销程序中，阿根廷重提腐败事项，但遭致仲裁庭的反对："关于阿根廷所援用的基于通过腐败而获取合同的诉请不为仲裁庭所支持的原则，撤销委员会显然并不赞同。"（第 235 页）

5. Lemire v. Ukraine，ICSID Case No. ARB /06/18，关于管辖权与责任的决定作出日：2010 年 1 月 14 日。本案申请方在仲裁程序中诉称，之所以其与一家乌克兰政府部门的关系恶化，原因在于一名官员曾经向其索贿，但其答复是"不会行贿"。然而，仲裁庭注意到，"未能提供进一步的关于官员索贿的证据"（第 235 页）。同样地，关于申请方针对同一政府部门所提出的更多一般性腐败指控，鉴于未有任何明确的证据，仲裁庭裁定该机构并未行为不当（第 403-405 页）。

6. Chevron and Texaco v. Ecuador，UNCITRAL Rules Arbitration（PCA Administered；U. S. -Ecuador BIT），关于案件事实的部分裁决书作出日：2010 年 3 月

30 日。本案申请方提出"拒绝司法"申诉，部分事实原因在于厄瓜多尔法院据称缺乏司法独立与公正，且其腐败是出了名的（所列举的证据包括三位最高法院法官在另一桩与本案不相关的刑事案中公然接受 50 万美元贿赂，以及美国国务院一份人权报告表明厄瓜多尔司法系统易遭受腐败侵蚀与外部压力）（第 284 页，第 287 页）。厄瓜多尔方面抗议对其司法系统做此定性，反驳称申请方未能提供任何具体证据用以佐证厄国法官在事关申请方的任何案件中为偏见与腐败所驱使（第 34 页，234 页，第 315 页），况且申请人方面的证人曾表明"厄瓜多尔拥有一段对其境内跨国公司与其他石油公司开展无腐败诉讼的历史"（第 340 段）。仲裁庭最终裁定，鉴于厄瓜多尔法院在裁判 7 个案件方面存在不当延误行为，需承担违反双边投资条约的责任；然而，仲裁庭在其裁决中并未就腐败问题进行全面讨论。

7. Oostergetel v. Slovak Republic，UNCITRAL Rules Arbitration（Dutch–Slovak BIT），终局裁决书作出日：2012 年 4 月 23 日。在本案中，申请方众多"一般性指控"的一项将贿赂推定为"有关主体强迫投资者投资工具破产的行为"的"可能解释"。但为支撑这些控告而提供的唯一证据仅是当地新闻剪报关于发生于首都布拉迪斯拉发法院破产程序中的所谓不当行为，再加上美国政府与欧盟所提及的在斯洛伐克法院普遍存在的贿赂行为的报道（第 302 段）。仲裁庭就投资者的腐败控诉简单总结为仅建立于非常薄弱的证据之上：尽管承认在具体情形下即便缺少正面证据亦可确定腐败存在，"但就该案而言，这两方面完全缺失。单纯的'含沙射影'并不能满足申请方所应承担的举证责任要求"（第 303 段）。

8. Rompetrol v. Romania，ICSID Case No. ARB /06/3，裁决书作出日：2013 年 5 月 6 日。尽管罗马尼亚政府反腐主管机关的行政举措成为该仲裁案的主要问题，但案件与腐败议题无关。投资者声称，罗马尼亚反腐办公室对该投资者持有多数股权的一个公有实体的私有化所展开的调查具有强迫性质，有悖于双边投资条约保护外国投资的宗旨。因而，该仲裁案的主要问题并非事关"不诚信，或欺诈，或者腐败"，而是有关于"东道国官员的非正当，不规范或曰应受处罚的行为"（第 182 页）。

参考文献

一、著作

[1] 郭道晖. 人权论要 [M]. 北京：法律出版社，2014.

[2] 梁西. 国际法（修订第二版）[M]. 武汉：武汉大学出版社，2002.

[3] 李双元. 法律趋同化问题的哲学考察及其他 [M]. 长沙：湖南人民出版社，2006.

[4] 李双元，李赞. 21世纪法学大视野——国际经济一体化进程中的国内法与国际规则 [M]. 长沙：湖南人民出版社，2006.

[5] 邵津. 国际法（第五版）[M]. 北京：北京大学出版社，2016.

[6] 习近平. 习近平谈治国理政（第二卷）[M]. 北京：外文出版社，2017.

[7] 银红武. 条约退出权研究 [M]. 北京：法律出版社，2014.

[8] 银红武. 中国双边投资条约的演进——以国际投资法趋同化为背景 [M]. 北京：中国政法大学出版社，2017.

[9] 张文显. 张文显法学文选·卷三：权利与人权 [M]. 北京：法律出版社，2011.

[10] 娜嘉·亚历山大. 全球调解趋势 [M]. 王福华，等译. 北京：中国法制出版社，2011.

[11] E·博登海默. 法理学：法律哲学与法律方法 [M]. 邓正来，译. 北京：中国政法大学出版社，2004.

[12] 汉斯·凯尔森. 国际法原理 [M]. 王铁崖，译. 北京：华夏出版社，1989.

［13］路易斯·亨金. 国际法：政治与价值［M］. 张乃根，等译. 北京：中国政法大学，2004.

［14］亚瑟·P. 辛哈. 法理学：法律哲学［M］. 北京：法律出版社，2004.

［15］LLAMZON A P. Corruption in International Investment Arbitration［M］. Oxford：Oxford University Press，2014.

［16］KULICKA. Global Public Interest in International Investment Law［M］. Cambridge：Cambridge University Press，2012.

［17］NEWCOMBE A，PARADELL L. Law and Practice of Investment Treaties：Standards of Treatment［M］. The Hague：Kluwer Law International，2009.

［18］CHENG B. General Principles of Law as Applied by International Courts and Tribunals［M］. Cambridge：Cambridge University Press，2006.

［19］GARNER B A. Black's Law Dictionary［M］. 9th ed. Saint Paul：West Publishing Company，2009.

［20］TOMUSCHAT C. International Law：Ensuring the Survival of Mankind on the Eve of a New Century［M］. Boston：Martinus Nijhoff Publishers，2001.

［21］DESIERTO D A. Necessity and National Emergency Clauses：Sovereignty in Modern Treaty Interpretation［M］. Boston：Martinus Nijhoff Publishers，2012.

［22］NORTHD C，THOMAS R P. The Rise of the Western World：A New Economic History［M］. Cambridge：Cambridge University Press，1973.

［23］FOUCHARD G. Goldman on International Commercial Arbitration［M］. The Hague：Kluwer Law International，1999.

［24］BUCHELER G. Proportionality in Investor−State Arbitration［M］. Oxford：Oxford University Press，2015.

［25］KELSEN H. Peace through Law［M］. Chapel Hill：The University of North Carolina Press，1973.

［26］LAUTERPACHT H. The Function of Law in the International Community［M］. Cambridge：Cambridge University Press，1933.

［27］VINUALES J E. Foreign Investment and the Environment in International Law［M］. Cambridge：Cambridge University Press，2012.

［28］BAUMGARTNER J. Treaty Shopping in International Investment Law［M］.

Oxford：Oxford University Press，2016.

［29］ALEXY R. Theorie der Grundrechte［M］. Frankfurt：Suhrkamp，1986.

［30］JENNINGS R，WATTS A. Oppenheim's International Law［M］. 9th ed. Oxford：Oxford University Press，2009.

［31］DOLZER R，SCHREUER C. Principles of International Investment Law［M］. Oxford：Oxford University Press，2008.

［32］DOLZER R，SCHREUER C. Principles of International Investment Law［M］. 2nd ed. Oxford：Oxford University Press，2012.

［33］SCHILLS W. The Multilateralization of International Investment Law［M］. Cambridge：Cambridge University Press. 2009.

［34］NICHOLLS C QC，DANIEL T，POLAINE M，et al. Corruption and the Misuse of Public Office［J］. Oxford：Oxford University Press，2006.

二、论文

［1］陈金钊."人类命运共同体"的法理诠释［J］. 法学论坛，2018（1）.

［2］车丕照."人类命运共同体"理念的国际法学思考［J］. 吉林大学社会科学学报，2018（6）.

［3］龚柏华."三共"原则是构建人类命运共同体的国际法基石［J］. 东方法学，2018（1）.

［4］何志鹏，魏晓旭. 开放包容：新时代中国国际法愿景的文化层面［J］. 国际法研究，2019（5）.

［5］贾文山，王丽君，赵立敏. 习近平普遍安全观及其对构建人类命运共同体的意义［J］. 中国人民大学学报，2019（3）.

［6］黄瑶. 论人类命运共同体构建中的和平搁置争端［J］. 中国社会科学，2019（2）.

［7］蒋小红. 试论国际投资法的新发展［J］. 河北法学，2019（3）.

［8］孔庆江. 深海资源开发：国际投资法新疆域［J］. 学术前沿，2017（9）.

［9］廖敏文. 国际视野中的腐败和反腐败对策［J］. 国家行政学院学报，2004（4）.

[10] 卢光盛，吴波汛．人类命运共同体视角下的"清洁美丽世界"构建——兼论"澜湄环境共同体"建设 [J]．国际展望，2019 (2)．

[11] 罗欢欣．人类命运共同体思想对国际法的理念创新——与"对一切的义务"的比较分析 [J]．国际法研究，2018 (2)．

[12] 吕琪，李志文．国际海底区域资源开发的利益共享审思 [J]．学习与探索，2018 (8)．

[13] 马迅．论"干净的手"原则在国际投资仲裁中的适用 [J]．现代法学，2016 (5)．

[14] 宁红玲，漆彤．"一带一路"倡议与可持续发展原则——国际投资法视角 [J]．武大国际法评论，2016 (1)．

[15] 漆彤．论"一带一路"国际投资争议的预防机制 [J]．法学评论，2018 (3)．

[16] 盛红生．国际刑事法院在实现国际正义和维护世界和平方面的作用 [J]．世界经济与政治论坛，2003 (3)．

[17] 石化刚．全球公共利益和谐治理化 [J]．合作经济与科技，2007 (10)．

[18] 王贵国．略论晚近国际投资法的几个特点 [J]．比较法研究，2010 (1)．

[19] 王寰．投资者——国家争端解决中的调解：现状、价值及制度构建 [J]．江西社会科学，2019 (11)．

[20] 王岚．国际海底区域开发中的国家担保制度研究 [J]．学术界，2016 (12)．

[21] 王海浪．论国际投资仲裁中贿赂行为的证明标准 [J]．法律科学，2012 (1)．

[22] 王彦志．国际投资争端解决机制改革的多元模式与中国选择 [J]．中南大学学报（社会科学版），2019 (4)．

[23] 习近平．携手构建合作共赢新伙伴，同心打造人类命运共同体 [M] //习近平．习近平谈治国理政：第二卷．北京：外文出版社，2017．

[24] 徐宏．人类命运共同体与国际法 [J]．国际法研究，2018 (5)．

[25] 杨剑，郑英琴．"人类命运共同体"思想与新疆域的国际治理 [J]．

国际问题研究, 2017 (4).

[26] 银红武. 论法律的多中心性与趋同化 [J]. 衡阳师范学院学报, 2009 (1).

[27] 银红武. 人类基本价值的确信——国际条约效力基础之语步结构实证研究 [J]. 时代法学, 2012 (3).

[28] 银红武. 略论国际投资法的全球公共利益保护 [J]. 湖南师范大学社会科学学报, 2015 (3).

[29] 银红武. 拒绝履行之 ICSID 裁决的解决路径 [J]. 国际经贸探索, 2016 (5).

[30] 银红武. 论国际投资仲裁中非排除措施 "必要性" 的审查 [J]. 现代法学, 2016 (4).

[31] 银红武. 涉环境国际投资仲裁案中比例原则的适用 [J]. 广州大学学报 (社会科学版), 2018 (9).

[32] 银红武. ICSID 仲裁庭应对东道国腐败抗辩的困境及其解决——以仲裁庭对涉腐投资主张无管辖权为切入点 [J]. 湖南师范大学社会科学学报, 2019 (4).

[33] 银红武. 论国际投资仲裁 "程序滥用" 及其规制 [J]. 西北大学学报 (哲学社会科学版), 2020 (2).

[34] 银红武. ICSID 与内国执法机关间反腐协作机制的构建: 缘起、法律基础与运作策略 [J]. 武大国际法评论, 2020 (4).

[35] 易显河. 共进国际法: 实然描绘、应然定位以及一些核心原则 [J]. 法治研究, 2015 (3).

[36] 袁娟娟. 论担保国的责任和义务——2011 年国际海洋法法庭 "担保国责任与义务" 咨询案述评 [J]. 社会科学家, 2012 (11).

[37] 张丽娟. 腐败犯罪的法律控制与国际刑法的演进——以《联合国反腐败公约》为视角 [J]. 西部法学评论, 2009 (3).

[38] 张丽娜. "一带一路" 国际投资争端解决机制完善研究 [J]. 法学杂志, 2018 (8).

[39] 张乃根. 人类命运共同体入宪的若干国际法问题 [J]. 甘肃社会科学, 2018 (6).

［40］张辉. 人类命运共同体：国际法社会基础理论的当代发展 ［J］. 中国社会科学，2018 （5）.

［41］郑英琴. 南极话语权刍议 ［J］. 国际关系研究，2014 （6）.

［42］朱明新. "被遗忘"的机制：投资争端解决的国家—国家仲裁程序研究 ［J］. 国际法研究，2016 （5）.

［43］鲍尔·塔维尔涅尔. 前南斯拉夫和卢旺达国际刑事法庭的经验 ［C］//李兆杰. 国际人道主义法文选. 北京：法律出版社，1999.

［44］BROCHES A. The Convention on the Settlement of Investment Disputes between States and Nationals of Other States：Applicable Law and Default Procedure ［C］//SANDERS P（ed.）. International Arbitration, Liber Amicorum Martin Domke. Boston：Martinus Nijhoff Publishers, 1967.

［45］REDFERNA. Comments on Commerical Arbitration and Transnational Public Policy ［C］//BERG A J V D（ed.）. International Arbitration 2006：Back to Basics? ICCA International Arbitration Congress series No. 13. Holand：Kluwer, 2007.

［46］BERNSTEIN A R. Kant, Rawls, and Cosmopolitanism：Toward Perpetual Peace and the Law of Peoples ［J］. JRE, 2009 （17）.

［47］KULICK A, WENDLER C. A Corrupt Way To Handle Corruption? Thoughts on the Recent ICSID Case Law on Corruption ［J］. Legal Issues Economic Integration, 2010 （37）.

［48］BULOVSKY A T. Promises Unfulfilled：How Investment Arbitration Tribunals Mishandle Corruption Claims and Undermine International Development ［J］. Mich. L. Rev., 2019 （118）.

［49］ROBERTS A. State-to-State Investment Treaty Arbitration：A Hybrid Theory of Interdependent Rights and Shared Interpretive Authority ［J］. Harvard International Law Journal, 2014 （55）.

［50］SINCLAIR A. The Origins of the Umbrella Clause in the International Law of Investment Protection ［J］. Arb. Int' L, 2004 （20）.

［51］REINISCH A. The Use and Limits of Res Judicata and Lis Pendens as Procedural Tools to Avoid Conflicting Dispute Settlement Outcomes ［J］. L. Practice Int' l

Courts Tribunals, 2004 (3).

[52] KINGSBURY B, KRISCH N, STEWART R B. The Emergence of Global Administrative Law [J]. Law & Contemporary Problems, 2005 (68).

[53] KINGSBURY B, KRISCH N, STEWART R B, et al. Foreword. Global Governance as Administration —National and Transnational Approaches to Global Administrative Law [J]. Law & Contemporary Problems, 2005 (68).

[54] GARRETB L. Structural Reform Prosecution [J]. Va. L. Rev., 2007 (93).

[55] SIMMA B. From Bilateralism to Community Interest in International Law [J]. Recueil Des Cours, 1994 (250).

[56] CHIMNIB S. International Institutions Today: An Imperial Global State in the Making [J]. EUR. J. INT' l L., 2004 (15).

[57] WEISS D C. Note: The Foreign Corrupt Practices Act, SEC Disgorgement of Profits, and the Evolving International Bribery Regime: Weighing Proportionality, Retribution, and Deterrence [J]. Mich. J. Int' l L., 2009 (30).

[58] BROWER C, BLANCHARD S. What's in a Meme? The Truth about Investor- State Arbitration: Why It Need Not, and Must Not, Be Repossessed by States [J]. Columbia Journal of Transnational Law, 2014 (52).

[59] TREVINOC J. State - to - State Investment Treaty Arbitration and the Interplay with Investor-State Arbitration Under the Same Treaty [J]. Journal of International Dispute Settlement, 2013 (5).

[60] ZOLO D. Hans Kelsen: International Peace through International Law [J]. E. J. I. L., 1998 (9).

[61] KRAFT D. English Private Law and Corruption: Summary and Suggestions on the Development of European Private Law [C] //MEYER O (ed.). The Civil Law Consequences of Corruption. Berlin: Nomos Press, 2009.

[62] SCHNEIDERMAN D. Investment Rules and the Rule of Law [J]. Constellations, 2001 (8).

[63] QC D W. Chapter 22: Jurisdiction and Admissibility [C] // MUCHLINSKI P, ORTINO F, SCHREUER C (eds). The Oxford Handbook of In-

ternational Investment Law. Oxford: Oxford University Press, 2008.

[64] GAILLARD E. Abuse of Process in International Arbitration [J]. ICSID Review, 2017 (1).

[65] BENVENISTI E, DOWNS G W. The Empire's New Clothes: Political Economy and the Fragmentation of International Law [J]. Stan. L. Rev. , 2007 (60).

[66] LY F D, SHEPPARD A. ILA Final Report on Lis Pendens and Arbitration [J]. Arb. Int' l. , 2009 (3).

[67] HAUGENEDER F. Corruption in Investor – State Arbitration [J]. Journal of World Investment & Trade, 2009 (10).

[68] HAUGENEDER F, LIEBSCHER C. Corruption and Investment Arbitration: Substantive Standards and Proof [C] //KLAUSEGGER C, et al. (eds.) Austrian Arbitration Yearbook 2009. Holand: Kluwer, 2009.

[69] KOHLERG K. Arbitral Precedent: Dream, Necessity or Excuse? [J]. Arb. Int' l, 2007 (23).

[70] MOSSG C. Commercial Arbitration and Investment Arbitration: Fertile Soil for False Friends? [C] //BINDER C, et al. (eds.) . International Investment Law for the 21st Century: Essays in Honour of Christoph Schreuer. Oxford: Oxford University Press, 2009.

[71] HARTENG V, LOUGHLIN M. Investment Treaty Arbitration as a Speies of Globa/Administraive Law [J]. Eur. J. Int' l L. , 2006 (17).

[72] KOHH H. Transnational Legal Process [C] //Simpson G. The Nature of International Law. Burlington: Ashgate Publishing Limited, 2001.

[73] KANT I. Toward Perpetual Peace (1795) [C] //GREGOR M J (trans. and ed.) . The Cambridge Edition of the Works of Immanuel Kant: Practical Philosophy. Cambridge: Cambridge University Press, 1996.

[74] HEPBURN J. In Accordance with Which Host State Laws? Restoring the "Defence" of Investor Illegality in Investment Arbitration [J]. Int. Disp. Settlement, 2014 (5).

[75] YACKEE J W. Investment Treaties and Investor Corruption: An Emergent

Defense for Host States? ［J］. Virginia Journal of International Law, 2012 (52) .

［76］ COMMISSION J P. Precedent in Investment Treaty Arbitration- A Citation Analysis of a Developing Jurisprudence ［J］. J. Int' L Arb. 2007 (24) .

［77］ TIRADO J, PAGE M, MEAGHER D. Corruption Investigations by Governmental Authorities and Investment Arbitration: An Uneasy Relationship ［J］. ICSID Review, 2014 (29) .

［78］ SALACUSE J W. Towards a Global Treaty on Foreign Investment: The Search for a Grand Bargain ［C］ //HORN N (ed) . Arbitrating Foreign Investment Disputes. The Hague: Kluwer Law International Courts and Tribunals, 2004.

［79］ VANDEVELDE K J. A Brief History of International Investment Agreements ［J］. U. C. Davis J. Int' l L. & Pol' y, 2005 (12) .

［80］ ROSS L A. Using Foreign Relations Law To Limit Extraterritorial Application of the Foreign Corrupt Practices Act ［J］. Duke L. J. , 2012 (62) .

［81］ LE' VY L, GEISINGER E. Applying the principle of litispendence ［J］. Int' l Arb. L. Rev. , 2010 (3) .

［82］ PETERSON L E, GRAY K R. International Human Rights in Bilateral Investment Treaties and in Investment Treaty Arbitration ［J］. IISD Research Paper, 2003 (4) .

［83］ LOW L A. Dealing with Allegations of Corruption in International Arbitration ［J］. AJIL Unbound, 2019 (113) .

［84］ HABAZIN M. Investor Corruption as a Defense Strategy of Host States in International Investment Arbitration: Investors' Corrupt Acts Give an Unfair Advantage to Host States in Investment Arbitration ［J］. Cardozo J. Conflict Resol. , 2017 (18).

［85］ FELDMAN M. Setting Limits on Corporate Nationality Planning in Investment Treaty Arbitration ［J］. ICSID Rev-FILJ. , 2012 (1) .

［86］ VALASEK M J, DUMBERRY P. Developments in the Legal Standing of Shareholders and Holding Corporations in Investor-State Disputes ［J］. ICSID Rev-FILJ. , 2011 (1) .

［87］ PORTERFIELD M C. An International Common Law of Investor Rights? ［J］. U. Pa. J. Int' l Econ. L. , 2006 (27) .

［88］LOSCO M A. Note： Streamlining the Corruption Defense： A Proposed Framework for FCPA-ICSID Interaction ［J］. Duke L. J. , 2014 （63）.

［89］HALPERN M. Corruption as a Complete Defense in Investment Arbitration or Part of a Balance ［J］. Willamette J. Int' l L. & Dis. Res. , 2016 （23）.

［90］WILSON M. The Enron v. Argentina Annulment Decision： Moving a Bishop Vertically in the Precarious ICSID System ［J］. U. Miami Inter-Am. L. Rev. , 2012 （43）.

［91］BYERS M. Abuse of Rights： An Old Principle, A New Age ［J］. McGill LJ. , 2002 （47）.

［92］KHAIIL M I. Treatment of Foreign Investment in Bilateral Investment Trea-ties ［J］. ICSID Rev. - Foreign Investment L. J. , 1992 （7）.

［93］LODGE M W. The Common Heritage of Mankind ［J］. The International Journal of Marine and Coastal Law, 2012 （27）.

［94］KRISCH N, KINGSBURY B. Symposium： Global Governance and Global Administrative Law in the International Legal Order — Introduction： Global Governance and Global Administrative Law in the International Legal Order ［J］. Eur. J. Int' l L. , 2006 （17）.

［95］CARRINGTON P. American Law and Transnational Corruption： Is There a Need for Lincoln's Law Abroad? ［C］//MEYER O （Ed. ）. The Civil Consequences of Corruption. Berlin： Nomos Press, 2009.

［96］ALLDRIDGE P. The U. K. Bribery Act： "The Caffeinated Younger Sibling of the FCPA" ［J］. Ohio St. L. J. , Vol. , 2012 （73）.

［97］BEHRENS P. Towards the Constitutionaliation of International Investment Protection ［J］. Archiv Des Volkerrechts, 2007 （45）.

［98］FOUCHARD P. Ou` va l' arbitrage international ［J］. McGill LJ. , 1989 （34）.

［99］KOLB R. General Principles of Procedural Law ［C］//ZIMMERMANN A, et al （eds）. The Statute of the International Court of Justice, A Commentary. Oxford： Oxford University Press, 2006.

［100］TORRES - FOWLER R Z. Undermining ICSID： How the Global

Antibribery Regime Impairs Investor – State Arbitration [J]. Va. J. Int' l L. , 2012 (52) .

[101] HUNTER S G. A Comparative Analysis of the Foreign Corrupt Practices Act and the U. K. Bribery Act, and the Practical Implications of Both on International Business [J]. ILSA J. Int' l & Comp. L. , Vol. , 2011 (18) .

[102] HINDELANG S. Bilateral Investment Treaties, Custom and a Healthy Investment Climate–The Question of Whether BITs Influence Customary International Law Revisited [J]. J. World Inv. & Trade, 2004 (5) .

[103] SCHILL S W. The Multilateralization of International Investment Law: Emergence of a Multilateral System of Investment Protection on the Basis of Bilateral Treaties [J]. Trade, Law and Development, 2010 (2) .

[104] KARAMANIAN S L. The Place of Human Rights in Investor–State Arbitration [J]. Lewis & Clark L. Rev. , 2013 (17) .

[105] MCSORLEY T. Foreign Corrupt Practices Act [J]. Am. Crim. L. Rev. , 2011 (48) .

[106] SINLAPAPIROMSUK T. The Legal Consequences of Investor Corruption in Investor–State Disputes: How Should the System Proceed? [J]. TDM (Corruption and Arbitration), 2013 (3) .

[107] SLATER T L. Investor–State Arbitration and Domestic Environment Protection [J]. Washington University Global Studies Law Review, 2015 (14) .

[108] BEEN V, BEAUVAIS J C. The Global Fifth Amendment [J]. N. Y. U. L. Rev. , 2003 (78) .

[109] PARK W, ALVAREZ G A. The New Face of Investment Arbitration: NAFTA Chapter 11 [J]. Yale J. Int' l L. , 2003 (28) .

[110] FUKUNAGA Y. Abuse of Process under International Law and Investment Arbitration [J]. ICSID Review, 2018 (1) .

后　记

如果一切顺利的话，这将是我的第四部专著。完成书稿时正值酷暑，我刚从住所附近的麓谷公园跑步回来，虽然挥汗如雨，但却觉得无比惬意爽快。我习惯性地回坐于书桌前，似乎将脑子里的思想活动通过敲击键盘的手指运动将其记录下来已成为如今的我与世界交流的主要方式，而我却陶醉其中，乐此不疲。

还好，本部书稿总算完成了——少了些许当初我完成国际法学博士论文写作（即我的第一部书稿）时的狂喜情绪，却多了一份淡定与从容。

回望我自大学入校以来的28年间，从英语本科生到英语硕士，再到法学博士；从大学教书到中国人保财险从业，再回到象牙塔传道授业；从湖南师范大学外国语学院商务英语专业教学再到法学院从事国际法学教研工作；从大学教书匠到执业律师（兼职）的角色来回切换……有过迷茫，有过彷徨，有过沮丧，有过喜悦——但无论如何，我毕竟走出来并走过来了！感谢自己。

对于未来，有所期待，但不敢奢望。提醒自己牢记两点：其一，初心不忘，执着前行。奔跑的道路从来就不是光滑如镜的，前路难免有坎坷，有迷雾。只要坚定信念，执着前行，迷雾终将消散，呈现面前的定是一幅有着风景秀美的画卷。作为国际法学研习者，我们成长在最好的历史时期。我辈定要深刻领悟党中央"推动构建人类命运共同体"与"一带一路"建设战略部署，在"继续扩大和深化改革开放"的时代背景下积极投身实践，不断加强国际经贸法律理论学习与研究，身体力行，勇于担当。围绕党和国家中心工作，响应时代召唤，决心以创作高水平的国际经济法研究著述、提供高质量的涉外法律服务作为人生追求目标。其二，提高辨识事物、防范社会风险的能力。我们所处的社会环境，不乏美好之事物，但也存在藏污纳垢之处所。增强自身免疫力与识别力，凡事三思而后行。坚持用马克思唯物辩证思想武装头脑并指导实际行动，谨记：玫瑰有刺，香水有毒。

一路走来，要感谢很多人很多事，比如，呵护关心我生活，激励鼓舞我工作与学习的家人与朋友；对我论文、专著写作与出版给予中肯意见与大力帮助的良师益友；对我获聘国家"双千计划"人才与挂职长沙市司法局局长助理职务给予关照与指导的单位领导与司法系统领导……

当然，本书得以最终出版还需感谢光明日报出版社的编辑老师以及出版社其他工作人员的辛勤劳动与所有付出。

著者学识浅陋，错误在所难免，敬祈专家及阅者不吝赐教、指正。

不断追求超越，苦中作乐，亦苦亦甜。

是为后记。

银红武

2020 年 8 月于湖南长沙岳麓山